U0934168

上海市高校法学高原学科环境资源法建设项目

中央财政支持地方高校发展专项资金环境资源法重点学科建设项目

中国水安全的政策和立法保障

The policies and legislative protection of the water security in China

何艳梅／著

法律出版社 | LAW PRESS

总　　序

我校环境法学科在“十一五”期间被上海市教委列为重点学科，在上海市教委的资助下出版了系列学术著作和教材。在“十二五”开局之年，经专家评审，上海市教委批准，我校环境法学科被列入上海高等教育内涵建设“085”工程建设项目，建设周期五年，包括环境法重点学科建设和城市环境安全知识创新平台建设两个子项目。2012 年，我校环境法学科被列入上海市高校一流学科（上海市重点学科）法学建设规划项目，建设周期五年。2015 年，我校环境法学科被列入上海市高原学科法学建设规划项目，建设周期八年。该学科以环境资源法理论和实践为总体建设方略，注重与相关学科的交叉与融合，下设环境保护法、自然资源法、能源法、海洋法、环境健康法、灾害防治法、循环经济法、国际环境法、房地产法、环境资源经济（金融）法、环境资源行政法、环境资源犯罪、环境社会学、生态哲学、环境司法 15 个方向。根据总体建设方略，该学科成果形式除课题、咨询报告和论文外，还计划出版系列环境资源法专著和教材。期盼学术界同仁和广大读者对本丛书提出批评和建议，帮助我们把这套丛书出好。

上海市重点学科环境资源法学科负责人
上海政法学院环境资源与能源法研究中心主任　王文革

2015 年 11 月

前　言

由于持续的水短缺和严重的水污染,水资源已从一种基础性的自然资源,演变成为稀缺的战略资源。包含了水量安全、水质安全甚至水体安全的水安全问题及其法治保障问题,既是资源、环境、社会、管理和法律问题,更是关系到经济社会可持续发展和国家长治久安的重大战略问题。2016 年《国民经济和社会发展第十三个五年规划纲要》专门设立了第三十一章("强化水安全保障"),要求"加快完善水利基础设施网络,推进水资源科学开发、合理调配、节约使用、高效利用,全面提升水安全保障能力"。第七十三章("建立国家安全体系")第三节(防范化解经济安全风险)指出,"坚持底线思维、预防为主,维护战略性资源……领域国家经济安全"。因此,本书对于保障中国的国家安全和水安全具有重要的理论和实际应用价值。

中国正在进行现代化建设,要实现工业化、城镇化、农业现代化同步发展。这"三化"的实现要求确保国家安全,既包括传统的军事安全,也包括经济安全、能源安全、粮食安全、生态安全和国民安全。中国必须采取一切可行的措施以确保水安全,因为水安全是国家安全的基本保证之一,而且因为只有水安全,才能充分地实现经济安全、能源安全、粮食安全、生态安全和国民安全。

首先,水安全决定经济安全和能源安全。经济安全是中国国家安全的基础。工业、农业、市政、航运、交通等经济发展依赖于对水资源的利用,中国的农业安全和工业安全都有赖于水安全,水安全是经济安全的基本组成部分,也是经济安全的决定因素。目前农业是中国最大的用水户,用水量占全国用水总量的2/3;农业不仅是中国水资源的主要利用者,也是主要的污染源。工业用水是中国继农业之后的第二大用水户,利用量占国家用水总量的1/4,同时也是水污染的主要来源,产生大量废水和废渣。能源处于经济和社会发展的核心地位,能源安全事关我国现代化建设全局,确保能源安全是中国的基本战略。能源安全是经济安全的重要组成部分,也是产业安全的保障,因为工农业发展需要稳定的电力、燃料等能源供应,而水与能源存在高度的联结,各种能源的生产和消费都离不开水,没有水就没有能源,因此中国的水安全决定其能源安全。

其次,水安全影响甚至决定粮食安全。中国把农业放在发展国民经济的首位。中国农业发展的核心任务是确保粮食安全,粮食安全也是中国的基本战略,实现粮食自给是中国最优先的政策目标。粮食安全的基本前提或保障是水安全,因为粮食自给需要稳定的灌溉用水供应。事实上,灌溉用水量占中国农业用水总量的90%,占全国用水总量的60%左右,是名副其实的用水大户。

最后,水安全关乎生态安全和国民安全。水资源是维持水生态系统所必需的要素,也是世界生态系统的基本要素。可以说,水资源是生态系统的关键因子,水质、水量和水体状况关乎生态平衡和生态安全。国民安全是国家安全的根本,城乡居民生活用水占中国用水总量的12%左右。充足的、清洁的饮用水是每个公民健康生存的根本条件之一,是国民安全的条件。

因此,水安全在水—经济—能源—粮食—生态—气候的联结中处于首要地位。我国需要从保障水安全的战略高度出发,平衡经济安全、能源安全、粮食安全、生态安全和应对气候变化。这种平衡需要我国的经济发展、能源消费、粮食生产和社会运行从高投入、高污染、低产出的粗放模式向低投入、低污染、高产出的集约和环保模式转型,“依法治水”是确保这种转型成功的基本路径。因为法律对任何经济和社会转型都具有直接和深刻的决定作用,或者决定转型的方向,或者决定转型的速度。法律作为经济和社会转型工具的优势在于其具有正当性、合理性、权威性、制度化,一般不具有破坏性并且有一套机制保障实施。“依法治水”是2011年中央一号文件规定的水利改革的指导思想,是“依法治国”的重要组成部分,也是2013年党的十八届三中全会决议所要求的发挥市场配置资源的决定性作用的需要。因为法律是市场经济的基础,市场经济的成熟度与法治建设水平成正比。但是法律有良法、恶法之分,只有良法才能对经济和社会转型起积极的促进作用,因此法律设计的重要性显而易见。本书就是从保障国家安全和水安全的战略高度出发,探讨中国依法治水的具体路径,以便为中央水安全战略决策,以及立法和实务部门的涉水立法和执法提供有价值的参考。

本书的研究思路是,以水安全的战略地位为基础、依法治水的路径为目的,从中国水安全的现状和实际需要出发,通过跨部门、跨学科的交叉研究、数据统计研究和实证研究,构建中国水安全法治保障的基本体系和制度,一是重建水法的内部体系和制度,二是建立水法与经济法、能源法、资源环境法、农业法等相互联结的外部体系和制度。

为了实现研究目标,本书的写作采取了以下研究方法:

一是实证研究方法,对每个理论和实践问题的分析,都注意同时从公开的数据资料、政策文件、法律法规、法院判决和学者观点等多个角度进行分析论证;

二是跨部门和跨学科研究方法,将水安全与经济安全、能源安全、粮食安全、生态安全和气候安全,涉水公共管理政策与法律,水法与经济法、能源法、环境法等结合起来进行多元、交叉和综合研究;

三是理论与实践相结合,将水安全、依法治水的有关理论问题与水供给、水污染、水事执法的实践问题相结合;

四是宏观视野与微观探究的结合,既有水安全与经济安全、能源安全、粮食安全、生态安全和气候安全的宏观战略研究,也有《水法》《水污染防治法》《流域管理法》《海洋环境保护法》《可再生能源法》《矿产资源法》《电力法》等具体法律的制定、修订和实施的微观探究。

本书的内容大致包括以下内容共八章:

第一章到第三章,分别论述中国水安全的战略地位、法治保障的必要性和重要性、面临的挑战及应对策略。第一章是水安全的内涵与战略地位,包括水安全与国家安全的关系,水安全在保障经济安全、能源安全、粮食安全、生态安全和国民安全方面的战略和核心地位等;第二章是中国的水安全挑战与应对策略，着重分析中国水安全目前面临的水供给压力和水污染威胁，介评应对水安全挑战的现行中央战略、政策和制度试点；第三章是“依法治水”——中国水安全的法治保障，首先分析依法治水的必要性，然后指出依法治水的三个路径——重建水法的内部和外部结构、变革水资源管理体制、“主抓两手”。

第四章到第八章，分别讨论中国水法内部结构的重整，以及水法与经济法、能源法、资源环境法等联结的外部体系和制度。第四章是中国水安全的基本法律体系和制度，在分析现行水法内部结构缺陷的基础上，指出水法内部结构重整的三种方案，并分别详尽讨论了重整淡水法和海水法的体系和制度的路径和方法；第五章是中国经济发展的水风险及其政策和法律规制，在通过翔实数据和实证，讨论中国工业和农业发展面临的水风险的基础上，分别提出规制这些风险的若干法律措施建议；第六章是中国能源发展的水风险及其政策和法律规制，首先讨论中国各种化石能源和新能源发展面临的水风险，然后提出规制这些风险的普适性法律措施建议；第七章是中国涉煤产业链发展面临的水风险及其政策和法律规制，在讨论中国煤炭、煤电、焦化、煤化工产业发展面临的水风险的基础上，有针对性地提出规制这些风险的法律措施建议；第八章是中国可再生能源发展的水风险及其政策和法律规制，首先详尽讨论中国水能、风能、太阳能、地热能、生物质能、海洋能发展面临的水风险，然后有针对性地提出规制这些风险的法律措施建议。

本书提出了很多创新性的观点，其中主要有：

1. 水安全决定经济安全、能源安全和粮食安全，关乎生态安全和国民安全，水安全在我国“水—经济—能源—粮食—生态—气候”的联结中处于首要或核心的地位。

2. 中国能源和电力扩张问题的关键并非是否有能力实现扩张目标，而是中国是否有足够的水资源支撑这种扩张，同时实现碳减排承诺。

3. 不同发电类型的水足迹、碳足迹、土地足迹、生态足迹并不相同，往往是此消彼长而非双消或双长，在发电能力、作用、能源来源的成本和可得性方面也各不相同。

4. 我国的涉水法律体系、制度和管理体制需要从保障水安全的战略高度进行变革。首先是重整和建立水法的内部结构和外部结构,其次是建立起水、粮食、能源、生态等相联结的整体和综合的管理体制,并且"主抓两手",一是总量控制的约束机制,二是市场交易的激励机制。

5. 为了保障水安全,我国需要对水资源和水体进行综合管理,为此应当将《水法》由资源开发利用法、水量管理法变革为水体综合管理法,或者退而求其次,变革为水量和水质综合管理法,或者水资源开发利用和水环境保护并重的综合立法。

6. 淡水与海水分而治之的立法体制需要突破,《水法》的修订需要将沿海水体纳入其适用范围。因为沿海水体与陆地相接近,主要受到从陆地水体排放的污染物影响,因此有必要纳入陆地水体或水资源的范围统一保护和管理。

7. 我国海洋环境污染的主因是陆源污染,因此应当以海陆统筹为指导思想,设计海洋环境保护的监督管理体制和制度。

8. 中国和全球风能和太阳能的扩张将增加中国和全球对稀土、钢铁、铜、铝、焦化煤等的依赖,从而隐藏矿产资源开发带来的水供给和水污染风险,以及这些不可再生资源枯竭的危险。

9. 在保障水安全的视野下,我国需要综合分析不同种类的可再生能源在整个生命周期的水足迹、碳足迹、土地足迹、生态足迹等,并且相应地进行区别对待,实行或鼓励或限制等不同的政策。

目录

第一章　水安全的内涵与战略地位

由于持续的水短缺和严重的水污染，水资源已从一种基础性的自然资源，演变成为稀缺的战略资源。包含水量安全和水质安全的水安全问题，既是资源和环境问题，更是关系到经济社会可持续发展和国家长治久安的重大战略问题。因为水安全是国家安全的重要保障和组成部分，它决定经济安全、能源安全和粮食安全，关涉生态安全和国民安全。

第一节　国家安全与水安全

安全在人类的基本需要中具有根本性，是人类个体或人类组织的生存免受威胁的状态。国家安全关涉国家及其国民的根本利益，而水安全是国家安全的重要保障和组成部分。

一、国家安全的内涵与要素

国家安全是国家生存和发展的最基本、最重要的前提，是国家的核心利益。2015 年 7 月 1 日，第十二届全国人大常委会第十五次会议通过并施行《国家安全法》，它维护的是中国的国家安全，即中国国家核心利益,以及其他重大利益。什么是“国家安全”？2011 年 9 月中国政府发布的《中国的和平发展》白皮书中已作过明确阐述,这次在法律中再次予以重申,《国家安全法》第 2 条规定,“国家安全是指国家政权、主权、统一和领土完整、人民福祉、经济社会可持续发展和国家其他重大利益相对处于没有危险和不受内外威胁的状态,以及保障持续安全状态的能力”。

2013 年党的十八届三中全会公报指出,“设立国家安全委员会,完善国家安全体制和国家安全战略,确保国家安全”。2014 年 1 月,国家安全委员会正式成立。在同年的国家安全委员会第一次会议上,习近平主席在讲话中首次提出,要坚持“总体国家安全观”,他强调“既重视传统安全,又重视非传统安全”。《国家安全法》第 3 条规定就体现了总体国家安全观,“国家安全工作应当坚持总体国家安全观,以人民安全为宗旨,以政治安全为根本,以经济安全为基础,以军事、文化、社会安全为保障,以促进国际安全为依托,维护各领域国家安全,构建国家安全体系,走中国特色国家安全道路。”2016 年《国民经济和社会发展第十三个五年规划纲要》(以下简称《十三五规划纲要》)第七十三章(“建立国家安全体系”)要求,“深入贯彻总体国家安全观,实施国家安全战略,不断提高国家安全能力,切实保障国家安全”。

“总体国家安全观”之下的国家安全,既包括传统的军事安全,也包括经济安全、资源能源安全、粮食安全、生态安全、气候安全等新型的非传统安全。《国家安全法》第 8 条第 2 款规定,“国家安全工作应当统筹内部安全和外部安全、国土安全和国民安全、传统安全和非传统安全、自身安全和共同安全”。近年来,来自于非传统安全领域的诸多挑战,对中国的国家安全构成了严重威胁。因此,《国家安全法》第 16 条、第 19 条、第 21 条分别规定了保障人民安全、国家的经济安全、资源能源安全的政策和措施,[1]第22 条、

---

〔1〕《国家安全法》第 16 条规定,国家维护和发展最广大人民的根本利益,保卫人民安全,创造良好生存发展条件和安定工作生活环境,保障公民的生命财产安全和其他合法权益。第 19 条规定,国家维护国家基本经济制度和社会主义市场经济秩序,健全预防和化解经济安全风险的制度机制,保障关系国民经济命脉的重要行业和关键领域、重点产业、重大基础设施和重大建设项目以及其他重大经济利益安全。第 21 条规定,国家合理利用和保护资源能源,有效管控战略资源能源的开发,加强战略资源能源储备,完善资源能源运输战略通道建设和安全保护措施,加强国际资源能源合作,全面提升应急保障能力,保障经济社会发展所需的资源能源持续、可靠和有效供给。

第30条分别规定了保障国家粮食安全和生态安全的政策和措施。[1] 安全是法律的基本价值——正义所蕴含的一个标准,[2]国家安全也需要法治保障,因此《国家安全法》第70条规定,"国家健全国家安全法律制度体系,推动国家安全法治建设"。《十三五规划纲要》第七十三章("建立国家安全体系")在第四节专门规定"加强国家安全法治建设"。

二、水安全的内涵与要素

(一)水安全的内涵

对于水安全的内涵,国外文献从不同的视角作了界定。张培丽、周湘凤所著的《水资源安全与经济增长关系研究的新进展》一文,详细梳理了这些不同的界定视角:

一是从满足用水需求和水资源价格两个方面定义水安全。威特和怀特福德(Witter and Whiteford)认为,水资源安全是指拥有足够的、达到一定质量的水,并且能够以实惠的价格满足人们短期和长期的需求,从而保护人类的健康、安全、福利和生产能力。其中,水资源安全对粮食安全的影响受到广泛关注,甚至将水资源安全作为子集纳入粮食安全系统。里斯伯曼(Rijsberman)更加强调水资源安全的供给内涵,将人类供水充足作为实现水资源安全的最主要指标,甚至从最微观的个人视角提出,实现水资源安全意味着个人有能力获得足够的、安全的饮用水和生活用水。

二是在以实惠价格满足供水的基础上,将环境保护和控制灾害纳入水安全范畴。水资源具有完全不同于食物和能源的特性,即水如同一把"双刃剑",拥有生产和破坏的双重属性。为此,全球水伙伴组织(Global Water Partnership)在第二届世界水资源论坛上,将环境保护和控制灾害等可持续发展问题纳入水安全范畴,提出了内涵更为丰富的水安全定义。

---

[1] 《国家安全法》第22条规定,国家健全粮食安全保障体系,保护和提高粮食综合生产能力,完善粮食储备制度、流通体系和市场调控机制,健全粮食安全预警制度,保障粮食供给和质量安全。第30条规定,国家完善生态环境保护制度体系,加大生态建设和环境保护力度,划定生态保护红线,强化生态风险的预警和防控,妥善处置突发环境事件,保障人民赖以生存发展的大气、水、土壤等自然环境和条件不受威胁和破坏,促进人与自然和谐发展。

[2] 吕忠梅:《保障饮水安全的法律思考——兼论〈水污染防治法〉的修改》,载《甘肃社会科学》2007年第6期。

即,每个人都能够以可承受的价格获得足够的水来维持一种干净的、健康的、幸福的生活,同时还要确保对环境的保护和改善,以及确保易受伤害人群能够得到保护以避免遭受与水有关的灾害威胁。联合国教科文组织的下属机构水资源教育研究所(UNESCO-IHE),也主张通过大力建设水利基础设施和构建水资源系统来实现水资源安全,主要涉及保护脆弱的供水系统、防御与水有关的灾害,如水灾和旱灾,实现水资源的可持续发展。

三是将经济社会环境作为重要因素纳入水安全范畴。大卫·格雷(David Grey)进一步将经济社会发展作为影响水安全的重要因素,纳入水安全范畴,从而将水安全扩展为:用来维持人类的健康、生活、生态及生产所需要的合适水质和水量的可获得性,以及人类、环境和经济所能承受的与水有关的风险水平。水安全主要取决于以下三方面的因素:一是水文环境;二是经济社会环境;三是未来环境,主要是指全球气候变化的影响。

四是将政治因素纳入水安全范畴。美国将水安全与反恐联系起来,强调水利基础设施安全。美国环境保护署提出,水安全是为了预防和治理污染和恐怖主义。为此,保护水安全就是要通过"枪、大门和警卫"来保护饮用水和水利基础设施的安全。[1]

本书是从宏观的、综合的视角探讨中国水安全及其政策与法治保障问题,因此采用广义的水安全概念,将上述几种观点结合起来,认为水安全是指水资源的自然循环过程不受破坏或严重威胁,其水质水量能够满足国民经济和社会可持续发展的需要,同时国家利益不因洪涝灾害、干旱缺水、水质污染等造成严重损失的状态。

(二)水安全的要素

水资源可由水质和水量两个要素来反映,这两个要素可统一概括为可利用的水量。水资源就是水资源数量和质量的相互依赖、高度统一。[2] 相应地,水安全包括水量安全和水质安全,或者水供给安全和水

〔1〕 张培丽、周湘凤:《水资源安全与经济增长关系研究的新进展》,载《经济学动态》2013年第1期。

〔2〕 何艳梅:《国际水资源利用和保护领域的法律理论与实践》,法律出版社2007年版,第6页。

生态安全两个方面。

1. 水量安全

水量安全是指水资源的数量足以满足人类饮用、食物生产、工业和市政利用、交通和能源利用、生态环境利用等各种需要，确保经济社会的可持续发展。由于水资源日益稀缺，各种利用之间会发生竞争和冲突。[1] 水资源越是稀缺，各种利用之间的竞争性和冲突性越强，不会“说话”和“行动”的生态环境利用就成为竞争和冲突的牺牲品。其实水是所有生命的必需品，尤其是维持水生生态系统所必需的；水也是世界生态系统的基本要素，它通过水文圈与气候、森林、沙漠、动物和植物等发生密切联系，一起构成全球生态系统不可分离的组成部分。从生态环境利用的角度来看，每条河流流域应保全最低流量，即生态需水量，否则容易破坏水质，引发污染、盐水入侵和其他损害。国际上通常认为一条河流调水不能超过20%，用水不能超过40%，否则严重影响河流的自净能力，[2] 从而破坏河流的生态恢复能力。[3] 人类对地下水的利用率不能超过其补充速率，否则含水层将面临枯竭，反过来将使与地下水息息相关的地表水流减少甚至枯竭，[4] 引起地面沉降、盐水入侵、水质恶化等严重后果。

2. 水质安全

水质安全是指水资源的质量能够满足人类饮用、食物生产、生态环境利用等各种需要，不会威胁人类健康、食品安全、生物多样性和生态系统。保护水质主要是指防治水污染，即防治排放有毒化学物质、有害废物和盐类造成的地表水和地下水污染，破坏水生态系统。水污染是对人类健康和水生生态系统的主要威胁。水生生态系统恶化的结果是复杂的，甚至是不可逆转的，因此预防水污染成为关键。有毒有害物质对河流和湖泊

---

〔1〕 何艳梅：《国际水资源利用和保护领域的法律理论与实践》，法律出版社2007年版，第9～13页。

〔2〕 自净能力是指水体受到污染后能够自然净化的能力，通过物理、化学、生物等自然作用而使污染物总量减少，浓度降低，逐渐恢复到未污染的状态。参见中国社会科学院语言研究所词典编辑室编：《现代汉语词典》（第5版），商务印书馆2005年版，第1806页。

〔3〕 参见王立彬：《频繁远程调水的忧思》，载《文汇报》2004年8月12日，第5版。

〔4〕 ［美］爱蒂丝·布朗·魏伊丝：《公平地对待未来人类：国际法、共同遗产与世代间衡平》，汪劲、于方、王海鑫译，法律出版社2000年版，第238页。

的污染会杀死植物、鱼类和其他动物，并使河流和湖泊不再适合于某些用途，比如饮用和游泳。而在许多情况下，含水层的污染不可逆转，因为地下水流动缓慢，通常每年只有几英寸到几十英尺，今天的污染也许要在数十年后才被得知；而且含水层的污染还会扩散到地表水，因为地下水会进入地表河流，从而带去污染物。[1]

水量安全与水质安全是相互联系、相互制约的。一方面，水质的好坏直接关系到水资源的功能，决定着水资源的用途，影响到可利用的水量。比如水质最差的劣Ⅴ类河流和湖泊水体，对人类没有任何用途，必须经过治理达标后才能利用。另一方面，水量的减少将降低水体的自净能力，容易导致或加剧水污染。但是总体而言，水质保护是水资源利用的前提和基础，因此水质安全重于水量安全，国家制定和实施水安全战略、水法规则和制度的重点应是确保水质安全。

三、水安全是国家安全的重要保障和组成部分

水资源是一种既具有经济价值，又具有生态环境价值的极为宝贵的自然资源，对人类具有基础性的不可替代的地位和作用。作为自然资源，它是人类可以利用、天然形成的物质和能量，是人类生存的物质基础、生产资料和劳动对象；作为生态环境资源，它是生命诞生和进化的条件，是生态系统不可或缺的要素，对调节气候、稳定气温、维持生态平衡、净化环境等起着不可替代的巨大作用；作为经济资源，它是一切生产的基础。无论是在食品、造纸、印染、纺织等轻工业，还是冶金、机械、采煤、发电等重工业，都需要大量的水作为原料、动力、冷却、介质等。在农业生产中，水资源更是能否获得收成的关键要素之一。[2] 因此，2011 年中央一号文件开篇就指出，“水是生命之源、生产之要、生态之基”。

随着全球性资源危机的加剧，水资源已从一种基础性的自然资源，演变成为稀缺的战略资源。水资源与国民经济和社会发展日益紧密联系，

---

〔1〕［美］爱蒂丝·布朗·魏伊丝：《公平地对待未来人类：国际法、共同遗产与世代间衡平》，汪劲、于方、王海鑫译，法律出版社 2000 年版，第 236 页。

〔2〕何艳梅：《国际水资源利用和保护领域的法律理论与实践》，法律出版社 2007 年版，第 3 页。

水问题关系到经济社会发展和国家利益的大局,水安全是国家安全的重要保障和组成部分。水安全问题既是资源环境问题,更是关系到社会经济可持续发展和国家长治久安的重大战略问题。综合中国降水资源时空格局变化、气候变化的影响和我国经济社会发展趋势等多种因素来看,我国未来的旱涝形势日益复杂,水资源供需矛盾日益加剧,因此未来中国水安全问题将会日益严峻,需要从战略高度有针对性地加以应对。[1]

第二节 水安全的战略地位

中国正在进行现代化建设,要实现新型工业化、城镇化、农业现代化同步发展。这"三化"的实现要求确保国家安全,包括经济安全、能源安全、粮食安全、生态安全和国民安全。中国必须采取一切可行的措施以确保水安全,因为水安全是国家安全的重要保障和组成部分,而且只有确保水安全,才能实现经济安全、能源安全和粮食安全;而水安全也直接影响和关系到生态安全和国民安全。

一、水安全决定经济安全

经济安全是中国国家安全的基础。所谓国家经济安全,是指经济全球化时代一国保持其经济存在和发展所需资源有效供给、经济体系独立稳定运行、整体经济福利不受恶意侵害和非可抗力损害的状态和能力。国家经济安全包括资源安全、金融安全、产业安全和财政安全,[2]而水安全与其中的资源安全和产业安全发生直接和密切的联结。

资源安全是一个国家或地区可以持续、稳定、及时、足量、经济地获取所需自然资源的状态,具体包括水资源安全、能源资源安全、土地资源安全(包括耕地资源安全)、矿产资源安全、生物资源安全、海洋资源

[1] 参见王伟光、郑国光主编:《应对气候变化报告(2014):科学认知与政治争锋》,社会科学文献出版社 2014 年版,第 211~223 页。

[2] 参见曹荣湘:《经济安全:发展中国家的开放与风险》,社会科学文献出版社 2006 年版,第 46 页。

安全等各种资源安全。这些要素本身构成水安全,或者与水安全高度相关。比如,水安全是能源安全、耕地安全、生物安全、海洋安全的基本保障。

产业安全是指产业在生产过程中的安全性,根据《国民经济行业分类》国家标准,从产业角度可以划分为农业安全、工业安全、建筑业安全和服务业安全等。[1] 工业、农业、建筑业等产业的发展依赖于对水资源的利用,中国的农业安全和工业安全都有赖于水安全,水安全是经济安全的基本组成部分,也是经济安全的决定因素。

目前农业是中国最大的用水户,其所创造的 GDP 占比仅为 10% 左右(见表 1-1),但是用水量占全国用水总量的近 2/3,[2] 某些省份甚至高达 90%。当然中国粗放的农业发展模式和连年增收也影响着水量和水质安全,农业不仅是中国水资源的主要利用者,也是主要污染源。

工业用水是中国继农业之后的第二大用水户,利用国家用水总量的近 1/4,[3] 从原材料加工到产品自身,几乎所有工业过程都要用水。而中国经济安全的主要指标是工业安全,中国 GDP 的近半壁江山是靠工业部门创造的。根据中国国家统计局 2005~2015 年度《国民经济和社会发展统计公报》,[4] 以工业为主的第二产业增加值占 GDP 的比重在 40% 以上(见表 1-1)。当然中国粗放的工业发展模式和持续高速的经济增长也影响着水量和水质安全,工业也是水污染的主要来源,产生大量废水和废渣。

---

[1] 《国民经济行业分类》国家标准于 1984 年首次发布,分别于 1994 年和 2002 年进行修订,2011 年第三次修订。第三次修订的标准(GB/T 4754—2011)由国家统计局起草,国家质量监督检验检疫总局、国家标准化管理委员会批准发布,并于 2011 年 11 月 1 日起实施。此次修订除了参照 2008 年联合国新修订的《国际标准行业分类》(修订 4 版)之外,主要国民经济行业分类依据我国近年来经济发展状况和趋势,对门类、大类、中类、小类做了调整和修改。根据《国民经济行业分类》,第一产业指广义的农业,即农、林、牧、渔业。第二产业指工业和建筑业。第三产业是指除了第一、二产业外的其他行业,俗称服务业。

[2] 根据中国水利部 2005~2014 年度《中国水资源公报》,每年中国农业用水占用水总量的比例在 61.3%~63.6%。详见第二章第一节的图表(表 2-4)。

[3] 根据中国水利部 2005~2014 年度《中国水资源公报》,每年中国工业用水占用水总量的比例在 22.2%~24.1%。详见第二章第一节的图表(表 2-4)。

[4] 参见中国国家统计局 2005~2015 年度《国民经济和社会发展统计公报》,载中华人民共和国国家统计局:http://www.stats.gov.cn/tjsj/ tjgb/ndtjgb/,最后访问日期:2016 年 8 月 10 日。

表 1-1 中国国内生产总值(GDP)的产业构成

GDP 产业构成	2005 年	2006 年	2007 年	2008 年	2009 年	2010 年	2011 年	2012 年	2013 年	2014 年	2015 年
GDP（亿元）	182, 321	209, 407	246, 619	300, 670	335, 353	397, 983	471, 564	519, 322	568, 845	636, 463	676, 708
农业比率(%)	12. 4	11. 8	11. 7	11. 3	10. 6	10. 2	10. 1	10. 1	10. 0	9. 2	9. 0
工业比率(%)	41. 8	43. 1	43. 5	42. 9	40. 1	40. 2	40. 0	38. 5	37. 0	35. 8	33. 7
建筑业比率(%)	5. 5	5. 6	5. 7	5. 7	6. 7	6. 6	6. 8	6. 8	6. 9	6. 8	6. 8
服务业比率(%)	40. 3	39. 5	39. 1	40. 1	42. 6	43. 0	43. 1	44. 6	46. 1	48. 2	50. 5

注:上表系根据国家统计局 2005 ~2015 年度《国民经济和社会发展统计公报》中的相关数据绘制。

中国有 11 个省份(干旱 11 区)在水资源方面是类似于中东地区的水短缺地区,其中包括经济强省江苏和山东,农业大省河南、河北、宁夏,煤炭大省山西,以及北京、天津、上海等直辖市。中国 GDP 的近一半来自干旱 11 区,目前这些省份中有 7 个(北京、河北、河南、江苏、宁夏、上海和天津)出现了水赤字,[1] 也即用水总量超过了其可更新的水资源,对这些省份的可持续发展甚至国家的经济安全、能源安全、粮食安全、生态安全和国民安全构成了严重威胁。

二、水安全决定能源安全

能源是现代化的基础和动力,能源安全事关我国现代化建设全局。能源安全是指能源得到“可靠和连续供应免受内外威胁的一种保障状态”,[2] 表明一国能源供给比较稳定或相对满足。能源安全是经济安全的重要组成部分,也是产业安全的保障,因为工农业和服务业发展需要稳定的电力、燃料等能源供应。对我国而言,能源安全首先是指能源供应的安全,即不依赖其他国家而供给能源和电力。确保能源安全是中国的基本战略。国务院 2014 年《能源发展战略行动计划(2014 ~ 2020 年)》强调“立足国内”,增强能源自主保障能力。[3] 《十三五规划纲要》第三十章(“建设现代能源体系”)要求“维护国家能源安全”。

水与能源存在高度的联结,能源生产和供应需要水,而水的收集、处理、运输和配送系统也需要能源带动,能源对淡水供应必不可少。但是就战略地位而言,水安全大于能源安全。因为水是无可替代的,而能源供应有多种选择,包括煤、石油、天然气、核能等化石能源,水能、风能、太阳能、生物

---

[1] Debra Tan et al. , *Toward a Water & Energy Secure China: Tough Choices ahead in Power Expansion with Limited Water Resources*, China Water Risk, 2015, p. 28. http://chinawaterrisk.org/wp-content/uploads/2015/04/Towards-A-Water-Energy-Secure-China-CWR0415.pdf, Accessed Apr. 26, 2015.

[2] [俄]日兹宁:《国际能源政治与外交》,张晓云等译,华东师范大学出版社 2005 年版,第 45 页。转引自肖国兴:《论〈能源法〉的理性及其法律逻辑》,载《中州学刊》2007 年第 4 期。

[3] 《能源发展战略行动计划(2014 ~ 2020 年)》规定“加快构建清洁、高效、安全、可持续的现代能源体系”,重点实施四大战略,其中第二个战略就是“立足国内战略”,即“坚持立足国内,将国内供应作为保障能源安全的主渠道,牢牢掌握能源安全主动权”。为了贯彻这一战略,《行动计划》规定 2014 ~ 2020 年能源发展的首要任务是“增强能源自主保障能力”,推进煤炭清洁高效开发利用、稳步提高国内石油产量、大力发展天然气、积极发展能源替代等。

质能、地热能、海洋能等非化石能源或可再生能源;而且,各种能源的生产都离不开水,没有水就没有能源。因此,中国的水安全决定其能源安全。

能源供应的主体是电力供应,而电力部门是水密集行业,全世界都是如此。[1] 中国电力部门的用水总量大约是中国当年用水总量的10%,[2] 是中国除了农业部门之外最大的用水部门。中国电力供应的主体是火力和水力发电,这两者高度依赖水,火电是为了用水冷却和驱动蒸汽涡轮机,水电则是因为大坝和水库中水的蒸发。中国的电力对水很饥渴:2013年,中国火电和水电装机占比分别为69%和22.4%,意味着中国发电量的91.4%依赖于水;2014年,中国火电和水电装机占比分别为67.3%和22.2%,意味着中国发电量的89.5%依赖于水;2015年,中国火电和水电发电量占总发电量的比例分别73%和19.4%,意味着中国发电量的92.4%依赖于水。[3] 特别是火力发电,其用水量占中国工业用水总量的40%以上,是最大的工业用水户和能源用水户。[4] 国际能源机构预计,到2035年,生产能源所需的水消耗将增加85%。[5]

当然,水的处理、运输、配送和供给也需要电力。提供清洁饮用水需要电力,[6] 废水处理也需要电力。[7] 而地表水、地下水、海水、废水等不同

---

〔1〕 在美国,发电是最大的用水户,其用水量甚至超过农业用水量。

〔2〕 Debra Tan et al., *Toward a Water & Energy Secure China: Tough Choices ahead in Power Expansion with Limited Water Resources*, China Water Risk, 2015, p. 29. http://chinawaterrisk.org/wp-content/uploads/2015/04/Towards-A-Water-Energy-Secure-China-CWR0415.pdf, Accessed Apr. 26, 2015.

〔3〕 分别参见中国国家统计局2013年度、2014年度、2015年度《国民经济和社会发展统计公报》,载中华人民共和国国家统计局:http://www.stats.gov.cn/tjsj/tjgb/ndtjgb/,最后访问日期:2016年8月10日。

〔4〕 参见清华大学、自然资源保护协会2013年发布的报告《中国节能政策的节水效果评价》,载豆丁网:http://www.docin.com/p-753135733.html,最后访问日期:2015年8月22日。

〔5〕 Debra Tan et al., *Toward a Water & Energy Secure China: Tough Choices ahead in Power Expansion with Limited Water Resources*, China Water Risk, 2015, p. 11. http://chinawaterrisk.org/wp-content/uploads/2015/04/Towards-A-Water-Energy-Secure-China-CWR0415.pdf, Accessed Apr. 26, 2015.

〔6〕 中国2002年清洁饮用水生产和供给所消耗的电量是15太瓦时,2012年是34太瓦时。随着中国城镇化水平不断提高,水需求预计会增长,因此清洁饮用水的生产和供给所消耗的电力也会增长。See Debra Tan et al., *Toward a Water & Energy Secure China: Tough Choices ahead in Power Expansion with Limited Water Resources*, China Water Risk, 2015, p. 29. http://chinawaterrisk.org/wp-content/uploads/2015/04/Towards-A-Water-Energy-Secure-China-CWR0415.pdf, Accessed Apr. 26, 2015.

〔7〕 由于2015年实施了新《环境保护法》,政府向污染宣战和打击非法排污,因此废水处理部门的电力消耗会相应增长。

水源处理所需要的电力是不同的,也取决于需要管道进行处理的距离。

三、水安全决定粮食安全

关于“粮食安全”,联合国粮农组织(FAO)的定义为,“确保所有人在任何时候既买得到又买得起所需要的基本食品”,主要包括以下三个目标:确保生产足够数量的粮食;最大限度地稳定粮食供应;确保所有需要粮食的人都能获得粮食。[1] 这个定义强调粮食供给或粮食数量的安全,但是笔者认为,为了全面地确保公众健康,粮食安全不仅是指粮食供给的安全,还应当包括粮食质量安全。由于中国严重的土壤污染和水污染所引发的食品质量安全问题,极大地损害了公众健康,因此中国近年来的粮食安全政策,也开始从保障粮食供给安全转向保障粮食供给安全和粮食质量安全并重。

中国把农业放在发展国民经济的首位。[2] 中国农业发展的核心任务是确保粮食安全,粮食安全是中国的基本战略,实现粮食自给是中国最优先的政策目标。《农业法》第五章专门规定了“粮食安全”,其中第31条第1款规定,“国家采取措施保护和提高粮食综合生产能力,稳步提高粮食生产水平,保障粮食安全”。中共中央、国务院2014年印发的《国家新型城镇化规划(2014~2020年)》指出“加快农业现代化进程”,并且设计了实现这一目标的具体路径,首要的路径就是“保障国家粮食安全和重要农产品有效供给”,因为“确保国家粮食安全是推进城镇化的重要保障”。[3] 《十三五规划纲要》第十八章(“增强农产品安全保障能力”)要求“确保谷物基本自给、口粮绝对安全……”“确保农产品质量安全”。

粮食安全的前提或保障之一是水安全,因为粮食的供给和质量安全需要充足的、满足一定水质要求的灌溉用水供应。[4] 事实上,灌溉用水

---

〔1〕 康绍忠:《水安全与粮食安全》,载《中国生态农业学报》2014年第8期。

〔2〕 《农业法》(1993年全国人大常委会会议通过,2002年修订,2009年和2012年先后两次修正)第3条第1款规定,国家把农业放在发展国民经济的首位。

〔3〕 参见该规划第21章第1节的相关内容。

〔4〕 灌溉是提升粮食产量的最主要条件之一,灌溉农业利用全球20%的农田生产了40%的粮食,而雨养农业用80%的农田生产了60%的粮食,灌溉农业的单产水平是雨养的2.5倍。See Shiklomanov I A. *Appraisal and assessment of world water resources*. Water International,2000. 转引自康绍忠:《水安全与粮食安全》,载《中国生态农业学报》2014年第8期。

量占中国农业用水总量的90%,占全国用水总量的近60%,[1]是名副其实的用水大户。有学者甚至认为,“人随水走,粮随水来,有水就有粮,无水则荒凉,这是普世规律。中国的粮食安全问题其实就是水资源安全的问题”。因此建议国家加强水资源和粮食安全的协同发展建设和战略研究。[2] 美国国际开发署网站刊登的昂格尔·贝利的署名文章指出,水和能源是粮食安全的关键,因为粮食生产是高用水行业,作物灌溉系统则需要大量能源,而能源生产本身也要大量用水;如今许多发展专家认识到,有成效的粮食安全项目注重对水和能源的有效管理。[3] 2012 年世界水日的主题为“水与粮食安全”,FAO 总干事 José Graziano da Silva 指出,“没有水安全就无法实现粮食安全”。[4]

四、水安全关乎生态安全

关于生态安全的概念,国际应用系统分析研究所(IIASA,1989)提出的定义是,生态安全是指在人的生活、健康、安乐、基本权利、生活保障、必要资源、社会秩序和人类适应环境变化的能力等方面不受威胁的状态,包括自然生态安全、经济生态安全和社会生态安全三个维度。从生态学观点来看,一个安全的生态系统能够在一定的时间尺度内维持它的组织结构,也能够维持对胁迫的恢复能力,即它不仅能够满足人类发展对资源环境的需求,而且在生态意义上也是健康的。生态安全的本质,是要求自然资源在人口、社会经济和生态环境三个约束条件下能够得到稳定、协调、有序和永续利用。2014 年 4 月召开的中央国家安全委员会第一次会议,明确将生态安全纳入国家安全体系,生态安全从此正式成为我国国家安全的重要组成部分。

---

〔1〕 近年来,随着农业灌溉技术的提高,中国农业灌溉用水占全国用水总量的比例有所下降。根据国务院新闻办公室于 2014 年 9 月举行的“中国的节水灌溉状况”新闻发布会,中国农业灌溉用水比例从 2000 年的 63% 降至 2013 年的 55%。

〔2〕 张正斌:《加强水资源和粮食安全协同发展》,载《中国科学报》2013 年 10 月 21 日。

〔3〕 K. Unger Baillie, *Food: Where Water and Energy Meet*, https://www.usaid.gov/globalwaters/march-2014/food_water_energy_meet, accessed 17Aug., 2015.

〔4〕 Bertilsson P., *Stockholm Water Front: World Water Week Daily*. Stockholm International Water Institute. http://www.worldwaterweek.org/documents/WWW_PDF/Media/2012/2012-WWD-tuesday.pdf, accessed 29 Sep., 2015.

水生态系统也需要充足的水量和较清洁的水质,因此,水是维持水生生态系统所必需的要素,是生态系统的关键因子,水质和水量关乎生态平衡,水安全关乎生态安全。生态需水是指为了维持生态系统的功能或者维持生态平衡所需要使用的水量,是一个状态值。水生态系统是指由水生生物群落与水环境共同构成的具有特定结构和功能的动态平衡系统。水生生物群落包括自养生物(藻类、水草等)、异养生物(各种无脊椎和脊椎动物)和分解者生物(各种微生物)群落。各种生物群落及其与水环境之间相互作用,维持着特定的物质循环与能量流动,构成了完整的生态单元。水生态系统内部各要素之间相互联系、相互制约,在一定条件下,保持着自然的、相对的平衡关系,称为生态平衡。生态平衡维持着正常的生物循环,一旦排入水体的废物超过其维系平衡的"自净容量"时,生态系统就会失衡,不仅会威胁各水生生物群落的生存,也威胁到人类的生存和发展,因为生态系统向人类提供着供给、调节、文化、支持等各种服务。[1]

水也是世界生态系统的基本要素,它通过水文圈与气候、森林、沙漠、动物和植物等发生密切联系,一起构成全球生态系统不可分离的组成部分。水文圈通过水循环进程进行持续运动。水从海洋蒸发,绝大部分(90.7%)以雨雪等形式回到海洋,只有9.3%的蒸发量到达陆地。陆地降雨量中约64%或蒸发掉,或流进地表水,或流入地下,或被动植物吸收,约36%注入海洋。[2]

五、水安全关乎国民安全

国民安全是指组成国家的基本要素——人民的生命、健康、财产、日常生活等方面不受威胁的状态,它是国家安全最核心的构成要素,是一切国家安全保障活动和国家安全工作的根本目的。

国民安全是国家安全的根本,而水安全关乎国民安全。目前中国城

---

〔1〕 参见何艳梅:《中国跨界水资源利用和保护法律问题研究》,复旦大学出版社2013年版,第78页。

〔2〕 See Aneoineffe Hildering, *International Law*, *Sustainable Development and Water Management*, Eburon Publishers, 2004, p. 29.

乡居民生活用水占全国用水总量的12%左右。[1] 城乡居民日常生活用水是指满足人类基本需求的用水，包括饮用水和卫生设施。每人每天对水量的基本需求为四十升到五十升。日常生活用水的可得性关系到人类生存及其尊严。日常生活用水尤其是饮用水对水质有特别高的要求。充足的、清洁的饮用水是每个公民健康生存的根本条件之一，也是国民安全的必备条件。因此，确保饮用水安全是确保水安全的基本内容。

〔1〕 根据水利部发布的2005～2014年度《中国水资源公报》，每年中国生活用水占用水总量的比例在12%～12.9%。注意这里的"生活用水"也包括第三产业和第二产业中的建筑业等公共用水。详见第二章第一节的图表（表2－4）。

第二章　中国的水安全挑战与应对策略

由于人口的持续增长、经济的高速增长和粗放的经济社会发展模式，中国的水安全形势面临着严峻的挑战，包括水短缺和水污染的挑战。持续的城镇化和能源扩张，对中国的水安全带来了进一步的挑战。在日益严峻的水安全形势下，近年来，尤其是2010年以来，党中央和国务院也密集地出台和实施了一些应对战略、政策和措施。

第一节　中国的水安全挑战

因为人口的增长、经济的发展，不合理的水资源利用方式，加之气候变化的影响，目前全球正面临着水危机，包括水供给危机和水污染危机。根据世界经济论坛发布的年度《全球风险报告》，水危机就其影响来说，是2013年以来连续三年的五大风险之一，[1]并越来越受到政府、媒体、投资者和公众的关注。

就我国而言，随着工业化、城镇化和农业现代化快

〔1〕　根据《全球风险报告》，2013年水供给危机位列全球第二大风险，2014年水供给危机位列第三大风险，2015年水供给危机位列第一大风险。

速发展，加之气候变化的影响，我国水资源短缺加剧、水污染问题突出、水生态损害严重，尤其是水质问题已经成为制约我国经济社会发展、威胁生态环境和国民安全的突出"瓶颈"。可以说，中国的水危机已然来临，水安全面临严峻挑战。

一、中国水供给面临的挑战

要讨论中国面临的水供给危机，必须追根溯源，了解中国水供给的来源、水资源总量、可利用总量、用水总量、用水效率等情况。

（一）水供给来源

中国的水供给来源主要是地表水和地下水。地表水和地下水的主要来源是大气降水资源。因此，研究中国水供给安全问题，需要研究大气降水特点和变化。中国多年平均降水量为626mm，[1]与许多国家或地区相比都处于较低水平，比全球平均年降水量（813mm）少23%，比亚洲平均年降水量（827mm）少24%。中国陆地年平均降水资源总量约为6万亿m^3，在世界上属于降水资源极为贫乏的国家之一。中国人均降水资源量约为4343m^3/人，仅为全球人均降水资源量的28%，亚洲的68%，远远低于美国、加拿大、俄罗斯和巴西等国。[2]

（二）水资源总量

水资源总量是指当地降水形成的地表和地下产水总量，即地表流量与降水入渗补给地下水量之和。中国水资源总量年均约为28,000亿m^3，地表水与地下水占水资源总量的比例分别约为3/4和1/4。但是水资源总量的年际差异较大，也就是说，水资源时间分布不均，丰枯年份不定。比如，2006年全国水资源总量为25,330亿m^3，比常年值偏少8.6%。2007年全国水资源总量为25,255亿m^3，比常年值偏少8.9%。2009年全国水资源总量为24,180.2亿m^3，比常年值偏少12.7%。2010年全国水

〔1〕 参见王伟光、郑国光主编：《应对气候变化报告（2014）：科学认知与政治争锋》，社会科学文献出版社2014年版，第211页。另根据水利部发布的《2006年中国水资源公报》，1997～2006年期间，全国年平均降水量为635.4毫米。

〔2〕 参见王伟光、郑国光主编：《应对气候变化报告（2014）：科学认知与政治争锋》，社会科学文献出版社2014年版，第212页。

资源总量为30,906.4亿 m³,比常年值偏多11.5%。2012年全国水资源总量为29,528.8亿 m³,比常年值偏多6.6%。[1] 全国丰水年频率为20%,枯水年频率为75%,特枯水年频率为5%。[2]

另外,水资源的空间分布也不均匀。南方水多,北方水少。从年度水资源总量统计数据来看,长江区(含太湖流域)、东南诸河区、珠江区、西南诸河区4个水资源一级区(以下简称"南方4区")水资源总量大约是松花江区、辽河区、海河区、黄河区、淮河区、西北诸河区6个水资源一级区(以下简称"北方6区")的4倍。比如,2010年,北方6区水资源总量占全国的19.6%,南方4区占80.4%。2011年,北方6区水资源总量占全国的21.2%,南方4区占78.8%。2012年,北方6区水资源总量占全国的19.1%,南方4区占80.9%。2013年,北方6区水资源总量占全国的23.3%,南方4区占76.7%。2014年,北方6区水资源总量占全国的17.1%,南方4区占82.9%。

(三)水资源可利用量

中国水资源的可利用量为8140亿 m³,[3]水资源可利用率(水资源可利用总量与水资源总量的比例值)为29%,其余71%的水量为河湖和地下水生态环境用水总量。从人均可更新水资源来说,根据中国政府的材料,2003~2013年中国年度人均可更新水资源是2015m³,[4]仅为世界平均水平的1/4,略高于联合国认定的1700m³的水压力程度。而当一国的年度人均可更新水资源降至世界银行确定的1000m³的水贫困线之下时,缺水将成为对粮食生产、经济和能源发展、自然生态系统保护的严重制

---

[1] 分别参见水利部发布的2006年度、2007年度、2009年度、2010年度、2012年度《中国水资源公报》,载中华人民共和国水利部:http://www.mwr.gov.cn/zwzc/hygb/szygb/,最后访问日期:2015年8月6日。

[2] 参见贾绍凤、吕爱锋、韩雁等:《中国水资源安全对策》,载《社会科学报》2015年8月20日,第2版。

[3] 这是在国务院新闻办公室于2014年9月举行的"中国的节水灌溉状况"新闻发布会上,水利部副部长李国英提供的数据。详见《国新办举行中国节水灌溉状况新闻发布会》,载中华人民共和国国务院新闻办公室:http://www.scio.gov.cn/xwfbh/xwbfbh/wqfbh/2014/20140929/index.htm,最后访问日期:2015年8月12日。

[4] 在国务院新闻办公室于2014年9月举行的中国节水灌溉状况新闻发布会上,水利部副部长李国英指出,我国人均水资源只有2100立方米,仅为世界平均水平的28%。详见《国新办举行中国节水灌溉状况新闻发布会》,载中华人民共和国国务院新闻办公室:http://www.scio.gov.cn/xwfbh/xwbfbh/wqfbh/2014/20140929/index.htm,最后访问日期:2015年8月12日。

约。中国人口的不断增长,实际上意味着人均水资源量会不断下降,对已经短缺的水资源带来更大压力。国家统计局数字显示,近十多年来,中国人口以年均670万人的速度增加,[1]2016年开始实施的放开二胎政策,成为人口增长的新“引擎”。因气候变化带来的极端洪水和干旱的频率增大,也增加了地下水补给的困难。而且,中国的水资源、耕地、能源资源等在地理分布上是极不平衡的。中国南方地区拥有可更新水资源总量的3/4,然而中国47%的种粮面积和86%的煤炭储量位于干旱的北方地区。因此,北方地区面临着更严重的水短缺形势。

由于气候变化的影响,中国水供给的未来形势也不乐观,甚至水短缺现象会更为严重。政府间气候变化专家组(IPCC)第五次评估报告表明,全球气候变暖已是不争的事实。IPCC第五次评估报告第二工作组报告系统地评估了气候变化对全球和区域水资源、生态系统、粮食生产和人类健康等自然系统和人类社会的影响及风险。报告的核心结论包括:(1)气候变化已经对自然生态系统和人类社会产生了广泛影响,比如受降水变化和冰雪消融的影响,全球许多地区的水文系统正在发生改变;(2)未来气候变化可能导致更广泛的影响和风险。随着温室气体浓度的增加,水资源面临的风险加大,21世纪许多干旱亚热带区域的可再生地表和地下水资源将显著减少。气候变化将对热带和温带地区的主要作物(小麦、水稻和玉米)产量产生不利影响。许多全球性风险集中出现在城市地区,而农村地区则更多面临水资源短缺、食物安全和农业收入的风险。[2]气候变化影响水资源在时间和空间上的重新分配,引起水质和水量的改变,会导致自然生态和人类生产生活用水的可获得性发生改变,从而进一步影响生态环境和社会经济发展。联合国环境规划署2009年发布一项报告,警告淡水供给随着极地冰帽、冰川等以更快的速度融化而下降。在中国的青藏高原地区,根据中科院的报告,冰川在过去30年来已经缩减了15%。中国社科院和国家气象局2014年预估,未来10年中国降水量总

---

〔1〕 中国大陆2005~2015年的总人口从130,756万增加到137,462万,共增加6706万人,年均增加670.6万人。参见中国国家统计局发布的2005~2015年度《国民经济和社会发展统计公报》。

〔2〕 参见王伟光、郑国光主编:《应对气候变化报告(2014):科学认知与政治争锋》,社会科学文献出版社2014年版,第96~124页。

体略有增加，降水增加较多的地区主要在西北、华北和东北地区。降水的增加对这些地区的水资源压力有一定程度的缓解，但是南方水多北方水少的格局不会发生改变，也不能改变我国水资源紧缺的总体局面。同时，雨带北抬，南方地区降水、气温变化引起的干旱、高温、热浪，会增加居民生活和工农业生产的用水量，一定程度上也会造成水资源的紧缺。[1]

（四）供水量

供水量是指各种水源工程为用户提供的包括输水损失在内的毛供，从用户的角度来看就是用水量。根据2005～2014年度水利部《水资源公报》和国家统计局《国民经济和社会发展统计公报》提供的统计数字，近十年来每年供水量都在增加，已从2005年的5600多亿 m^3 增加到2014年的6200多亿 m^3。另外，供水效率较低，国内600多个城市供水管网的平均漏损率超过15%。[2] 从不同地区来看，南北地区的供水量比例差别不大，但是在供水水源上有很大差别。

1. 南北地区供水量对比

全国每年的水资源开发利用率（供水量占水资源总量的百分比）为20%～25%，但是南北方差异较大。根据水利部2005～2014年度《中国水资源公报》，尽管北方六区的水资源总量仅是南方四区的约1/4，其供水总量却只是低于南方四区8%～12.2%，北方六区供水量在全国供水量中的比例稳定在43.9%～46%，南方四区在54%～56.1%（见表2－1）。即北方六区的水资源开发利用强度远超过南方四区，这是以牺牲生态环境用水为代价的，也是不可持续的。中科院的专家们提供的数据是，北方地区水资源开发利用率为52%，远高于南方地区15%的开发利用率。以流域为单位进行统计，不考虑调水情况下的海河区高达100%，黄河区和淮河区都超过55%，西北诸河区50%，辽河区42%，松花江区、长江区、珠江区和东南诸河区31%～13%，西南诸河区2%。[3] 实际情形可能更为严重。水利部官员提供的信息是，全国水资源开发利用总量正在逐步接

---

〔1〕 参见王伟光、郑国光主编：《应对气候变化报告（2014）：科学认知与政治争锋》，社会科学文献出版社2014年版，第211～223页。

〔2〕 于文静：《水资源开发逼近红线——水利部负责人解读水资源热点问题》，载《新华每日电讯》2015年3月23日，第6版。

〔3〕 参见贾绍凤、吕爱锋、韩雁等：《中国水资源安全对策》，载《社会科学报》2015年8月20日，第2版。

近国务院确定的2020年用水总量控制指标(6700亿 m^3),海河、黄河、辽河流域水资源开发利用率已经达到106%、82%、76%,西北内陆河流开发利用已接近甚至超出水资源承载能力。〔1〕

表2-1　南北地区2005~2014年供水量对比

年份	2005年	2006年	2007年	2008年	2009年	2010年	2011年	2012年	2013年	2014年
北方六区	44.2%	44.9%	43.9%	44.4%	44.9%	44.9%	45.3%	46.0%	45.6%	45.6%
南方四区	55.8%	55.1%	56.1%	55.6%	55.1%	55.1%	54.7%	54.0%	54.4%	54.4%

注:上表系笔者根据水利部2005~2014年度《中国水资源公报》中的相关数据编制。

2.全国地表水和地下水供应量对比

根据水利部1997~2014年度《中国水资源公报》提供的统计数字,全国供水量以地表水供应为主,其次是地下水。近二十年来,地表水和地下水供水量的比例基本稳定在81%和18%左右,其他水源供水量(污水处理回用量、集雨工程水量、海水淡化水量等)占比极小,但是在缓慢上升(近十年来的水源供应情况见表2-2)。

表2-2　2005~2014年全国水源供应情况

年份	2005年	2006年	2007年	2008年	2009年	2010年	2011年	2012年	2013年	2014年
地表水	81.2%	81.2%	81.2%	81.2%	81.1%	81.1%	81.1%	80.8%	81.0%	80.8%
地下水	18.4%	18.4%	18.4%	18.3%	18.4%	18.4%	18.2%	18.5%	18.2%	18.3%
其他	0.4%	0.4%	0.4%	0.5%	0.5%	0.5%	0.7%	0.7%	0.8%	0.9%

注:上表系笔者根据水利部2005~2014年度《中国水资源公报》中的相关数据编制。

根据水利部2005~2014年度《中国水资源公报》,近十年来,在全国每年的地表水源供水量中,蓄水工程、引水工程和提水工程"三分天下",水资源一级区间调水占比很小,但是基本上在逐年上升,从2005年的

〔1〕 于文静:《水资源开发逼近红线——水利部负责人解读水资源热点问题》,载《新华每日电讯》2015年3月23日,第6版。

2.3%上升到2014年的3.9%。

3.南北地区地表水和地下水供应量对比

根据水利部发布的2005~2014年度《中国水资源公报》，从南北各省级行政区来看，地表水和地下水供应比例有很大差别。在2005~2014年的每个年度，南方各省级行政区以地表水源供水为主，其中2005~2012年大多占其总供水量的90%以上，2013年以来占比有所下降，其中2013年占比88%以上，2014年占比86%以上。北方各省级行政区地下水源供水占有较大比例，其中河北、北京、河南、山西4个省份占总供水量的50%以上。从2013年起，内蒙古地下水源供应量也占总供水量的一半以上。因此从地区来看，北方地区对地下水的依赖程度大大超过南方地区，但是南北地区对地下水的依赖程度都在不断增加，尤其是在北方地区，从而对地下水的保护带来日益严峻的挑战。

4.全国地下水供应情况

从水利部发布的年度《中国水资源公报》提供的统计数据来看，全国地下水供应主要来自浅层地下水和深层承压水。其中浅层地下水占比在80.4%~85.8%，且总体呈上升趋势；浅层承压水占比在13.9%~19%，且总体呈下降趋势。这或许与政府加强了对深层承压水的保护和开采限制有关，同时也反映出浅层地下水供给面临日益增加的压力，对其保护带来日益严峻的挑战。微咸水占比极小，且呈稳定的下降趋势，从2005年的0.6%降至2014年的0.3%（见表2-3）。

表2-3　2005~2014年全国地下水供应情况

年份	2005年	2006年	2007年	2008年	2009年	2010年	2011年	2012年	2013年	2014年
浅层地下水	80.4%	80.5%	81.0%	80.1%	80.9%	81.7%	83.8%	82.8%	84.8%	85.8%
深层承压水	19.0%	19.0%	18.5%	19.4%	18.7%	17.9%	15.8%	16.9%	14.9%	13.9%
微咸水	0.6%	0.5%	0.5%	0.5%	0.4%	0.4%	0.4%	0.3%	0.3%	0.3%

注：上表系笔者根据水利部2005~2014年度《中国水资源公报》中的相关数据编制。

(五)用水量

用水量是指各类用水户取用的包括输水损失在内的毛水量之和,按生活、工业、农业和生态环境四大类用户统计,不包括海水直接利用量。根据水利部2011年度《中国水资源公报》,生活用水包括城镇生活用水和农村生活用水,其中城镇生活用水由居民用水和公共用水(含第三产业及建筑业等用水)组成;农村生活用水除居民生活用水外,还包括牲畜用水在内(但是2012年开始将牲畜用水调至农业用水中)。工业用水指工矿企业在生产过程中用于制造、加工、冷却、空调、净化、洗涤等方面的用水,按新水取用量计,不包括企业内部的重复利用水量。农业用水包括农田灌溉和林、果、草地灌溉及鱼塘补水。生态环境补水仅包括人为措施供给的城镇环境用水和部分河湖、湿地补水,而不包括降水、径流自然满足的水量。

中国用水情况及变化反映了处在工业化早中期的发展中国家用水的变化趋势。根据水利部2006年度《中国水资源公报》,1997~2006年,全国总用水量总体呈缓慢上升趋势,其中生活和工业用水呈持续增加态势,而农业用水则受气候影响上下波动、总体呈下降趋势。生活和工业用水占总用水量的比例逐渐增加,农业用水占总用水量的比例则明显减少。

根据2005~2014年度《中国水资源公报》,全国总用水量总体仍呈稳定、缓慢上升趋势,2014年开始下降,但是根据国家统计局2014年度《国民经济和社会发展统计公报》,2014年总用水量为6220亿 m^3,即每年都在缓慢上升。其中生活用水自2005~2011年呈持续增加态势,2012年下降后又有回升。工业用水自2005~2011年呈持续增加态势,2012年开始呈下降趋势,但是有小幅波动。农业用水近十年来则呈上下波动、总体上升趋势。但是生活、工业用水和农业用水占总用水量的比例基本稳定,仅有小幅波动。生活用水比例在12%~12.9%,工业用水比例在22.2%~24.1%,农业用水比例在61.3%~63.6%,生态用水比例在1.6%~2.0%(见表2-4)。同时也存在明显的地区差异,不同地方的用水结构有所不同,比如上海工业用水和生活用水的比例超过农业用水。

表 2－4　2005～2014 年全国用水总量和各部门用水情况

年份	总用水量(亿 m^3)	生活用水		工业用水		农业用水		生态用水	
		比例	用水量(亿 m^3)	比例	用水量(亿 m^3)	比例	用水量(亿 m^3)	比例	用水量(亿 m^3)
2005	5633.0	12%	676.0	22.8%	1284.3	63.6%	3582.6	1.6%	90.1
2006	5795.0	12%	695.4	23.2%	1344.4	63.2%	3662.4	1.6%	92.7
2007	5819.0	12%	698.3	24.1%	1402.4	61.9%	3602.0	1.8%	104.7
2008	5910.0	12.3%	726.9	23.7%	1400.7	62.0%	3664.2	2.0%	118.2
2009	5965.2	12.6%	751.6	23.3%	1389.9	62.4%	3722.3	1.7%	101.4
2010	6022.0	12.7%	764.8	24.0%	1445.3	61.3%	3691.5	2.0%	120.4
2011	6107.2	12.9%	787.8	23.9%	1459.6	61.3%	3743.7	1.9%	116.0
2012	6131.2	12.1%	741.9	22.5%	1379.5	63.6%	3899.4	1.8%	110.4
2013	6183.4	12.1%	748.2	22.8%	1409.8	63.4%	3920.3	1.7%	105.1
2014	6095.0	12.6%	768.0	22.2%	1353.1	63.5%	3870.3	1.7%	103.6

注：1. 上表系笔者根据水利部 2005～2014 年度《中国水资源公报》中的相关数据编制。

2. 2012 年开始将生活用水量中的牲畜用水量调整至农业用水量中。

（六）废污水排放量

废污水排放量是指工业、第三产业和城镇居民生活等用水户排放的水量，但不包括火电直流冷却水排放量和矿坑排水量。在废水排放量中，工业污水占 2/3，第三产业和城镇居民生活污水占 1/3。根据水利部近些年度的《中国水资源公报》，全国废污水排放总量在 2011 年达到高峰，之后开始缓慢下降（见表 2－5）。

表 2－5　水利部发布的 2005～2014 年全国废污水排放量数据

年份	2005 年	2006 年	2007 年	2008 年	2009 年	2010 年	2011 年	2012 年	2013 年	2014 年
废污水排放量（亿吨）	717	731	750	758	768	792	807	785	775	771

注：上表系笔者根据水利部 2005～2014 年度《中国水资源公报》中的相关数据编制。

然而根据环保部 2005～2014 年度《中国环境状况公报》[1] 和环保部

---

[1] 环境保护部发布的 2005～2014 年度《中国环境状况公报》，载中华人民共和国环境保护部：http://jcs.mep.gov.cn/hjzl/zkgb/，最后访问日期：2016 年 4 月 16 日。

2014 年发布的《2013 年环境统计年报》[1]中提供的数据（见表 2－6、表 2－7），全国废水排放总量连年增长，但是工业废水排放量仅占全国废水排放量的约 30%，城镇生活污水排放量却占近 70%，而且工业废水排放量在 2010 年达到高峰后开始下降，城镇生活污水排放量却持续增加，两者开始呈现出明显的此消彼长的趋势。

表 2－6　环保部发布的 2001～2010 年度全国废水排放量数据

年份	废水排放量（亿吨）		
	工业	生活	合计
2001	202.6	230.3	432.9
2002	207.2	232.3	439.5
2003	212.4	247.6	460.0
2004	221.1	261.3	482.4
2005	243.1	281.4	524.5
2006	240.2	296.6	536.8
2007	246.6	310.2	556.8
2008	241.9	330.1	572.0
2009	234.4	354.8	589.2
2010	237.5	379.8	617.3

注：上表系笔者根据环保部 2001～2010 年度《中国环境状况公报》中的相关数据编制。

表 2－7　2011～2013 年全国废水排放情况

年度	废水排放总量（亿吨）				
	工业源	农业源	城镇生活源	集中式	合计
2011	230.9	—	427.9	0.4	659.2
2012	221.6	—	462.7	0.5	684.8
2013	209.8	—	485.1	0.5	695.4

注：上表系笔者根据环保部 2014 年发布的《2013 年环境统计年报》中的相关数据编制。

---

〔1〕　环境保护部发布的《2013 年环境统计年报》，载中华人民共和国环境保护部：http://zls.mep.gov.cn/hjtj/nb/，最后访问日期：2016 年 4 月 16 日。

(七)用水效率

用水效率是衡量水资源效率的重要指标。[1] 我国主要采用万元GDP用水量、万元工业增加值用水量、农田灌溉亩均用水量、人均用水量等用水指标评估用水效率。根据水利部1997～2014年度《中国水资源公报》,近二十年来,工业领域的用水效率明显提高,全国万元GDP用水量和万元工业增加值用水量均呈显著下降趋势。比如,根据水利部《2011年中国水资源公报》,按2000年可比价计算,万元GDP用水量由1997年的705m^3下降到2011年的208m^3,14年间下降了70%;万元工业增加值用水量则由363m^3下降到114m^3,14年间下降了69%。关于农业用水效率,农田实际灌溉亩均用水量总体上呈缓慢下降趋势,由1997年的492m^3下降到2014年的402m^3。关于人均用水量,根据《2006年中国水资源公报》,1997～2006年,全国人均用水量基本维持在430m^3上下,同时根据2005年以来《中国水资源公报》统计,人均用水量在432m^3～456m^3,因此全国人均用水量总体呈增加趋势。从生活用水量来看,城镇人均每日生活用水量基本稳定,没有显著增加,但是农村人均每日生活用水量总体呈增加趋势(见表2－8)。

表2－8　2005～2014年全国用水指标

年份	2005年	2006年	2007年	2008年	2009年	2010年	2011年	2012年	2013年	2014年
万元GDP用水量(m^3)	304	272	229	193	178	150	129	118	109	96
万元工业增加值用水量(m^3)	—	—	131	108	103	90	78	69	67	59.5
农田实灌面积亩均用水量(m^3)	448	449	434	435	431	42	415	404	418	402
全国人均用水量(m^3)	432	44	442	446	448	450	454	454	456	447

[1] 水资源效率包括供水效率和用水效率两方面。

续表

年份	2005年	2006年	2007年	2008年	2009年	2010年	2011年	2012年	2013年	2014年
城镇人均生活用水量(L/d)	211	212	211	212	212	193	198	216	212	213
农村人均生活用水量(L/d)	68	69	71	72	73	83	82	79	80	81

注:1. 上表系笔者根据2005~2014年度《中国水资源公报》中的相关数据编制。

2. 万元GDP用水量和万元工业增加值用水量中的"万元GDP"和"万元工业增加值"均为当年价;城镇和农村人均生活用水量L/d中的"L/d"是指每日用水量多少升。

3. "-"表示无数据。

从上述数据来看,虽然我国用水效率在不断提高,但在世界上仍然属于偏低水平,用水方式粗放、用水浪费严重,加剧了我国的水短缺,是造成我国水供给危机的重要原因。万元工业增加值用水量虽然明显减少,仍为世界先进水平的2倍左右;农田灌溉水有效利用系数为0.52,低于0.7~0.8的世界先进水平。2013年中国水利部发布的报告显示,过去60年间,全国有23,000条河流已经干涸。[1] 如果不大力改变以往高消耗、高污染、低产出的经济发展和消费模式,不大力改变较为低效和无效的用水方式,中国2030年的水需求将是8180亿m^3,而目前水供给量是6220亿m^3,存在近2000亿m^3的赤字,比2013年1409亿m^3的工业用水总量还多。[2]

(八)关于干旱11省的供水危机

包括经济强省和农业基地省份江苏和山东,农业大省和农业基地省份河北、河南,煤炭大省和煤电基地省份山西、内蒙古、陕西和宁夏,以及直辖市北京、天津、上海等在内的"干旱11省",拥有中国34%的种粮面

---

〔1〕 于文静:《水资源开发逼近红线——水利部负责人解读水资源热点问题》,载《新华每日电讯》2015年3月23日,第6版。

〔2〕 Debra Tan, Feng Hu, Hubert Thieriot, Dawn McGregor, *TOWARDS A WATER & ENERGY SECURE CHINA: Tough choices ahead in power expansion with limited waterresources*, China Water Risk, Apr. 2015, p. 20. http://chinawaterrisk.org/wp-content/uploads/2015/04/Towards-A-Water-Energy-Secure-China-CWR0415.pdf, accessed Apr. 18, 2015.

积、52%的煤炭储量、48%的热电生产能力,贡献着国家44%的GDP、38%的农业总产值和45%的地区生产总值。然而“干旱11省”是中国大陆31个省份中最为缺水的。“干旱11省”的人均可更新水资源低于1000m^3的水贫困线,[1]其中8个省份(宁夏、河北、山东、河南、山西、江苏等)被认定为遭受极度水短缺,年度人均水资源在500m^3以下,[2]使其与约旦、安曼等缺水的中东国家同样层次。“干旱11省”利用了全国一半的水资源总量,而且对地下水的依赖程度高于18%的全国平均水平。

中国农业的心脏——华北平原地下水的过度抽取和严重污染已经引起了民众对水安全、粮食安全和保障的担忧。已经完成建设并投入运营的南水北调东线和中线工程暂时地缓解了北京、河北、河南等省份的水供给危机。然而这两项工程投资额巨大,耗时持久(东线从2002~2013年,中线从2003~2014年),因移民和资金投入等造成社会和财政负担重,还有其可能对水源地和工程沿线造成的不良环境影响,引起许多反对和质疑的声音。西线工程已有计划,但是还未开工,其可行性和必要性同样存在巨大争议。

二、中国水污染的严峻形势

“我们的环境已经达到或接近其承载能力的上限”。习近平在2014年12月9日的中央经济工作会议上说。这种状况包括令人担忧的水污染和生态破坏。

从总体情况来看,根据水利部年度《中国水资源公报》、环保部年度《中国环境状况公报》、国家海洋局年度《中国海洋环境质量公报》[3]提供的数据,中国的河流轻度污染,湖泊、地下水和近岸海域中度或重度污染,供水水质问题突出。

---

[1] Exploring the Links between Water and Economic Growth, HSBC and Frontier Economics, 2012.

[2] Exploring the Links between Water and Economic Growth, HSBC and Frontier Economics, 2012.

[3] 国家海洋局1997~2015年度《中国海洋环境质量年报》和《中国海洋环境质量公报》,载国家海洋局:http://www.soa.gov.cn/zwgk/hygb/zghyhjzlgb/,最后访问日期:2016年6月12日。

(一)河流水污染

近年来,水利部和环保部每年分别对河流、湖泊和地下水水质进行监测。水利部和环保部进行水质监测的河流,根据其水质状况和用途分为以下六类:Ⅰ类、Ⅱ类、Ⅲ类、Ⅳ类、Ⅴ类和劣Ⅴ类。Ⅰ~Ⅲ类水质优良,Ⅳ~劣Ⅴ类水质较差或极差。

根据水利部近十年来对全国河流水质的监测数据(见表2-9),河流水质有一定污染,主要污染项目是化学需氧量、氨氮、五日生化需氧量等。经过治理有一定好转,但仍有2/3的河长被污染(达不到Ⅱ类标准),1/3的河长被严重污染(达不到Ⅲ类标准),总体仍呈轻度污染。

表2-9　2005~2014年全国河流水质状况

单位:%

年份	2005年	2006年	2007年	2008年	2009年	2010年	2011年	2012年	2013年	2014年
Ⅰ-Ⅲ类水河长占比	60.9	58.3	59.5	61.2	58.9	61.4	64.2	67.0	68.6	72.8
Ⅳ-Ⅴ类水河长占比	17.8	19.9	18.8	18.2	21.8	20.9	18.6	17.3	16.5	15.5
劣Ⅴ类水河长占比	21.3	21.8	21.7	20.6	19.3	17.7	17.2	15.7	14.9	11.7

注:上表系笔者根据水利部2005~2014年度《中国水资源公报》中的相关数据编制。

环保部多年来的监测数据也表明,全国地表水(包括河流和湖泊)总体水质长期中度污染,经过多年治理后,于2011年开始改善为轻度污染。[1] 就河流流域而言,环保部对七大流域(长江、黄河、珠江、松花江、淮河、海河和辽河,2010年起增加为十大流域,新增加的三大流域为浙闽片河流、西北诸河、西南诸河)的国控断面进行的地表水水质监测表明,经过多年治理,这些流域总体水质从中度污染改善为轻度污染(见表2-10、图2-1),主要污染指标为高锰酸盐指数、氨氮、五日生化需氧量、石油类等。

---

〔1〕参见环保部2005~2014年度《中国环境状况公报》。

表 2－10　2005～2015 年度国控流域地表水水质状况

单位：%

年份	2005年	2006年	2007年	2008年	2009年	2010年	2011年	2012年	2013年	2014年	2015年
Ⅰ－Ⅲ类水质断面百分比	41	46	49.9	55.0	57.3	59.9	61.0	68.9	71.7	71.2	72.1
Ⅳ－Ⅴ类水质断面百分比	32	28	26.5	24.2	24.3	23.7	25.3	20.9	19.3	19.8	19
劣Ⅴ类水质断面百分比	27	26	23.6	20.8	18.4	16.4	13.7	10.2	9.0	9.0	8.9

注：上表系笔者根据环保部 2005～2015 年度《中国环境状况公报》中的相关数据编制。

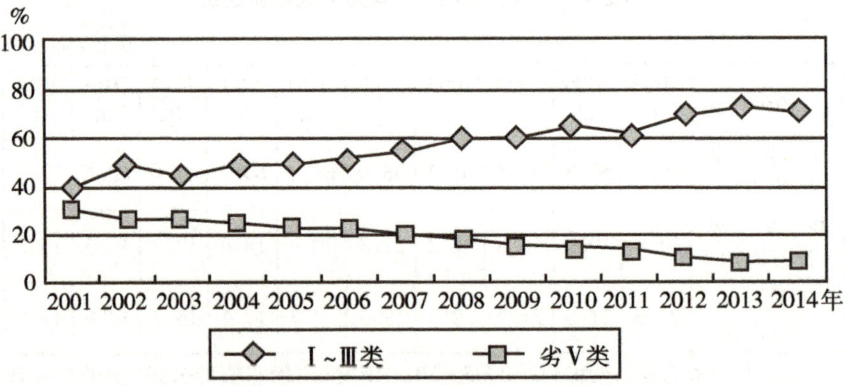

图 2－1　2001～2014 年度十大流域总体水质年际变化

注：上图系环保部绘制，出处为环保部 2014 年度《中国环境状况公报》。

从图 2－1 可以看出，2001～2014 年，长江、黄河、珠江、松花江、淮河、海河、辽河七大流域和浙闽片河流、西北诸河、西南诸河总体水质明显好转，Ⅰ～Ⅲ类水质断面比例上升 32.7 个百分点，劣Ⅴ类水质断面比例下降 21.2 个百分点。[1]

（二）湖泊水污染

水利部和环保部进行水质监测的湖泊，根据其水质状况和用途分为以下六类：Ⅰ类、Ⅱ类、Ⅲ类、Ⅳ类、Ⅴ类和劣Ⅴ类。Ⅰ～Ⅲ类水质优良或

〔1〕 数据出处：环保部 2014 年度《中国环境状况公报》。

良好，Ⅳ～劣Ⅴ类水质较差或极差。

根据水利部近十年来对全国湖泊水质的监测数据（见表2－11），湖泊污染程度明显比河流严重，主要污染项目是总氮、总磷、氨氮、化学需氧量等。而且经过多年治理，好转趋势并不明显，部分数据显示还有恶化的趋势，主要表现为湖泊富营养化问题突出。

表2－11　2005～2014年全国湖泊水质状况

单位：%

年份	2005年	2006年	2007年	2008年	2009年	2010年	2011年	2012年	2013年	2014年
Ⅳ－劣Ⅴ类湖泊数百分比	64.6	—	—	—	—	—	—	71.4	68.1	67.8
Ⅳ－劣Ⅴ类湖泊面积百分比	—	50.3	51.1	55.8	41.6	41.1	41.2	55.8	—	—
富营养湖泊数百分比	68.1	58	62.8	47.0	64.8	65.7	68.9	65.2	69.8	76.9

注：上表系笔者根据水利部2005～2014年度《中国水资源公报》中的相关数据编制。

但是根据环保部对国控重点湖泊（水库）的监测数据（见表2－12），这些湖泊（水库）的总体水质从中度污染改善为轻度污染，主要污染指标是总氮、总磷、化学需氧量、高锰酸盐指数等，富营养化问题也得到明显缓解，这或许说明，国家职能部门的直接管理和控制可以有效地改善部分"重点"区域和流域的环境质量。但是国家职能部门人力和财务资源有限，要全面地改善全国地表水和湖泊的环境污染状况，必须调动各地方政府及其职能部门的积极性。

表2－12　2005～2015年国控重点湖泊（水库）水质状况

年份	2005年	2006年	2007年	2008年	2009年	2010年	2011年	2012年	2013年	2014年	2015年
国控重点湖泊（水库）数量	28	27	28	28	26	26	26	62	62	62	62
Ⅳ－劣Ⅴ类湖泊数量百分比（%）	72	71	71.5	78.6	76.9	77	57.7	38.7	39.3	30.9	30.6
富营养湖泊数百分比（%）	—	—	53.8	46.0	42.3	53.8	53.8	25.0	27.8	24.6	23.0

注：上表系笔者根据环保部2005～2015年度《中国环境状况公报》中的相关数据编制。

(三)地下水污染

水利部和环保部近年来每年对地下水水质状况进行监测。进行水质监测的地下水井,根据其水质状况共分为以下种类:水质适合于各种使用用途的Ⅰ~Ⅱ类水井;适合作为集中式生活饮用水水源及工农业用水的Ⅲ类水井;适合除饮用外其他用途的Ⅳ~Ⅴ类水井,它们分别对应水质优良;水质良好;水质较差和极差。

从水利部的监测情况来看,地下水污染严重,地下水质总体很差,而且呈现出逐步恶化的明显趋势(见表2-13)。

表2-13 2005~2014年全国地下水水质状况

年份	2005年	2006年	2007年	2008年	2009年	2010年	2011年	2012年	2013年
监测水井数量	—	776	758	641	562	763	857	1040	1229
Ⅰ~Ⅱ类水井(%)	—	10.1	9.4	2.3	5.0	11.8	2.0	3.4	2.4
Ⅲ类水井(%)	—	28.6	28.1	23.9	22.9	26.2	21.2	20.6	20.5
Ⅳ~Ⅴ类水井(%)	—	61.3	62.5	73.8	72.1	62.0	76.8	76.0	77.1

注:上表系笔者根据水利部2005~2014年度《中国水资源公报》中的相关数据编制。

环保部2010年以来开始发布较为详细的城市地下水质监测数据。从这些监测数据来看(见表2-14),城市地下水质变化总体较为稳定,但是呈现出好和差的两极分化,而且水质也有逐步下降的趋势,水质主要超标指标为总硬度、溶解性总固体、铁、锰、"三氮"(亚硝酸盐氮、硝酸盐氮和氨氮)、氟化物、硫酸盐等。

表2-14 2010~2015年全国城市地下水质状况

年份	2010年	2011年	2012年	2013年	2014年	2015年
水质监测点总数(个)	4110	4727	4929	4778	4896	5118
Ⅰ~Ⅱ类水质监测点比例(%)	37.8	45.0	39.1	37.3	36.7	34.1
Ⅲ类水质监测点比例(%)	5.0		3.6	3.1	1.8	4.6
Ⅳ~Ⅴ类水质监测点比例(%)	57.2	55.0	57.3	59.6	61.5	61.3

注:上表系笔者根据环保部2009~2015年度《中国环境状况公报》中的相关数据编制。

环保部2014年还对流域地下水水质进行了监测，并发布了监测数据。监测井主要分布在北方17个省（自治区、直辖市）平原区，基本涵盖了地下水开发利用程度较大、污染较严重的地区。监测对象以浅层地下水为主，其易受地表或土壤水污染下渗影响，水质评价结果总体较差。2071个测站数据评价结果显示：水质优良的测站比例为0.5%，良好的测站比例为14.7%，无较好测站，较差的测站比例为48.9%，极差的测站比例为35.9%。主要污染指标除了总硬度、锰、铁和氟化物可能由于水文地质化学背景值偏高外，"三氮"污染情况较重，部分地区存在一定程度的重金属和有毒有机物污染。[1]

2015年，以流域为单元，水利部门对北方平原区17个省（区、市）的重点地区开展了地下水水质监测，监测井主要分布在地下水开发利用程度较大，污染较严重的地区。监测对象以浅层地下水为主，其易受地表或土壤水污染下渗影响，水质评价结果总体较差。2103个测站数据评价结果显示：水质优良、良好、较差和极差的测站比例分别为0.6%、19.8%、48.4%和31.2%，无水质较好的测站。"三氮"污染较重，部分地区存在一定程度的重金属和有毒有机物污染。[2]

（四）海洋环境污染

我国是海洋大国，大陆海岸线1.8万公里，面积为500平方米以上的海岛共计6900余个，管辖海域总面积约300万平方公里，包括渤海、黄海、东海和南海，跨越暖温带、亚热带和热带三个气候带。入海河流众多，有鸭绿江、辽河、海河、黄河、长江、珠江等1500余条河流入海。海洋生物多样性十分丰富，分布有红树林、珊瑚礁、滨海湿地、海草床、海岛、海湾、入海河口等多种类型海洋生态系统。海洋资源环境为沿海经济社会可持续发展提供了重要保障。[3] 然而，根据国家海洋局和环保部近二十年来的持续监测和统计，近岸海域多年来持续严重污染，环境质量不断恶化，威胁海洋渔业资源、水产品安全和生态系统稳定。

根据地理位置，我国的海洋被分为近岸、近海和远海三大海域。其中

---

〔1〕参见环保部发布的2014年度《中国环境状况公报》。

〔2〕参见环保部发布的2015年度《中国环境状况公报》。

〔3〕参见国家海洋局发布的2013年度《中国海洋环境质量公报》。

近岸海域是指我国领海基线向陆地一侧的全部海域，尚未公布领海基线的海域及内海，是指－10米等深线向陆地一侧的全部海域。近海海域是指近岸海域外部界限平行向外20海里的海域。远海海域是指近海海域外部界限向外一侧的全部我国管辖海域。

根据水质状况和用途，我国的海洋被分为清洁海域、较清洁海域、轻度污染海域、中度污染海域和严重污染海域五个等级。“清洁海域”是指符合国家海水水质标准中一类海水水质的海域，适用于海洋渔业水域、海上自然保护区和珍稀濒危海洋生物保护区。“较清洁海域”是指符合国家海水水质标准中二类海水水质的海域，适用于水产养殖区、海水浴场人体直接接触海水的海上运动或娱乐区，以及与人类食用直接有关的工业用水区。“轻度污染海域”是指符合国家海水水质标准中三类海水水质的海域，适用于一般工业用水区。“中度污染海域”是指符合国家海水水质标准中四类海水水质的海域，仅适用于海洋港口水域和海洋开发作业区。“严重污染海域”是指劣于国家海水水质标准中四类海水水质的海域。

根据1997～2015年度国家海洋局《中国海洋环境质量年报》（2000年开始更名为《中国海洋环境质量公报》）和环保部《中国环境状况公报》，我国近海大部分海域为清洁海域，远海海域水质保持良好状态，问题主要集中于近岸海域。近岸海域环境受到严重污染并持续恶化，生态系统健康状况恶化，主要污染物为无机氮、活性磷酸盐、石油类以及重金属。劣四类海水即“严重污染海域”面积不断扩大，2000年为2.9万平方公里，2010年为4.8万平方公里，2014年春季、夏季、秋季各为5.3万平方公里、4.1万平方公里、5.7万平方公里，2015年冬季、春季、秋季分别为6.7万平方公里、5.2万平方公里和6.3万平方公里。河流排海污染物总量居高不下，无节制的陆源污染物排放入海是造成近岸海域环境质量持续恶化的主要原因。

我国近海的陆源污染物包括入海河流和直排海污染源。根据环保部发布的2006～2015年度直排海污染源[1]监测调查数据和入海河流水质监测数据（见表2－15、表2－16），河流污染物入海量远远大于直排海污

---

〔1〕 环保部2006～2012年监测的是日排污水量大于100吨的直排海工业污染源、生活污染源和综合排污口，2013～2015年监测的是日排污水量大于100立方米的直排海工业污染源、生活污染源和综合排污口。

染源的污染物入海量。河流污染物入海量所包括的高锰酸盐指数、总磷、石油类曾经在2010年左右一度下降,但是之后又大幅反弹,氨氮入海量减少趋势较为稳定,但是也有小幅反弹。总体而言,近十年来河流污染物入海量并未明显减少。另外,直排海污染源污水排放量呈现出较显著的增加趋势,但是其主要污染物,包括化学需氧量、石油类、氨氮、总磷的排放量却呈现出较显著的下降趋势。这或许是因为直排海污染源的管理日益严格,也因为对其监控相对容易。然而,由于缺乏陆海统筹,尤其是缺乏河流污水和污染物入海的控制和管理,陆源污染物排放尤其是河流污染物入海成为近海海域污染的主要原因。因此,治理近海污染的最有效手段是加强陆海统筹,建立和实施陆源污染物排放总量控制制度,尤其是河流污染物入海总量控制制度。

表2-15　2006~2015年直排海污染源污水排放量年际变化

年份	2006年	2007年	2008年	2009年	2010年	2011年	2012年	2013年	2014年	2015年
监测的污染源总数(个)	587	607	526	466	461	432	425	423	415	401
污水排放总量(亿吨)	35.80	41.59	45.65	47.60	50.92	47.40	56.00	63.84	63.11	62.45

注:上表系笔者根据环保部2006~2015年度《中国环境状况公报》中的相关数据编制。

表2-16　直排海污染源和入海河流污染物排放量对比

年份	COD(万吨)		石油类(万吨)		氨氮(万吨)		总磷(万吨)	
	入海河流	直排	入海河流	直排	入海河流	直排	入海河流	直排
2006	473.60	48.70	6.70	0.97	97.60	4.66	24.50	1.20
2007	443.21	41.49	6.02	0.28	84.15	5.06	24.97	0.48
2008	471.00	31.29	5.16	0.19	83.30	4.15	29.60	0.42
2009	448.40	27.25	6.34	0.14	60.50	3.28	25.80	0.36
2010	396.40	21.94	5.21	0.12	65.70	2.29	23.67	0.29
2011	375.90	21.00	4.50	0.09	64.00	2.02	26.30	0.30
2012	440.30	21.80	6.10	0.10	62.30	1.70	31.60	0.29
2013	—	22.10	—	0.16	—	1.69	—	0.28

续表

年份	COD(万吨)		石油类(万吨)		氨氮(万吨)		总磷(万吨)	
	入海河流	直排	入海河流	直排	入海河流	直排	入海河流	直排
2014	—	21.10	—	0.12	—	1.48	—	0.31
2015	—	21.0	—	0.08	—	1.50	—	0.31

注:1. 上表系笔者根据环保部2006～2015年度《中国环境状况公报》中的相关数据编制。

2. "—"表示无数据。

3. 入海河流COD以高锰酸钾作氧化剂测定,所测出来的称为高锰酸钾指数(CODmn),直排海COD以重铬酸钾作氧化剂测定,所测出来的称为重铬酸钾指数(CODcr)。我国新的环境水质标准中,已把CODmn改称高锰酸盐指数,而仅将酸性重铬酸钾法测得的值称为化学需氧量。

国家海洋局对主要入海河流污染物监测数据的统计更加全面和详尽,不仅包括化学需氧量、营养盐(包括氨氮和总磷)、石油类和重金属,还包括砷,2011年开始又增加了对硝酸盐氮(以氮计)和亚硝酸盐氮(以氮计)的监测,从而把"三氮"都纳入了监测范围。从这些监测数据来看(见表2－17),河流氨氮、总磷、石油类、重金属和砷等污染物的入海量总体呈现较为稳定的下降趋势,但是化学需氧量的入海量年际变化较大,而且总体仍呈增加趋势。

表2－17　2005～2015年主要入海河流污染物排放量

年份	监测主要河流数(条)	化学需氧量(万吨)	石油类(万吨)	氨氮(万吨)	总磷(万吨)	重金属(万吨)	砷(万吨)
2005	28	1012	9.5	45		4.0	0.6
2006	30	1193	11.7	173		3.0	0.6
2007	40	1203	10.1	190		3.9	0.60
2008	—	1102	7.5	34.4		4.4	0.62
2009	40	1311	5.4	24	23	3.4	0.39
2010	66	1653	8.5	60.7	29.2	4.2	0.42
2011	54	1582	8.1	32.0	23.6	2.5	0.31
2012	72	1388	9.3	32.8	35.9	4.6	0.38
2013	72	1382	3.9	29.3	27.2	2.7	0.30

续表

年份	监测主要河流数(条)	化学需氧量(万吨)	石油类(万吨)	氨氮(万吨)	总磷(万吨)	重金属(万吨)	砷(万吨)
2014	72	1453	4.8	30	27	2.1	0.33
2015	77	1459	5.9	28	26	2.1	0.32

注:上表系笔者根据国家海洋局 2005 ~ 2015 年度《中国海洋环境质量公报》中的相关数据编制。

(五)供水水质

我国供水水质问题突出,城镇自来水水质合格率仅为 83%,农村饮用水水质合格率更低,灌溉水质不合格的情况在中东部地区较为普遍。[1]

(六)水污染威胁食品质量安全和饮用水安全

综上所述,我国水质安全总体堪忧,除了河流水质有一定改善之外,湖泊、地下水和近岸海域水质逐年恶化。严重的水污染状况已经直接影响了中国的土壤、耕地、水源地、淡水和海洋渔业资源,引起了民众对食品质量安全和饮用水安全的担忧。以土壤污染和食品安全为例,中国耕地有限,[2]中国以占世界 7% 的耕地养活了占世界 20% 的人口,然而这是以不可持续的粗放的农业生产方式(大水漫灌、大量使用化肥农药等)实现的,是以水资源的严重浪费、土壤污染和土地退化为代价的。耕地本身也受到废水和废渣污染、地下水超采等的威胁。因为来自农业和工业废水、废渣排放的污染,已经造成了大面积的土壤污染,有 2.5% 的耕地因过度污染无法种庄稼而退出了农业领域。[3]"有相当部分耕地需要退耕还林、还草、还湿和休耕,有相当数量受污染不宜耕种,还有一定数量因表土层破坏、地下水超采等已影响耕种,因此,耕地保护形势依然严峻"。[4]

---

〔1〕 参见贾绍凤、吕爱锋、韩雁等:《中国水资源安全对策》,载《社会科学报》2015 年 8 月 20 日,第 2 版。

〔2〕 根据 2013 年 12 月国土资源部和国家统计局发布的第二次全国土地调查成果,中国只有 14.3% 的国土面积是耕地。参见国土资源部 2014 年 4 月发布的《2013 中国国土资源公报》。

〔3〕 Debra Tan, et al., *TOWARDS A WATER & ENERGY SECURE CHINA: Tough choices ahead in power expansion with limited water resources*, China Water Risk, 2015, p. 17. http://chinawaterrisk.org/wp-content/uploads/2015/04/Towards-A-Water-Energy-Secure-China-CWR0415.pdf, accessed Apr. 18, 2015.

〔4〕 转引自国土资源部 2014 年 4 月发布的《2013 中国国土资源公报》。

环保部、国土资源部 2014 年 4 月发布的《全国土壤污染状况调查公报》[1]显示，全国土壤总点位超标率高达 16.1%（点位超标率指土壤超标点位的数量占调查点位总数量的比例），其中耕地的点位超标率高达 19.4%；污水灌溉区的土壤污染非常严重，在调查的 55 个污水灌溉区中，有 39 个存在土壤污染，在 1378 个土壤点位中，超标点位占 26.4%，主要污染物为镉、砷和多环芳烃。

因此，为了有的放矢地防治水污染，我国以后水污染防治应当"全面开花"，除了继续加大河流流域污染治理力度之外，还应当加强湖泊、地下水和近岸海域污染治理，并且实施陆海统筹。我国有必要制定并实施《湖泊管理法》和《地下水管理法》，修订《海洋环境保护法》，建立湖泊污染物总量控制制度、地下水污染物总量控制制度和陆源污染物排海总量控制制度。

三、中国水安全面临的进一步挑战

中国的人均水资源供应量在不断下降，中国的水需求随着人口的增长、工业化和城镇化的快速发展、能源和粮食需求及消费的增加而不断增长，而气候变化及其带来的更频繁的干旱、洪水等极端天气，将会加剧水短缺，从而使水的供给和需求严重失衡。中国水资源的供需矛盾突出，水资源日益成为稀缺资源，成为我国现代化建设的"瓶颈"。尤其是城镇化和能源扩张，对中国的水安全带来进一步的挑战。

（一）城镇化对水安全的挑战

城镇化是我国目前和未来很长时期内经济发展和拉动内需的引擎。中共中央、国务院 2014 年印发的《国家新型城镇化规划（2014～2020 年）》指出，"城镇化是伴随工业化发展，非农产业在城镇集聚、农村人口向城镇集中的自然历史过程，是人类社会发展的客观趋势，是国家现代化的重要标志"。我国处于快速的城镇化发展阶段，改革开放以来，伴随着工业化进程加速，

---

[1] 根据国务院决定，2005 年 4 月至 2013 年 12 月，我国开展了首次全国土壤污染状况调查。调查范围为中国境内（未含香港特别行政区、澳门特别行政区和我国台湾地区）的陆地国土，调查点位覆盖全部耕地，部分林地、草地、未利用地和建设用地，实际调查面积约 630 万平方公里。参见环保部、国土资源部 2014 年 4 月 17 日发布的《全国土壤污染状况调查公报》。

我国城镇化经历了一个起点低、速度快的发展过程。1978～2015 年，城镇常住人口从 1.7 亿人增加到超过 7.7 亿人，城镇化率从 17.9% 提升到 56.1%，[1] 年均提高 1.03 个百分点，但是远低于发达国家 80% 的平均水平，也低于人均收入与我国相近的发展中国家 60% 的平均水平，还有较大的发展空间。因此，《国家新型城镇化规划（2014～2020 年）》指出要"积极稳妥扎实有序推进城镇化"，希望 2020 年常住人口城镇化率达到 60% 左右，努力实现 1 亿左右农业转移人口和其他常住人口在城镇落户。《十三五规划纲要》在第三章（"主要目标"）提出，"户籍人口城镇化率加快提高"。中国社科院预计到 2028 年左右，我国城镇化率会达到 70%。[2]

城镇化是影响我国能源发展、粮食生产和水问题的重要因素，城市的建设对钢铁、水泥等能源密集型和水密集型产品的潜在需求巨大，因城镇化而越来越多富裕的人口对电力、服装、粮食、肉类、电子设备和水的需求也会增加。根据国家统计局 2005～2015 年度《国民经济和社会发展统计公报》，中国的发电量、纱布产量、有色金属、手机等主要工业产品的产量每年都在增加，粮食种植面积、粮食产量、有效灌溉面积、肉类总产量、水产品产量每年也都在增加，有的年份增加 20% 以上（只有 2007 年、2015 年肉类总产量小幅下降）。根据水利部年度《中国水资源公报》，目前中国城镇居民人均用水量是农村居民的 2.5～3 倍。因此，如果不改变以往高消耗、高污染、低产出的经济社会发展模式，快速的城镇化会对水供给带来额外的压力，也有加大水污染的风险。

（二）能源扩张对水安全的挑战

中国的能源消耗与水消耗之间存在高度的关联性，这是 2013 年 5 月，自然资源保护协会与清华大学能源环境经济研究所正式发布的《中国节能政策的节水效果评估》的课题研究报告的结论之一。其实一直以来，中国的经济发展都围绕着能源与水资源问题。中国能源现状是消耗总量大、增长快，人均用能已接近世界平均水平。快速的城镇化对能源安全提

---

〔1〕 参见《国家新型城镇化规划（2014～2020 年）》和国家统计局 2015 年度《国民经济和社会发展统计公报》。

〔2〕 参见王伟光、郑国光主编：《应对气候变化报告（2014）：科学认知与政治争锋》，社会科学文献出版社 2014 年版，第 139 页。

出挑战,进一步加大中国水短缺和水污染的双重风险。城市是国家经济的中心和主要的能源消费地,城市居民比农村居民人均多消费10倍的能源。[1] 加上中国能源资源和水资源的时空分布不均,存在能源浪费和水污染等,导致部分耗能和耗水的主要地区缺少能源与水资源的有效供应,从而影响中国经济的发展、生态环境的改善和生活质量的提高。

1. 能源生产和消费的增长对水安全的挑战

经济发展需要能源的支撑。1978年到现在,中国经济持续高速发展、GDP快速增加,经济总量跃居世界第二位的同时,能源消费总量也在迅速增加。中国能源消费总量从2005年22.2亿吨标准煤,增加到2015年的43亿吨标准煤,[2] 翻了近一番。虽然2014年以来中国经济进入"新常态",增速放缓,但是由于中国仍在实现工业化和现代化的过程中,未来相当长的时期内经济仍将保持较高的增长速度,中国能源消费总量在未来相当长的时期内,也仍将保持一定的增长速度。一方面,分析中国经济发展形势和未来趋势,今后多年仍将是工业化和城镇化进程双快速推进时期,因此需要足够的能源供应的支撑。2015年党的十八届五中全会公报和2016年《十三五规划纲要》第三章("主要目标")提出,"经济保持中高速增长……到2020年国内生产总值和城乡居民人均收入比2010年翻一番"。而且根据《十三五规划纲要》,即使全面采取节能措施,中国的能源消费总量到2020年仍可能是近50亿吨标准煤。[3] 另一方面,能源开发的资源环境约束,又要求中国必须以较低的化石能源增长率和大规模开发清洁能源来支撑较快的经济增长速度。

由于中国煤炭储量丰富,石油、天然气等依赖进口,为了确保经济发展、人口增长、工业化、城镇化等带来的不断增加的能源需求的满足,确保充足的能源供应和安全,中国将"肮脏的"煤炭作为其能源供应和消费的

---

[1] H. Girardet, Gaia Atlas of Cities, 1992。转引自[美]杰夫瑞·A. 麦克尼利:《能源和生物多样性:理解多种复杂的关系》,载[澳]艾德里安·J. 布拉德布鲁克、[美]理查德·L. 奥汀格主编:《能源法与可持续发展》,曹明德、邵方、王圣礼译,法律出版社2005年版,第52页。

[2] 参见国家统计局2005年度和2015年度的《国民经济和社会发展统计公报》。

[3] 《十三五规划纲要》第四十三章("推进资源节约集约利用")第一节("全面推动能源节约")中要求,"能源消费总量控制在50亿吨标准煤以内"。

主力军。同时,为了治理大气污染,履行对国际社会的低碳承诺,[1]中国不断调整能源生产和消费结构,从政策、法律、投资、融资、税收等各方面推动核能和水电、风能、太阳能、生物质能等可再生能源的发展,然而实际情况不容乐观。首先,这种结构调整的力度或者说效果很小,煤炭的生产和消费比例在整个能源生产和消费中的比例只是缓慢降低,核电和可再生能源在整个能源生产和消费中的比例也只是缓慢提高(见表2-18、表2-19)。其次,化石能源、水电、某些太阳能和生物质能的生产和供应或者是水密集型的,或者是污染型的,不断增加的能源生产和消费总量将加大水短缺和水污染的双重风险。而且,无论是化石能源的开发,还是非化石的可再生能源的开发,从生命周期来看都涉及对煤炭、钢铁、铜、铝、铀或稀土等矿产资源的开采、加工和处理,而对水环境造成污染。因此可以说,无论是哪种能源的开发,从生命周期来看都会对水量或水质产生消极影响,未来因经济中高速增长而不断增加的能源生产和消费,将会对中国的水安全带来进一步的挑战。[2]

表2-18 2005~2015年中国能源生产总量及构成

年份	能源生产总量(亿吨标准煤)	占能源生产总量的比重(%)			
		原煤	原油	天然气	水电、核电、风电
2005	21.6	77.6	12.8	2.8	7.3
2006	23.2	77.8	11.3	3.4	7.5
2007	24.7	77.7	10.8	3.7	7.8
2008	26.1	76.8	10.5	4.1	8.6
2009	27.5	77.3	9.9	4.1	8.7
2010	29.7	76.5	9.8	4.3	9.4
2011	31.8	77.8	9.1	4.3	8.8

[1] 一是中国政府承诺,中共中央、国务院2015年《关于加快推进生态文明建设的意见》也确认,到2020年,将单位GDP的碳排放降低40%~45%;二是2014年《国家应对气候变化规划》(2014~2020年)出台,中美气候变化联合声明发布,提出了我国二氧化碳排放2030年左右达到峰值、非化石能源占一次能源消费比重2030年达到20%左右的目标。

[2] 详见第六章《中国能源发展的水风险及其政策和法律规制》。

续表

年份	能源生产总量（亿吨标准煤）	占能源生产总量的比重（%）			
		原煤	原油	天然气	水电、核电、风电
2012	33.2	76.5	8.9	4.3	10.3
2013	34	75.6	8.9	4.6	10.9
2014	36.2	—	—	—	—
2015	36.2	—	—	—	—

注：表中2005～2012年的数据系笔者根据中国天然气工业网（www.cngascn.com）发布的庞名立统计的数据编制，[1] 2013年的数据系笔者根据国土资源部发布的2013年度《中国矿产资源报告》编制，2014～2015年的数据根据国家统计局发布的2014～2015年度《国民经济和社会发展统计公报》中的相关数据编制。

表2－19　2005～2015年中国能源消费总量及构成

年份	能源消费总量（万吨标准煤）	占能源消费总量的比重（%）			
		原煤	原油	天然气	水电、核电、风电
2005	23.6	70.8	19.8	2.6	6.8
2006	25.9	71.1	19.3	2.9	6.7
2007	28.1	71.1	18.8	3.3	6.8
2008	29.1	70.3	18.3	3.7	7.7
2009	30.7	70.4	17.9	3.9	7.8
2010	32.5	68.0	19.0	4.4	8.6
2011	34.8	68.4	18.6	5.0	8.0
2012	36.2	66.6	18.8	5.2	9.4
2013	37.5	66.0	18.4	5.8	9.8

[1] 庞名立：《1978～2012年中国能源生产总量及构成》，载天然气工业杂志：http://www.cngascn.com，最后访问日期：2015年9月12日。

续表

年份	能源消费总量 （万吨标准煤）	占能源消费总量的比重（%）			
		原煤	原油	天然气	水电、核电、风电
2014	42.6	66.0	17.1		16.9
2015	43.0	64.0	18.1	5.9	12

注：表中 2006～2012 年的数据系笔者根据中国天然气工业网（www.cngascn.com）发布的庞名立统计的数据编制，[1] 2013 年的数据系笔者根据国土资源部发布的 2013 年度《中国矿产资源报告》编制；2014 年的数据系笔者根据国家统计局 2014 年度的《国民经济和社会发展统计公报》中的相关数据编制；2015 年的数据系笔者根据国家能源局发布的《2015 年全社会用电量》[2] 和环保部发布的《2015 年中国环境状况公报》[3] 中的相关数据编制而成。

2. 中国电力生产扩张和消耗增加对水安全的挑战

能源供应的主体是电力供应，中国能源供应的安全主要是指电力供应的安全。由于人口的增加，工业化、城镇化的驱动，服务业的发展和人民生活水平的提高，中国的电力消耗已经从 2000 年的近 1.35 万亿千瓦时大幅度增加到 2015 年的 5.55 万亿千瓦时，增长额度超过三倍。《能源发展十二五规划》要求到 2015 年，全国用电量控制在 6.15 万亿千瓦时左右。中国生产的电力主要供应给第二产业（由工业和建筑业组成）和第三产业部门，这些部门驱动了 85% 的电力消耗。[4] 中国电力企业联合会和国家能源局 2006 年以来公开发布的全国全社会用电量数据显示，近年以来，工业用电量比例在缓慢下降，但目前仍占整个国家和社会用电量的近 71%，是最大的用电部门，第三产业和城乡居民生活用电量比例则连年上升，农业用电比例呈现持续小幅下降（见表 2－20）。在工业用电量中，化

〔1〕 庞名立：《1978～2012 年中国能源消费总量及构成》，载天然气工业杂志：http://www.cngascn.com，最后访问日期：2015 年 9 月 12 日。

〔2〕 国家能源局：《2015 年全社会用电量》，载国家能源局：http://www.nea.gov.cn/2016－01/15/c_135013789.htm，最后访问日期：2016 年 6 月 24 日。

〔3〕 环境保护部：《2015 中国环境状况公报》，载北极星电力网：http://huanbao.bjx.com.cn/news/20160602/739075.shtml，最后访问日期：2016 年 6 月 21 日。

〔4〕 Debra Tan et al., *TOWARDS A WATER & ENERGY SECURE CHINA: Tough choices ahead in power expansion with limited waterresources*, China Water Risk, 2015, p. 5. http://chinawaterrisk.org/wp-content/uploads/2015/04/Towards-A-Water-Energy-Secure-China-CWR0415.pdf, accessed Apr. 18, 2015. 根据国家统计局 2000～2014 年度《国民经济和社会发展统计公报》，从 2000 年以来，第二、第三产业的电力消耗一直平稳地占到中国电力消耗 85% 左右的份额。

工、建材、冶金等行业是用电大户。中国电力企业联合会2009年披露的全国全社会用电量统计数据显示,化工、建材、冶金、有色四大行业2008年合计用电量占全社会用电量的32.33%。

表2-20 2006~2015年全国全社会用电量数据

年份	全国全社会用电量(亿千瓦小时)	年度增长率(%)	第一产业用电量占比(%)	第二产业用电量占比(%)	工业用电量占比(%)	第三产业用电量占比(%)	城乡居民生活用电量占比(%)
2006	28,248	14	2.96	75.59	74.90	9.99	11.47
2007	32,458	14.9	2.65	76.55	75.69	9.76	11.04
2008	34,268	5.6	—	75.47	—	—	—
2009	36,430	6.3	2.60	74.10	—	10.76	12.55
2010	41,923	15.1	2.34	74.72	73.67	10.72	12.22
2011	46,928	11.9	2.16	74.97	73.80	10.83	12.03
2012	49,591	5.7	2.00	74.00	72.72	11.50	12.50
2013	53,223	7.3	1.91	73.55	72.28	11.79	12.76
2014	55,233	3.8	1.80	73.60	72.29	12.10	12.50
2015	55,500	0.5	1.84	72.15	70.90	12.90	13.11

注:上表的数据中,2006~2012年的数据系笔者根据中国天然气工业网(www.cngascn.com)发布的庞名立统计的数据编制,[1]2013年的数据系笔者根据国土资源部发布的2013年度《中国矿产资源报告》编制,2014年的数据系笔者根据国家统计局2014年度的《国民经济和社会发展统计公报》中的相关数据编制,2015年的数据系笔者根据国家能源局发布的《2015年全社会用电量》中的相关数据[2]编制而成。

从不同发电类型的生命周期水消耗[3]来看,生物质能最耗水,其次

---

〔1〕 庞名立:《1978~2012年中国能源消费总量及构成》,载天然气工业杂志:http://www.cngascn.com,最后访问日期:2015年9月12日。

〔2〕 国家能源局:《2015年全社会用电量》,载国家能源局:http://www.nea.gov.cn/2016-01/15/c_135013789.htm,最后访问日期:2016年6月24日。

〔3〕 生命周期水消耗是指产品的整个生命周期所消耗的水量。

就是水电，煤炭位居第三。[1] 为了减缓和应对气候变化，履行减排承诺，中国已经开始调整发电结构，煤电比例缓慢降低，以水电、风能和太阳能发电为主导的可再生能源电力比例缓慢提高（见表 2－21），这种缓慢的结构调整并不能有效地降低发电量不断增加带来的水风险，而应当同时注重煤电的清洁发展。

表 2－21　2006～2015 年发电装机容量数据

年份	全国发电装机容量（亿千瓦）	年度增长率（%）	火电装机容量占比（%）	水电装机容量占比（%）	核电装机容量占比（%）	并购风电装机容量占比（%）	并网太阳能发电装机容量占比（%）
2006	6.22	20.3	77.8	20.7	1.5		
2007	7.13	14.6	77.7	20.4	1.9		
2008	7.57	6.2	76.1	21.8	2.1		
2009	8.74	15.4	74.6	22.5	2.9		
2010	9.62	10.1	73.4	22.2	1.1	3.3	
2011	10.50	9.1	72.4	21.9	1.1	4.5	0.1
2012	11.44	8.9	71.6	21.8	1.1	5.5	
2013	12.47	9.0	69.0	22.4	1.2	6.1	1.3
2014	13.60	9.1	67.3	22.2	1.5	7.0	2.0
2015	15.08	10.9	65.6	21.2	1.7	8.6	2.9

注：上表系笔者根据中国电力企业联合会、国家能源局 2006 年以来公开发布的全国全社会用电量数据，以及国家统计局 2013～2015 年度的《国民经济和社会发展统计公报》中的相关数据绘制。

从人均装机容量来看，中国仅是二十国集团平均水平的一半，[2] 电力供应仍有很大发展空间。而且中国人口的增加，工业化、城镇化和服务业的进一步发展，也会驱动中国工业和市政电力消耗的增长。基于

---

〔1〕 不同发电类型产生 100 万瓦时电力所消耗的水量从低到高依次排列为：风能（0.56m^3）—太阳能—天然气—核能（3.1m^3）—石油（3.22m^3）—煤炭（3.32m^3）—水电（17.8m^3）—生物质能（24.5m^3）。See Debra Tan et al., *TOWARDS A WATER & ENERGY SECURE CHINA*; *Tough choices ahead in power expansion with limited waterresources*, China Water Risk, 2015, p. 40. http://chinawaterrisk.org/wp-content/uploads/2015/04/Towards-A-Water-Energy-Secure-China-CWR0415.pdf, accessed Apr. 18, 2015.

〔2〕 中国 2012 年的人均装机容量是 0.87 千瓦，二十国集团是 1.6 千瓦。

中国的电力扩张计划和联合国预计中国2030年人口增长到14亿的情形,中国人均装机容量2030年会达到1.7千瓦,[1]大约是2012年的两倍。

《中国风电发展路线图2050》预测,在电力需求方面,随着经济社会的发展,整个社会电气化水平将不断提高,电力需求的增长速度将高于能源需求的增长速度;2020年中国电力消费量将达到8万亿千瓦时左右,而2030年和2050年将分别达到10万亿千瓦时和13万亿千瓦时。另外,目前和未来相当长的时期内,中国的电力仍然由燃煤发电主导,其次是水电,[2]这两者都高度依赖于水(见表2-22),其中燃煤发电也是中国碳排放和水消耗的主要贡献者。中国电力扩张的程度意味着到2050年,它仍然需要9.4万亿千瓦时依赖水的电力,等于日本总装机容量的3倍强。因此,如果不改变用水模式,提高用水效率,电力生产和消耗的增加会相应地带动水消耗的增加,以及污染物向水体的排放,从而会加剧中国水短缺和水污染的风险。

表2-22 2005~2015年全国电力供应情况

<table>
<tr><th>年份</th><th>发电量(亿千瓦时)</th><th>火电占比(%)</th><th>水电占比(%)</th><th>核电占比(%)</th><th>风能、太阳能发电占比(%)</th></tr>
<tr><td>2005</td><td>24,747</td><td>81.5</td><td>16.2</td><td colspan="2">2.3</td></tr>
<tr><td>2006</td><td>28,344</td><td>83.2</td><td>14.7</td><td>1.9</td><td>0.2</td></tr>
<tr><td>2007</td><td>32,777.2</td><td>83.0</td><td>14.7</td><td>1.9</td><td>0.4</td></tr>
<tr><td>2008</td><td>34,668.8</td><td>80.5</td><td>16.9</td><td colspan="2">2.6</td></tr>
</table>

---

[1] Debra Tan et al., *TOWARDS A WATER & ENERGY SECURE CHINA: Tough choices ahead in power expansion with limited waterresources*, China Water Risk, 2015, p. 32. http://chinawaterrisk.org/wp-content/uploads/2015/04/Towards-A-Water-Energy-Secure-China-CWR0415.pdf, accessed Apr. 18, 2015.

[2] 根据国家能源协会的数据,中国计划将煤电从2010年的70%降低到2030年的60%以下,水依赖的电力计划从93%下降到2050年的72.4%。尽管比例有所降低,这种依赖度仍然很高。前引数据参见Debra Tan et al., *TOWARDS A WATER & ENERGY SECURE CHINA: Tough choices ahead in power expansion with limited water resources*, China Water Risk, 2015, p. 48. http://chinawaterrisk.org/wp-content/uploads/2015/04/Towards-A-Water-Energy-Secure-China-CWR0415.pdf, accessed Apr. 18, 2015.

续表

年份	发电量（亿千瓦时）	火电占比（%）	水电占比（%）	核电占比（%）	风能、太阳能发电占比（%）
2009	37, 146. 5	80. 3	16. 6	1. 9	1. 2
2010	42, 065. 4	79. 2	17. 1	1. 8	1. 9
2011	47, 000. 7	81. 4	14. 8	1. 8	2. 0
2012	49, 377. 7	78. 1	17. 4	2. 0	2. 5
2013	53, 975. 9	78. 5	16. 9	2. 0	2. 6
2014	56, 495. 8	75. 0	18. 8	2. 3	3. 9
2015	58, 105. 8	73. 0	19. 4	2. 9	4. 7

注：上表系笔者根据国家统计局 2005～2015 年度的《国民经济和社会发展统计公报》中的相关数据，以及中国电力企业联合会发布的发电量数据绘制。

因此，中国电力扩张问题的关键并非是否有能力实现扩张目标，而是中国是否有足够的水资源支撑这种扩张，同时实现碳减排目标。然而不同发电类型的水足迹和碳足迹并不相同，它们往往是此消彼长而非双消或双长，在发电能力、作用、能源来源的成本和可得性方面也各不相同。也就是说，在电力生产的水—能源—气候方面存在复杂的联结关系：高碳或耗水的电力可能发电能力很强，或者有不可替代的作用；水友好的电力可能是高碳（碳密集型）的；低碳（气候友好）的电力可能是水密集型或污染水的；水友好又气候友好的电力可能发电能力偏低。因此，适合一切的解决方案只能是节水、节能、节电、减碳的并行或平衡。

比如，煤电生产的节水技术，可能以增加煤耗和二氧化碳的排放为代价。煤电厂的技术选择通常从热效率以及因此而来的煤消耗的角度考虑。然而不同的技术选择也会产生不同的水耗，发电厂冷却用水的抽取和消耗量高度取决于所选择的技术类型。如果水短缺地区的燃煤发电行业响应水利部发布的《大型煤电基地水资源论证意见》要求，采取干法冷却技术，可以在 2020 年产生显著的节水效果。然而不幸的是，干法冷却技术虽然节水，却以增加煤耗和二氧化碳排放为代价。因为干法冷却降低了热效率，为了产生同样的电量，就需要增加煤的消耗。

这种水和煤（碳）之间此消彼长的反向关系，在碳捕捉和封存技术的运用上甚至更明显。碳捕捉和封存技术具有节碳特征，但是会增加水耗，影响水质。也就是说，这种技术可以减少碳排放，但是以水为代价。世界资源研究院的专家们发现，碳捕捉和封存可以将煤电厂的温室气体排放量削减80% ~90%，但是水耗量却同时加倍。“由于碳捕捉过程自身需要额外的冷却，即使采用效率最高的工艺，相伴的水抽取和消耗也将增加大约90%，还有对水污染的担忧：注入地下的二氧化碳可能影响地下水质，释放可能损害人类健康的有毒无机物”。[1] 中国工程院副院长谢克昌指出，“在像美国一样的某些发达国家，火电厂排放的二氧化碳必须通过碳捕捉和封存技术捕捉。然而目前的技术仍不成熟，也需要许多投资。考虑到目前的技术，增加碳捕捉和封存设备将导致发电厂的能源生产效率降低4% ~7%，因此它还不是全球主流”。[2] 所以煤电行业节煤、节水、减碳并行或平衡的唯一或最有效的方法只能是，控制煤电产量，减少煤电生产。

《十三五规划纲要》认识到“新型工业化、信息化、城镇化、农业现代化深入发展”，而“资源约束趋紧，生态环境恶化趋势尚未得到根本扭转”[3]，因此提出的七大主要目标中，第六大目标就是“生态环境质量总体改善”，要求“生产方式和生活方式绿色、低碳水平上升。能源资源开发利用效率大幅提高，能源和水资源消耗、建设用地、碳排放总量得到有效控制，主要污染物排放总量大幅减少。主体功能区布局和生态安全屏障基本形成。”[4]

---

〔1〕 Deborah Seligsohn et al., *Opportunities to Reduce Water Use and Greenhouse Gas Emissions in the Chinese Power Sector*, 2015, http://www.wri.org/sites/default/files/ghg-chinese-power-sector-issuebrief_1.pdf, accessed July 6, 2015.

〔2〕 Debra Tan et al., *TOWARDS A WATER & ENERGY SECURE CHINA: Tough choices ahead in power expansion with limited waterresources*, China Water Risk, 2015, p. 51. http://chinawaterrisk.org/wp-content/uploads/2015/04/Towards-A-Water-Energy-Secure-China-CWR0415.pdf, accessed Apr. 18, 2015.

〔3〕 参见《十三五规划纲要》第一章（“发展环境”）的有关内容。

〔4〕 参见《十三五规划纲要》第三章（“主要目标”）的有关内容。

第二节 中国应对水安全挑战的策略和制度试点

鉴于中国日益严峻的水安全形势,近年来,中共中央、国务院、水利部等已经密集出台和实施了多项直接或间接涉及水安全的战略、政策、计划和改革方案,修改和实施了一些资源环境法律法规和标准,为节约和保护水资源,防治水污染,确保为经济安全、能源安全、粮食安全、生态安全和国民安全而分配和使用水奠定了一定的基础。

一、中国应对水安全挑战的战略和政策

(一)建立最严格的水资源管理制度

随着工业化、城镇化深入发展和全球气候变化影响,中国水资源、水生态、水环境面临更加严峻的形势。为此,中共中央、国务院 2010 年 12 月发布并于 2011 年实施《关于加快水利改革发展的决定》,即俗称的"2011 年中央一号文件"。这是中国应对水危机、确保水安全的核心文件,主要内容包括"四个体系"和"三条红线",前者是水利改革的目标任务,后者是水利改革的核心内容。

1."四个体系"——水利改革的目标任务

水利改革的目标任务是,"力争通过 5 年到 10 年努力,基本建成"以下"四个体系":防洪抗旱减灾体系;水资源合理配置和高效利用体系;水资源保护和河湖健康保障体系;有利于水利科学发展的制度体系。

2."三条红线"——水利改革的核心内容

水利改革的核心内容是建立最严格的水资源管理制度。"最严格的水资源管理制度"对应俗称的"三条红线":用水总量控制制度对应水资源开发利用控制红线;用水效率控制制度对应用水效率控制红线;水功能区限制纳污制度对应水功能区限制纳污红线。

为了贯彻落实中央水利工作会议和 2011 年中央一号文件的精神,国务院 2012 年发布《关于实行最严格水资源管理制度的意见》(以下简称《意见》)。《意见》进一步对"三条红线"管理与保障措施提出了具体要

求,正式确定了各规划水平年(2015 年、2020 年、2030 年)的全国用水总量、万元工业增加值用水量、农田灌溉水有效利用系数和水功能区水质达标率四项具体控制指标[1](见表 2-23)。《意见》还详细规定了"三条红线"管理的具体政策措施。国务院办公厅根据《意见》,2013 年印发了《实行最严格水资源管理制度考核办法》,31 个省(自治区、直辖市)全部建立由政府主要负责人负总责的最严格水资源管理制度行政首长负责制。中共中央、国务院 2015 年《关于加快推进生态文明建设的意见》要求继续实施"三条红线"管理。《十三五规划纲要》要求"落实最严格的水资源管理制度",到 2020 年将"用水总量控制在 6700 亿立方米以内"。[2]

表 2-23 "三条红线"的具体控制指标

规划水平年	用水总量(亿立方米)	万元工业增加值用水量	农田灌溉水有效利用系数	重要江河湖泊水功能区水质达标率
2015	6350	比 2010 年下降 30% 以上	0.53 以上	60% 以上
2020	6700	65 立方米以下	0.55 以上	80% 以上
2030	7000	40 立方米以下	0.60 以上	95% 以上

为了贯彻落实 2011 年中央一号文件和《关于实行最严格水资源管理制度的意见》,水利部先后于 2012 年发布《节水型社会建设"十二五"规划》,2013 年出台《关于加快推进水生态文明建设工作的意见》,2014 年印发《关于深化水利改革的指导意见》等。为了严格地下水管理和保护,防范地下水污染风险,环境保护部 2011 年 10 月制定《全国地下水污染防治

〔1〕《意见》规定实行最严格水资源管理制度的主要目标是:确立水资源开发利用控制红线,到 2030 年全国用水总量控制在 7000 亿立方米以内;确立用水效率控制红线,到 2030 年用水效率达到或接近世界先进水平,万元工业增加值用水量降低到 40 立方米以下,农田灌溉水有效利用系数提高到 0.6 以上;确立水功能区限制纳污红线,到 2030 年主要污染物入河湖总量控制在水功能区纳污能力范围之内,水功能区水质达标率提高到 95% 以上。为实现上述目标,到 2015 年,全国用水总量力争控制在 6350 亿立方米以内;万元工业增加值用水量比 2010 年下降 30% 以上,农田灌溉水有效利用系数提高到 0.53 以上;重要江河湖泊水功能区水质达标率提高到 60% 以上。到 2020 年,全国用水总量力争控制在 6700 亿立方米以内;万元工业增加值用水量降低到 65 立方米以下,农田灌溉水有效利用系数提高到 0.55 以上;重要江河湖泊水功能区水质达标率提高到 80% 以上,城镇供水水源地水质全面达标。

〔2〕参见《十三五规划纲要》第四十三章("推进资源节约集约利用")第二节("全面推进节水型社会建设")的规定。

规划(2011～2020年)》,并经国务院批复。该规划规定了地下水污染防治的目标、基本原则和措施等。

(二)修订实施《环境保护法》和《海洋环境保护法》

2014年修订,2015年起实施的新《环境保护法》,将“保护优先、预防为主、综合治理、公众参与、损害担责”作为环境保护的基本原则,同时强化了环境资源监督管理制度,包括环境规划、环境标准、污染物排放总量控制、排污许可、环境监测、环境风险预警、生态红线、生态补偿等制度,强化了环保部门的权力,赋予其对污染企业的查封、扣押权,规定了对企业环境治理行为的经济激励措施,确认了社会组织获取环境信息、提起环境公益诉讼的权利,强化了政府及其职能部门、污染者的环境责任等。2016年11月刚刚修订的《海洋环境保护法》,建立了海洋生态保护补偿制度,完善了海洋环境影响评价制度,取消了污染事故处罚上限,从多方面加大了对环境违法行为的处罚力度。两部法律的修订和实施释放出一个强烈的信号,为了治理环境污染和生态破坏,建设生态文明,我国的环境立法开始发生“生态转向”,这是从经济发展重于环境保护到环境保护优先于经济发展的根本转向。如果两法修订后能够得到有效实施,将对中国经济社会的可持续发展,对中国应对水危机、确保水安全及其维系的经济安全、能源安全、粮食安全、生态安全和国民安全等起到基本的指导和保障作用。

(三)培育和发展节能环保产业

节能环保产业是指为节约能源资源、发展循环经济、保护生态环境提供物质基础和技术保障的产业,是国家加快培育和发展的七个战略性新兴产业之一。它包括节能产业、资源综合利用产业和环保产业三种类型。《节约能源法》第7条规定,“国家实行有利于节能和环境保护的产业政策,限制发展高耗能、高污染行业,发展节能环保型产业。”2014年修订的《环境保护法》第21条规定,“国家采取财政、税收、价格、政府采购等方面的政策和措施,鼓励和支持环境保护技术装备、资源综合利用和环境服务等环境保护产业的发展。”

节能环保产业是一个政策引导型产业,政策和法规及其执行情况对节能环保产业的发展起着决定性作用。国务院2010年发布《关于加快培育和发展战略性新兴产业的决定》,确定到2020年,节能环保、新一代信息技术、生物、高端装备制造产业成为国民经济的支柱产业,新能源、新材料、新能源汽车产业成为国民经济的先导产业。为了推动节能环保产业快速健康发展,国务院制定了《"十二五"节能环保产业发展规划》。《十三五规划纲要》在第四十八章("发展绿色环保产业")提出,"促进节能环保产业发展壮大"。

(四)推动循环经济发展

发展循环经济是我国的一项重大战略决策,是加快转变经济发展方式,建设资源节约型、环境友好型社会,实现可持续发展的必然选择。当前,我国已进入全面建成小康社会的决定性阶段,随着工业化、城镇化和农业现代化持续推进,我国能源资源需求将呈刚性增长,废弃物产生量将不断增加,经济增长与资源环境之间的矛盾更加突出,发展循环经济的要求更为迫切。无论是从国内能源资源供给和生态环境承载能力来看,还是从全球发展趋势和温室气体排放空间看,我国都无法继续靠粗放型的经济增长方式推进现代化进程。[1]

发展循环经济也是解决水资源匮乏和经济高速发展之间矛盾的正确选择。全国人大常委会2008年通过的《循环经济促进法》,带有明显的环境法特色,也是为了确保水安全而必须与水法衔接和配合的重要法律。《循环经济促进法》于2009年起施行,标志着我国循环经济进入法制化管理轨道。此外,国务院及其有关部委还公布实施了《废弃电器电子产品回收处理管理条例》《再生资源回收管理办法》等法规规章,发布了多项循环经济国家标准,一些地区也制定了地方循环经济促进条例。

《循环经济促进法》的目的是"提高资源利用效率,保护和改善环境,实现可持续发展",这包括提高水资源利用效率,保护和改善水环境。循环经济的核心内容是"三化"(减量化、再利用和资源化),这包括对水资源和能源利用的减量化、对污水和废水的再利用。"三化"中减量化优先,[2]与节水、节能、节电优先的水安全和能源安全政策相一致。现行《循环经济促

---

〔1〕 国务院2013年1月发布的《循环经济发展战略及近期行动计划》(国发〔2013〕5号文件)。

〔2〕 该法第4条规定,发展循环经济应当在技术可行、经济合理和有利于节约资源、保护环境的前提下,按照减量化优先的原则实施。

进法》的许多规定,也具体体现了节约利用水资源、再利用污水和废水的精神。污水和废水是能源资源而不是废物,它们可产生生物气体,这些气体可以用来产生热量和电。比如《循环经济促进法》第29条规定,"县级以上人民政府应当统筹规划区域经济布局,合理调整产业结构,促进企业在资源综合利用等领域进行合作,实现资源的高效利用和循环使用;各类产业园区应当组织区内企业进行资源综合利用,促进循环经济发展;国家鼓励各类产业园区的企业进行废物交换利用……水的分类利用和循环使用……"第31条规定,"企业应当发展串联用水系统和循环用水系统,提高水的重复利用率"。

为了指导和推动循环经济加快发展,实现"十二五"规划纲要提出的资源产出率提高15%的目标,国务院2013年1月发布《循环经济发展战略及近期行动计划》,致力于"构建循环型工业体系",在工业领域全面推行循环型生产方式,实施清洁生产,促进源头减量;推进企业间、行业间、产业间共生耦合,形成循环链接的产业体系;鼓励产业集聚发展,实施园区循环化改造,实现能源梯级利用、水资源循环利用、废物交换利用、土地节约集约利用,促进企业循环式生产、园区循环式发展、产业循环式组合,构建循环型工业体系。到2015年,单位工业增加值能耗、用水量分别比2010年降低21%、30%,工业固体废物综合利用率达到72%,50%以上的国家级园区和30%以上的省级园区实施循环化改造。《循环经济发展及近期行动计划》要求"加强洗煤废水循环利用""推动钢铁工业废水资源化利用"等,工业部门及产业园区产生的废物和废水预计会被再利用产生能源。

国务院2015年5月通过的《中国制造2025》是中国版的"工业4.0"规划,指出中国建设制造强国的5个基本方针,其中第3个是"绿色发展",即"坚持把可持续发展作为建设制造强国的重要着力点,加强节能环保技术、工艺、装备推广应用,全面推行清洁生产。发展循环经济,提高资源回收利用效率,构建绿色制造体系,走生态文明的发展道路"。《中国制造2025》分别规定了2020年和2025年规模以上单位工业增加值能耗下降幅度、单位工业增加值二氧化碳排放量下降幅度、单位工业增加值用水量下降幅度等"绿色发展"的主要指标。《十三五规划纲要》在第二十二章("实施制造强国战略")要求,"深入实施《中国制造2025》"。

（五）实施全国重要江河湖泊水功能区划

按照《水法》第32条的规定和2011年中央一号文件的要求，水利部会同环境保护部、国家发改委编制完成了《全国重要江河湖泊水功能区划（2011～2030年）》（以下简称《区划》），作为全国主体功能区规划的组成部分，并于2011年12月获国务院批复实施。《区划》把重要江河分为一级功能区、二级功能区4493个。《区划》范围突出重点，包括国家重要江河干流及其主要支流，重要涉水国家级及省级自然保护区、国际重要湿地和重要的国家级水产种质资源保护区，跨流域调水水源地及重要饮用水水源地，国家重点湖库水域，主要省际边界水域、重要河口水域。它是全国水资源开发利用与保护、水污染防治和水环境综合治理的重要依据。

按照国家标准《水功能区划分标准》（GB/T 50594），《区划》分为一级区划和二级区划两级体系。一级区划在宏观上调整水资源开发利用与保护的关系，协调地区间用水关系，同时考虑持续发展的需求，共分为四类，即保护区、保留区、开发利用区、缓冲区。二级区划在一级区划的开发利用区内，细化水域使用功能类型及功能排序，协调不同用水行业间的关系，具体划分为饮用水源区、工业用水区、农业用水区、渔业用水区、景观娱乐用水区、过渡区、排污控制区七类。按照水体使用功能的要求，根据《水功能区划分标准》及《地表水环境质量标准》（GB－3838）、《农田灌溉水质标准》（GB－5084）、《渔业水质标准》（GB－11607）等，结合水资源开发利用和水质现状，合理确定各类型水功能区的水质目标；其中81%的水功能区水质目标确定为Ⅲ类或优于Ⅲ类。

2015年党的十八届五中全会公报提出，“加快建设主体功能区，发挥主体功能区作为国土空间开发保护基础制度的作用”。《十三五规划纲要》在第四十二章（“加快建设主体功能区”）提出，“强化主体功能区作为国土空间开发保护基础制度的作用，加快完善主体功能区政策体系，推动各地区依据主体功能定位发展”。目前水利部正在会同环保部、发改委等有关部门制定水功能区的监督管理办法，对每类水功能区分别提出不同的管理制度要求。

（六）出台《水污染防治行动计划》

为了切实加大水污染防治力度，保障国家水安全，国务院2015年4

月发布《水污染防治行动计划》，简称“水十条”。“水十条”指出，水污染防治的总体要求是：以改善水环境质量为核心，按照“节水优先、空间均衡、系统治理、两手发力”原则，强化源头控制，水陆统筹、河海兼顾，对江河湖海实施分流域、分区域、分阶段科学治理，系统推进水污染防治、水生态保护和水资源管理。水污染防治的工作目标是：到 2020 年，全国水环境质量得到阶段性改善，污染严重水体较大幅度减少，饮用水安全保障水平持续提升，地下水超采得到严格控制，地下水污染加剧趋势得到初步遏制，近岸海域环境质量稳中趋好，京津冀、长三角、珠三角等区域水生态环境状况有所好转。到 2030 年，力争全国水环境质量总体改善，水生态系统功能初步恢复。到 21 世纪中叶，生态环境质量全面改善，生态系统实现良性循环。

为了实现上述要求和目标，“水十条”规定了以下十个方面的措施：全面控制污染物排放；推动经济结构转型升级；着力节约保护水资源；强化科技支撑；充分发挥市场机制作用；严格环境执法监管；切实加强水环境管理；全力保障水生态环境安全；明确和落实各方责任；强化公众参与和社会监督。“水十条”的实施不仅可以改善水环境质量，而且可以带动经济增长。环保部通过运用国际通行的模型，对“水十条”的影响做了预测评估，预计可拉动 GDP 增长约 5.7 万亿元。[1]

（七）推进生态文明建设

生态文明建设是我国现代化建设的重要组成部分，党的十八大以来，中央先后出台多项文件促进生态文明建设。尤其是 2015 年 5 月，中共中央、国务院专门发布了《关于加快推进生态文明建设的意见》（以下简称《意见》）。《意见》指出，“坚持把绿色发展、循环发展、低碳发展作为基本途径。经济社会发展必须建立在资源得到高效循环利用、生态环境受到严格保护的基础上，与生态文明建设相协调，形成节约资源和保护环境的空间格局、产业结构、生产方式”。“节约资源是破解资源瓶颈约束、保护生态环境的首要之策”。《意见》规定了生态文明建设的总体要求，以及

〔1〕 王灿：《水十条后是土十条！土壤治污计划已报国务院，带动万亿级投资》，载澎湃新闻网：http://www.thepaper.cn/newsDetail_forward_1328927，最后访问日期：2015 年 7 月 31 日。

以下八个方面的具体措施:强化主体功能定位,优化国土空间开发格局;推动技术创新和结构调整,提高发展质量和效益;全面促进资源节约循环高效使用,推动利用方式根本转变;加大自然生态系统和环境保护力度,切实改善生态环境质量;健全生态文明制度体系;加强生态文明建设统计监测和执法监督;加快形成推进生态文明建设的良好社会风尚;切实加强组织领导。其中的"健全生态文明制度体系"包括健全法律法规、完善标准体系、健全自然资源资产产权制度和用途管制制度等,体现了"依法治水""依法治能"的精神。

为了贯彻落实《水污染防治行动计划》和《关于加快推进生态文明建设的意见》,国家海洋局2015年7月出台了《海洋生态文明建设实施方案》,提出了"强化规划引导和约束"和"实施总量控制和红线管控"的任务,既包括顶层设计和规划引领的内容,也涵盖资源、环境、生态要素的总量控制和空间管控等有关内容,力争从源头上对资源浪费和生态破坏形成严格控制。该方案提出了"深化资源科学配置与管理"的任务,突出了海域海岛资源的市场化配置、精细化管理、有偿化使用。另外,该方案还提出了"严格海洋环境监管与污染防治"和"加强海洋生态保护与修复"的任务。

(八)发布海洋主体功能区划

2015年8月,国务院发布《全国海洋主体功能区规划》,这是《全国主体功能区规划》的重要组成部分,是推进形成海洋主体功能区布局的基本依据,是海洋空间开发的基础性和约束性规划。规划范围为我国内水和领海、专属经济区和大陆架及其他管辖海域(不包括港澳台地区)。海洋主体功能区按开发内容可分为产业与城镇建设、农渔业生产、生态环境服务三种功能。依据主体功能,将海洋空间划分为以下四类区域:一是优化开发区域,是指现有开发利用强度较高,资源环境约束较强,产业结构亟须调整和优化的海域。二是重点开发区域,是指在沿海经济社会发展中具有重要地位,发展潜力较大,资源环境承载能力较强,可以进行高强度集中开发的海域。三是限制开发区域,是指以提供海洋水产品为主要功能的海域,包括用于保护海洋渔业资源和海洋生态功能的海域。四是禁止开发区域,是指对维护海洋生物多样性,保护典型海洋生态系统具有重要作用的海域，包括海洋自然保护区、领海基点所在岛屿等。

海洋主体功能区按开发内容可分为产业与城镇建设、农渔业生产、生态环境服务三种功能。我国已明确公布的内水和领海面积38万平方公里，是海洋开发活动的核心区域，也是坚持陆海统筹、实现人口资源环境协调发展的关键区域。内水和领海主体功能区分为优化开发区域、重点开发区域、限制开发区域、禁止开发区域四类区域。优化开发区域包括渤海湾、长江口及其两翼、珠江口及其两翼、北部湾、海峡西部以及辽东半岛、山东半岛、苏北、海南岛附近海域。重点开发区域包括城镇建设用海区、港口和临港产业用海区、海洋工程和资源开发区。海洋工程和资源开发区是指国家批准建设的跨海桥梁、海底隧道等重大基础设施以及海洋能源、矿产资源勘探开发利用所需海域。海洋工程建设和资源勘探开发应认真做好海域使用论证和环境影响评价，减少对周围海域生态系统的影响，避免发生重大环境污染事件；支持海洋可再生能源开发与建设，因地制宜科学开发海上风能。限制开发区域包括海洋渔业保障区、海洋特别保护区和海岛及其周边海域。禁止开发区域包括各级各类海洋自然保护区、领海基点所在岛礁等。

专属经济区和大陆架及其他管辖海域主体功能区划分为重点开发区域和限制开发区域。重点开发区域包括资源勘探开发区、重点边远岛礁及其周边海域。

二、中国应对水安全挑战的制度试点

中国为应对水危机而正在进行的制度试点包括水权试点和排污权有偿使用和交易试点。

（一）开展水权试点

根据中国现行《物权法》和《水法》的规定，“水权”主要是指取水权。《物权法》规定依法取得的取水权受法律保护，《水法》明确了取水权的概念，确认了单位和个人的取水权，即水资源属于国家所有，但是单位和个人可以依法获得取水权。[1] 所谓“取水”是指利用取水工程或者设施直

〔1〕 参见《物权法》第123条、《水法》第48条的规定。

接从江河、湖泊或者地下取用水资源。[1] 事实上,取水权只是水权的一种类型,水权还包括水流使用权、水流变更权等,而我国现行法律没有确认这些权利,对水权交易也没有明确规定。水权交易是落实最严格水资源管理制度的重要市场手段,是促进水资源节约和保护的重要激励机制。2013 年党的十八届三中全会决议指出,"发展环保市场,推行……水权交易制度"。

水权交易是指水资源使用权的部分或全部转让,通常先由国家将水资源使用权分配给各省市,各省市再细分到基层和微观用户,各地用不完的指标则可以相互交易。水权交易的对象主要包含江河水及地下水。水权确认是水权交易的前提,水利部 2011 年制定了《水量分配工作方案》,对全国各地用水指标进行了明确,每年根据实际情况进行微调,这为水权确认提供了必要的基础。2014 年 7 月,水利部发布了《关于开展水权试点工作的通知》(以下简称《通知》),提出在宁夏、江西、湖北、内蒙古、河南、甘肃和广东 7 个省区启动水权试点。根据《通知》,水利部计划用 2 年至 3 年时间,在水资源使用权确权登记、水权交易流转、相关制度建设等方面率先取得突破,为全国层面推进水权制度建设提供经验借鉴和示范。水利部将负责组织开展水权试点工作,对试点工作进行指导,并在总结试点经验基础上积极稳妥地推进水权制度建设。中共中央、国务院 2015 年印发的《关于加大改革创新力度加快农业现代化建设的若干意见》,即俗称的 2015 年中央一号文件,提出要"建立健全水权制度,开展水权确权登记试点,探索多种形式的水权流转方式"。

水权试点的内容主要包括水资源使用权确权登记、水权交易流转和水权制度建设三方面。在用水总量控制的前提下,通过水资源使用权确权登记,依法赋予取用水户对水资源使用和收益的权利;通过水权交易,推动水资源配置依据市场规则、市场价格和市场竞争,激励用水户节约用水,实现水资源使用效益最大化和效率最优化。

水利部提出在七个省区开展不同类型的水权试点工作,并且在《通知》中规定了水权试点任务与实施步骤。

---

〔1〕 参见《取水许可和水资源费征收管理条例》第 2 条的规定。

1. 水资源使用权确权登记试点

宁夏、江西、湖北三省重点开展水资源使用权确权登记试点工作，在区域用水总量控制指标分解的基础上，结合小型水利工程确权、农村土地确权等相关工作，探索采取多种形式确权登记，分类推进取用水户水资源使用权确权登记。

2. 水权交易试点

内蒙古、河南、甘肃、广东四省区重点探索跨盟市、跨流域、跨行业和用水户间、流域上下游间等多种形式的水权交易流转模式。不同于之前政府之间私下相互协调、各地进行水量转让的尝试，这次试点的水权交易是在国家赋予地方使用权的基础上，按照市场原则公开交易水权，这是“水权交易”质的飞跃。其中，内蒙古是工农业之间的交易，河南是跨流域交易，甘肃是用水户之间的交易，广东是流域内上下游之间的交易。

(1)内蒙古自治区工农业之间的水权流转。用水企业投资为灌区修建节水设施，而灌区节约下来的部分水量则可以通过水权收储转让中心，以一定的价格流转给投资的企业。内蒙古灌区用水占到全区80%，由于之前多是粗放式的大水漫灌，所以在修建节水设施以后，节水潜力巨大。通过企业投资农业节水，将节约的水量流转用于工业，支撑了经济社会发展，使农业用水效率大幅度提高，农民用水的权益也得到了保障。

(2)河南的跨流域水权交易。新密市水资源紧缺，又不在南水北调工程沿线，进行水权改革试点以后，通过水权交易，新密市向地处南水北调沿线，用水还有很大结余的邓州市购买了用水指标。

(3)甘肃用水户之间的交易。甘肃张掖市山丹县为解决水短缺、用水效率低等问题，确定农户人畜用水以及每亩地的用水定额，然后根据每户人畜量和承包地面积分到水权，节约下来的水就可以通过水票有价转让。甘肃省张掖市在临泽县梨园河灌区和民乐县洪水河灌区试行水票交易制度，张掖市根据国家分给6.3亿立方米的用水总量，将其逐级分配到各县、乡、用水户，用水户拥有“水票”，“水票”可以流通交易，农业、工业用水交易价格不超过基本水价3倍和10倍。[1]

(二)推进排污权有偿使用和交易试点

所谓排污权有偿使用,是指排污单位以有偿的方式,获得初始排污权的行为,其核心是按照"环境容量是稀缺资源,占用有价"的理念,形成反映环境容量稀缺程度的价格体系和市场。

所谓排污权交易是指一定区域内在污染物排放总量不超标的前提下,获得排污许可证的排污单位为落实总量控制目标、降低减排成本或获取减排效益,所进行的污染物排放权的交易行为。排污权交易通过市场机制和手段,将污染治理从政府的行政管制变成企业自主的市场行为,运用经济杠杆激励企业节能减排,是受到世界各国广泛关注的环境经济政策之一。它首先被美国环境保护局付诸实施,用于大气污染及河流污染管理。

我国排污权交易市场的建设起步较早,但是发展较为缓慢。20世纪80年代我国就已开展了排污权交易的试点,但是直到现在,我国还没有关于排污权交易的法律,排污权交易还处于试点阶段。2007年以来,国务院有关部门组织天津、河北、内蒙古等11个省(区、市)开展排污权有偿使用和交易试点工作,取得了一定进展。2011年《国民经济和社会发展十二五规划纲要》指出,"引入市场机制,建立健全矿业权和排污权有偿使用和交易制度……发展排污权交易市场,规范排污权交易价格行为,健全法律法规和政策体系……"[2]2013年党的十八届三中全会决议指出,"发展环保市场,推行节能量、碳排放权、排污权、水权交易制度"。据统计,到2013年年底,11个试点省份排污权有偿使用和交易金额累计将近40亿元。[3]试点地区取得的积极成效,为我国深入推进排污权有偿使用与交易积累了经验。

为了进一步推进试点工作,促进主要污染物排放总量持续有效减少,

---

[1] 牛震:《逐步推进用水确权,打造"农业用水红线"——对话中国农业科学院农业资源与农业区划研究所研究员姜文来》,载《农村工作通讯》2014年第14期。

[2] 参见该规划纲要第四十九章第三节("建立健全资源环境产权交易机制")的相关规定。

[3] 宋玉丽:《排污权交易存在的三大问题》,载中国水网:http://news.h2o-china.com/html/2014/09/130779_1.shtml,最后访问日期:2015年7月4日。

国务院2014年8月印发《关于进一步推进排污权有偿使用和交易试点工作的指导意见》,提出到2015年年底,试点地区全面完成现有排污单位的排污权初次核定;到2017年,试点地区基本建立排污权的有偿使用和交易制度。该意见的出台和实施为全面推行排污权有偿使用和交易制度奠定了基础。

1. 试点工作目标

这次试点工作的目标是,充分发挥市场在资源配置中的决定性作用,积极探索建立环境成本合理负担机制和污染减排激励约束机制,促进排污单位树立环境意识,主动减少污染物排放,加快推进产业结构调整,切实改善环境质量。

2. 建立排污权有偿使用制度

排污权有偿使用是基于政府的主导,构成排污权的一级市场。排污权有偿使用制度的建立主要包括以下内容:

(1)严格落实污染物排放总量控制制度。实施污染物排放总量控制是开展试点的前提。试点地区要严格按照国家确定的污染物减排要求,将污染物排放总量控制指标分解到基层,不得突破总量控制上限。试点的污染物应为国家作为约束性指标进行总量控制的污染物,试点地区也可选择对本地区环境质量有突出影响的其他污染物开展试点。

(2)合理核定排污权。核定排污权是试点工作的基础。现有排污单位的排污权,应根据有关法律法规标准、污染物总量控制要求、产业布局和污染物排放现状等核定。新建、改建、扩建项目的排污权,应根据其环境影响评价结果核定。排污权以排污许可证形式予以确认。试点地区不得超过国家确定的污染物排放总量核定排污权,不得为不符合国家产业政策的排污单位核定排污权。排污权由地方环境保护部门按污染源管理权限核定。

(3)实行排污权有偿取得。试点地区实行排污权有偿使用制度,排污单位在缴纳使用费后获得排污权,或通过交易获得排污权。排污单位在规定期限内对排污权拥有使用、转让和抵押等权利。有偿取得排污权的单位,不免除其依法缴纳排污费等相关税费的义务。

(4)规范排污权出让方式。试点地区可以采取定额出让、公开拍卖方式出让排污权。现有排污单位取得排污权,原则上采取定额出让方式,出让标准由试点地区价格、财政、环境保护部门根据当地污染治理成本、环境资源稀缺程度、经济发展水平等因素确定。新建项目排污权和改建、扩建项目新增排污权,原则上通过公开拍卖方式取得,拍卖底价可参照定额出让标准。

3. 加快推进排污权交易

排污权交易以排污企业为主体,构成排污权的二级市场。这种市场化的产权交易已经成为国际节能减排的主流方式。加快推进排污权交易的途径包括:

(1)规范交易行为。排污权交易应在自愿、公平、有利于环境质量改善和环境资源配置优化的原则下进行。交易价格由交易双方自行确定。试点初期,可参照排污权定额出让标准等确定交易指导价格。

(2)控制交易范围。排污权交易原则上在各试点省份内进行。涉及水污染物的排污权交易仅限于在同一流域内进行;环境质量未达到要求的地区不得进行增加本地区污染物排放总量的排污权交易。由于农业污染源与工业污染源的排放形式、处理难易程度和环境影响都存在很大差别,[1]所以《意见》明确规定,工业污染源不得与农业污染源进行排污权交易;工业污染源要根据自身污染的情况、污染的性质和污染物的来源,采取合适有效的深度处理措施,推行绿色生产,减少污染物排放。这是保障局部地区环境不恶化的制度措施。

(3)激活交易市场。国务院有关部门要研究制定鼓励排污权交易的财税等扶持政策。试点地区要积极支持和指导排污单位通过淘汰落后和过剩产能、清洁生产、污染治理、技术改造升级等减少污染物排放,形成"富余排污权"参加市场交易;建立排污权储备制度,回购排污单位"富余

---

〔1〕《意见》规定农业源和工业源不得交易的主要原因是,农业污染源产生的污染物来源于农业生产和畜禽养殖中的农田径流和动物排泄,自然降解能力强。比如畜禽养殖产生粪便、污水等污染物,如果土地消纳能力足够,它们可以被综合利用,甚至可以变成资源。但是,如果土地消纳能力不够,排污又比较集中,就容易造成水体、土壤环境的污染。这些污染物易于被土壤植被、水生物等分解吸收,相对其他类型的污染物较容易处理。但工业产生的污染物,性质、来源和危害程度完全不一样。这些污染物多数来源于人工合成,其存在形式较为复杂,部分污染物还会与一些难降解物质或有毒有害物质混合,难以自然降解和处理,对环境影响较大。

排污权”,适时投放市场,重点支持战略性新兴产业、重大科技示范等项目建设。[1] 积极探索排污权抵押融资,鼓励社会资本参与污染物减排和排污权交易。

排污权有偿使用和交易试点是我国环境资源领域一项重大的制度改革,是生态文明制度建设的重要内容,将对更好地发挥污染物排放总量控制制度的作用,在全社会树立环境资源有价的理念,促进经济社会可持续发展产生积极影响。

---

〔1〕 在政府回购排污单位“富余排污权”方面,浙江作了很好的探索,它明确规定排污单位排污权指标闲置超过一定期限的,由政府或有关部门定价回购。通过这种形式对市场进行调控,激活二级市场,可以真正发挥排污权交易优化环境资源配置的功能。

第三章　“依法治水”

——中国水安全的法治保障

中国的水危机倒逼我国的经济发展和消费模式、资源和能源开发利用、社会运行从粗放向集约转型，从增量向提质转型，“依法治水”是确保这些转型成功的基本途径。“依法治水”是“依法治国”的重要组成部分，也是发挥市场配置资源的决定性作用的需要。中国现行以水法为主体的涉水法律体系、制度和管理体制不能满足水安全对依法治水和制度创新的需求，必须进行重构。

第一节　“依法治水”的必要性

水、能源、粮食、生态都是中国实现现代化不可或缺的资源，它们之间存在相互的联结甚至有此消彼长的矛盾关系，减轻水风险的决策可能在能源、粮食等领域引发意想不到的后果，气候变化使这一联结和关系更加复杂。水安全决定了能源安全和粮食安全，关乎生态安全和国民安全，而从长远来看，气候安全可能大于水安全，因为气候变暖会加剧水短缺，气候处于风险等于水资源也处于风险。然而,减缓和适应气候变化是一个较为长期和缓慢的过程,而中国水危机迫在眉睫,已经严重威胁到我国的能源安全、粮食安全、生态安全和国民安全。

因此,从短中期来看,水安全在我国水—能源—粮食—生态—气候的联结中处于首要或核心的地位。我国需要从解决水危机、确保水安全的战略视野出发,平衡能源安全、粮食安全、生态安全和应对气候变化。这种平衡需要我国的经济发展、能源消费、粮食生产和社会运行模式从高投入、高污染、低产出这种粗放型的增量模式,转变为低投入、低污染、高产出这种集约型的提质模式,“依法治水”是确保这种转型成功的基本途径。因为法律在任何经济和社会转型中都具有直接和深刻的影响作用,或者决定转型的方向,或者决定转型的速度,无论其对转型的作用是积极的促进,还是消极的阻碍。法律作为经济和社会转型工具的优势在于,法律具有正当性、合理性、权威性、制度化,一般不具有破坏性并且具有一套机制保障其实施。〔1〕与其他制度相比,通过法律进行经济和社会转型作用更明显,因为“基于法律之上的变迁更有针对性,也更具体。通过法律的变迁是一种深思熟虑的理性活动,它有意识地改变具体行为或者惯例……本质上,通过法律的变迁旨在矫正、改善或控制具体情境下的行为和实践”。〔2〕但是法律有良法、恶法之分,只有良法才能对经济和社会转型发挥积极的促进作用,因此法律设计的重要性显而易见,“设计良好的制度与规则会产生一个有效率的、发展迅速的、生活水平不断提高的社会,设计不良的制度和规则则会引起社会停滞甚至衰退”“在认真建立起来的法律规则的环境中,人们可以预见到会出现的情况,也就会相当负责任地行事”。〔3〕

“依法治水”是“依法治国”的重要组成部分,也是党的十八届三中全会决议提出的“发挥市场配置资源的决定性作用”的需要。因为法律是市

〔1〕 参见[美]史蒂文·瓦戈:《法律与社会》,梁冲等译,中国人民大学出版社 2011 年版,第 252 页。转引自肖国兴:《能源发展转型与〈能源法〉的制度抉择》,载《法学》2011 年第 12 期。

〔2〕 参见[美]史蒂文·瓦戈:《法律与社会》,梁冲等译,中国人民大学出版社 2011 年版,第 252 页。转引自肖国兴:《能源发展转型与〈能源法〉的制度抉择》,载《法学》2011 年第 12 期。

〔3〕 [美]约瑟夫·斯蒂格利茨:《经济学》(上册),张军等译,中国人民大学出版社 2003 年版,第 14 页。

场经济的基础,市场经济的成熟度与法制建设水平成正比。[1] “依法治水”是2011年中央一号文件规定的水利改革的指导思想,[2]文件还专门规定,“建立健全水法规体系,抓紧完善水资源配置、节约保护、防汛抗旱、农村水利、水土保持、流域管理等领域的法律法规……”党的十八届三中全会决议指出,到2020年,在重要领域和关键环节改革上取得决定性成果,形成系统完备、科学规范、运行有效的制度体系。这个“制度体系”应当包括确保水安全及其维系的经济安全、能源安全、粮食安全、生态安全、国民安全等的“依水治水”的法治体系。

在目前我国党政合一的政治体制之下,执政党的政策对国家立法具有非常深刻的影响,“政策先行,法律跟进”也成为我国立法的特色。我国确保水安全的基石是“三条红线”,但是“三条红线”的制定和实施基本上靠政策性红头文件而没有法律和行政法规可依,这种仅仅“依政(策)治水”的现状与“依法治国”和“依法治水”的精神和要求有相当的差距。政策已作调整,法律必须跟进。从法治建设的角度来看,根据2014年党的十八届四中全会通过的决议,即《中共中央关于全面推进依法治国若干重大问题的决定》,“依法治水”包括科学立法、严格执法、全民守法和公正司法四个环节。但是由于我国水安全立法的严重滞后,当前我国依法治水工作的基础应当是科学立法,结合水安全形势和社会公众的利益诉求,将中央的战略政策和实践中成功的试点经验及时上升为法律规定。党的十八届四中全会决议指出,“实现立法和改革决策相衔接,做到重大改革于法有据、立法主动适应经济社会发展需要”。同时,科学立法也意味着借鉴国外先进的管理经验。

“依法治水”并不排除一定程度的“依政治水”。依法治水与依政治水的关系,其实就是法律与政策的关系。张文显教授指出,在中国,执政党的政策和国家的法律是两种最重要的社会调整机制。政策和法律各有自己的优势,各有自己的调整方式和范围。将法治作为治水的基本方式,并不排除政策的作用。因为法律不是万能的,它只是许多社会调整方法

---

〔1〕 肖国兴:《〈能源法〉制度设计的困惑与出路》,载《法学》2012年第8期。

〔2〕 2011年中央一号文件规定水利改革的指导思想是,“把严格水资源管理作为加快转变经济发展方式的战略举措,注重科学治水、依法治水……”

的一种，其作用范围不是无限的，也并非在任何问题上都是适当的。法对千姿百态、不断变化的社会关系和社会生活的涵盖性和适应性不可避免地存在一定的限度。法律实施需要人财物等支撑条件，有些法律的实施成本很高。法律的这些局限性决定了其需要由政策、道德及其他社会调整机制给予辅助和补充。

第二节 “依法治水”的路径

我国目前的水法体系和水资源管理体制是“分别立法，分散管理”。淡水与海水、水量分配和利用与水质保护分别立法，并分别由水利部、环境保护部、国家海洋局等不同的部门进行管理。其中，淡水法以《水法》和《水污染防治法》为主干，辅之以《防洪法》《水土保持法》《取水许可管理条例》等法律法规；海水法则涉及《海域使用管理法》《海洋环境保护法》等法律法规。另外，《物权法》涉及取水权；经济和资源能源领域的《循环经济促进法》《农业法》《煤炭法》《电力法》《矿产资源法》等多项法律法规涉及节约用水、循环用水、防治环境污染等内容；《侵权行为法》《民事诉讼法》《行政许可法》《行政诉讼法》《刑法》《刑事诉讼法》等部门法律涉及违法者和犯罪者的责任认定及追究等内容。

我国现行水法体系、制度和管理体制，以及其他涉水法律和制度，不能有效地节约水利用，控制水污染，无法保障水安全及其维系的经济安全、能源安全、粮食安全、生态安全和国民安全，必须进行重构和创新。在严峻的水安全形势下，我国出台了多项战略和政策，进行了制度试点，我国的涉水法律体系、制度和管理体制也需要相应地进行变革。首先是重整水法的内部结构，建立水法的外部结构；其次是建立起水、粮食、能源、生态等相联结的整体和综合的管理体制；最后是“主抓两手”。

一、重整和建立水法的内部结构和外部结构

水法的内部结构是水法各基本法、单行法和法律法规之间的有机结合，外部结构是水法与经济法、资源能源法、民法、行政法、诉讼法等相关

部门法的衔接和配合。为了确保水安全及其维系的经济安全、能源安全、粮食安全、生态安全和国民安全而进行的水法内部结构和外部结构建设，是一个复杂的系统工程，它可能涉及国家整体法律结构的重构，至少是跨多个部门和领域的法律的重构。因为法律体系并不是自然形成的，而"应该是由协调的并且规范的价值标准所组成的有序的规范结构"。[1] 协调一致不单是制度衔接的必要，也是制度能力的标志，因为"只有相互一致和相互支持的制度安排才是富有生命力和可维系的"。[2] 当然，法律的"一致和相互支持"来源于统一理性。因为从立法上看，"任何设计的选择可能都包含对整个思想体系的选择，而不仅仅是对某个结构或组织的选择"。[3] 重整和建立水法的内部结构和外部结构，就是在"节约水利用，控制水污染，以确保水安全及其维系的经济安全、能源安全、粮食安全、生态安全和国民安全"这个"统一理性"的指导下，建立以水法为主干，水法、经济法、能源法、资源环境法、民法、行政法、诉讼法等多个法律部门和领域相互联结的法律体系和制度。

（一）重整水法的内部结构

现行水法的内部结构是淡水法、海水法分而治之，水质法与水量法或者水保护法与水利用法分而治之，而且相互之间缺乏有效的衔接和配合的结构。中国淡水法无法有效地控制水短缺和水污染，其中一个原因即《水法》与《水污染防治地》对"水资源"和"水环境""水量"与"水质"的相互割裂。[4] 为了实现"统一理性"指导之下的水安全及其维系的经济安全、能源安全、粮食安全、生态安全和国民安全，水法的内部结构必须进行重整。可供选择的重整方案有多种，根据其难易度和可行度分为"小整""中整""大整"三种，它们可分别作为水法内部体系建设的近期、中期和

---

〔1〕［德］魏德士：《法理学》，丁晓春等译，法律出版社 2004 年版，第 64 页。转引自肖国兴：《论〈能源法〉的理性及其法律逻辑》，载《中州学刊》2007 年第 4 期。

〔2〕［日］青木昌彦：《比较制度分析》，周黎安译，远东出版社 2001 年版，第 19 页。转引自肖国兴：《论〈能源法〉的理性及其法律逻辑》，载《中州学刊》2007 年第 4 期。

〔3〕［美］戴维 · L. 韦默：《制度设计》，费方域等译，上海财经大学出版社 2004 年版，第 211 页。转引自肖国兴：《论〈能源法〉的理性及其法律逻辑》，载《中州学刊》2007 年第 4 期。

〔4〕沈百鑫：《德国和欧盟水法概念考察及对中国水法之意义》（上），载《水利发展研究》2012 年第 1 期。

远期目标。

大整方案是指淡水法与海水法、水资源利用法与水环境保护法的全部一体化,即将《水法》《水污染防治法》《海域使用管理法》和《海洋环境保护法》等所有淡水立法和海水立法全部进行整合,对水法进行法典化编纂,同时设立大部制的统一管理机构。大整方案遵循水循环的客观自然规律和生态系统的完整性,是非常科学和理想的改革方案,但是牵涉水法整个立法思想和结构的改变,以及对现行“九龙治水”管理体制的重大变革,因此其实施面临很大障碍,短期内不可能一蹴而就。

中整方案是指维持淡水法和海水法的分立结构,但是分别进行淡水法和海水法的一体化,即将《水法》和《水污染防治法》合并,以实现淡水利用和水质保护的法律规范一体化,将《海域使用管理法》和《海洋环境保护法》合并,以实现海域使用和海域环境保护的法律规范一体化。这种方案牵涉到水法立法思想和结构的部分改变,以及对现行“九龙治水”管理体制的较大变革,实施难度小于大整方案,可作为中期的改革目标。

小整方案是指维持现行淡水法与海水法、水资源利用法与水环境保护法的分立结构,但是对各有关单行法律法规进行评估和修订,以加强相互之间的衔接和配合。显然,小整方案实施难度最小,短期内也最为可行,而且政策和立法动向也采取了小整的方案。因此下文集中分析小整方案的路径。

1. 制修订淡水法

淡水法的主干是侧重于水量分配和利用的《水法》,以及侧重于水质保护的《水污染防治法》,它们是确保中国淡水安全的基本法律。此外,还有防治洪涝灾害、保持水土的《防洪法》和《水土保持法》。这些法律或者实施多年以来未予修订,或者仅作了小幅修改,早已不能适应日益严峻的水安全形势和中央战略政策,应当分别进行评估并作相应的修订。此外,我国还需要根据这些修订后的单行法,或者在修订这些单行法的同时,制定实施《水资源储备法》《节约用水法》《流域管理法》《农田水利法》《饮用水源地法》《再生水管理条例》《海水淡化管理条例》等,并注意它们之间的衔接和配合。

修订《水法》。将立法目的修订为“合理利用和保护水体,以保护公众健康和环境”;实施“陆海统筹”,将沿海水体纳入其适用范围;确立生态保护和节水优先的基本原则,因为这是保障国家水安全的战略选择;将现行的流域水资源保护机构和流域委员会进行合并,重整为统一的流域管理机构;完善水资源和水域管理制度,包括水资源开发利用制度、水量分配和使用制度、水资源和水域的保护制度等;建立市场化的水权交易制度;强化节水制度和措施,包括确立用水效率控制红线,建立区域、行业和用水产品的用水效率指标体系,制定农业和生活节水强制性标准,制定高耗水农业和服务业用水定额国家标准等;强化法律责任制度,包括加重行政制裁,强化民事责任和刑事责任。

修订《水污染防治法》。将立法目的修订为“防治水污染,保障公众健康”;实施河海统筹,将沿海水体污染防治纳入其适用范围;改革监督管理体制,在中央一级建立治水的“九龙”之间的统筹协调机制,在流域一级将各流域现行的流域水资源保护机构和流域委员会进行合并,重整为统一的流域管理机构,并建立流域管理机构与地方政府之间既有分工也有协作的协调机制;强化政府职责,将“水环境质量改善目标完成情况”作为对地方政府及其负责人考核评价的内容,并明确规定考核办法及考核结果向社会公开;完善水污染防治的监督管理制度,包括完善水体排污总量控制制度、排污许可制度和排污收费制度,废止限期治理制度,建立流域水生态补偿机制,建立水环境承载能力监测预警机制,建立跨行政区域的水污染联合防控机制等;建立市场化的排污权交易机制;强化水污染责任追究。

修订《防洪法》。理顺防洪管理体制,明确划分流域管理与行政区域管理的事权,并加强流域管理机构的综合协调调度;落实防汛抗洪行政首长负责制,明确各级政府行政首长在防汛抗洪工作中的具体职责;完善防洪规划的编制和管理制度,完善防洪规划的编制制度,落实防洪规划保留区制度,完善防洪规划同意书制度、防洪规划治导线制度;完善防汛抗洪制度,理顺“防指”与水利部门的关系,明确防办的法律地位;强化法律责任制度,以建立起有效的防洪工作约束机制;强化与《水法》的衔接和配合,调整防洪规划与流域、区域综合规划的关系,等等。

修订《水土保持法》。建立水土保持管理机构的统筹协调机构,明确细化各个部门的职责分工;落实政府职责,明确规定地方政府水土保持的职责和怠于履行职责的责任追究问题;建立水土保持补偿机制,建立水土保持基金;强化法律责任,既包括强化行政相对人的责任,也包括强化政府和管理者的责任。

制定《水资源储备法》。水资源作为日益稀缺的战略资源,为了防控因水短缺和水污染而对国家经济安全、能源安全、粮食安全等带来的风险,需要依法建立储备体系。考虑到中国日益严重的水风险,建议立法将水资源储备列为战略储备。《十三五规划纲要》要求“提高水资源方面的风险防控能力……健全国家战略物资储备,构建产品产能产地储备相结合的国家战略资源能源储备体系”。〔1〕

制定《节约用水法》。节水在我国已推行多年,但用水效率低下并没有根本改观。“根本原因是提高用水效率不单纯是水资源本身的问题,而是一场涉及生产力和生产关系的革命”。〔2〕应当综合运用用水总量控制、节水技术革新、水价调控、水权交易等多种手段推动节水。此外,因为工业领域的节水往往不能与节能、减碳并行,应当重点调控农业与生活用水。在具体制度设计上,在规定强制节水措施的同时,应当建立起自愿节水的激励机制。

制定《流域管理法》。河流流域在发电、灌溉之外具有不可估量的生态价值和人文价值,它们应当得到尊重和保护。中国以往将流域水电开发置于环保之前,导致许多生态环境问题和移民问题。《流域管理法》应当规定,为每条重要的河流流域建立有效的“生态红线”,保障河流的生态需水量,这样才能确保河流的水量和水质安全。《十三五规划纲要》已经要求“推进江河流域系统整治,维持基本生态用水需求,增强保水储水能力”。〔3〕

制定《再生水管理条例》。建议《再生水管理条例》借鉴美国《再生水

---

〔1〕 参见《十三五规划纲要》第七十三章(“建立国家安全体系”)第三节(“防范化解经济安全风险”)的规定。

〔2〕 钱正英、张光斗:《中国可持续发展水资源战略研究综合报告及各专题报告》,中国水利水电出版社 2001 年版,第 26 页。

〔3〕 参见《十三五规划纲要》第三十一章(“强化水安全保障”)第一节(“优化水资源配置格局”)的规定。

指南》的思路和管理体系，采取以水质标准为核心的再生水管理体系，首先确定再生水的用途，然后依据不同的用途制定不同的水质标准，进而确定采取哪种再生水处理措施。这种以水质标准为核心的再生水管理体系，能够将污水排放与水资源再生有机结合起来，可以提高行政效率，降低管理成本。[1]

2. 修订海水法

海水法的核心法律是《海域使用管理法》和《海洋环境保护法》，前者着眼于中国海域包括海水的开发利用，后者着眼于海洋环境的保护。《海洋环境保护法》已于 2016 年 11 月通过修正案，但是《海域使用管理法》自 2002 年生效以来，未作任何修改，早已不能适应海水安全的新形势。而且《海洋环境保护法》只是进行了小幅度修正，仍不能适应海水安全的新形势。中国正在大力发展“蓝色经济”，将会不断加大对海域的开发利用强度，如果“一切照旧”，将使海洋环境面临进一步恶化的威胁。为了防止这种威胁发生，保障对海域的合理开发利用，有效防治海洋环境污染，应当结合海水安全的新形势和中央战略政策，对这两部法律进行修订。

修订《海域使用管理法》。完善海域所有权和使用权及其流转制度，明确规定海域探矿权、采矿权和取水权，明确规定海域使用权可以出租、抵押和出资；明确海域使用管理机构的权限，以及政府或其职能部门怠于履行相关职责的责任追究问题；建立健全海域使用管理制度，包括完善海域使用审批制度、建立围填海总量控制制度和自然岸线控制制度、建立海域使用论证制度等；强化法律责任制度，一方面强化对行政相对人的责任追究，提高行政制裁力度，加强民事责任和刑事责任追究；另一方面强化政府和职能部门不当行为和不作为的责任追究。

修订《海洋环境保护法》。理顺海洋环境监督管理体制，在加强地方政府对海洋环境质量义务和责任的同时，也应当规定国务院职能部门的义务和责任，将海洋环境质量纳入职能部门考核评价体系和奖惩体系；建立健全海洋环境监督管理制度，包括完善重点海域排污总量控制制度，全

---

〔1〕 郭红欣：《域外再生水立法及管理体制考察》，载《第十二届长三角法学论坛论文集》，第 111 页。

面建立海洋排污许可制度,统一近海环境监测制度,废止限期治理制度,建立海陆统筹的管理制度等;建立市场化的海洋排污权交易制度;强化法律责任制度,既包括强化行政相对人的责任,也包括强化政府和管理者的责任。

3. 科学立法和修法

破除部门立法观念,建立国家和全社会立法理念,即从国家整体利益和社会全局出发制定法律。毫无疑问,涉水法律的制定和修改必须将此理念贯彻其中。在立法技术和程序上,改变由某一具体职能部门(水利部、国家环保部、国家海洋局等)负责起草法律草案(文本)的做法。确保水安全及其维系的经济安全、能源安全、粮食安全、生态安全和国民安全,必须实现全社会动员,水、工业、农业、能源、环境等众多政府职能部门参与。应当由全国人大常委会法制工作委员会组织多个政府职能部门、社会群体、企业事业单位和专家学者代表,共同组成法律起草工作组,制定出法律草案(文本),并向社会公众公开征询意见,再提交立法机关审议。这样,多方意见博弈的结果基本上能真实反映国家整体利益和社会公众的利益诉求。

(二)建立水法的外部结构——水法、经济法、资源能源法等相互联结的法律体系和制度

水安全、经济安全、能源安全、粮食安全、生态安全与气候安全之间具有客观的、复杂的联结关系。单纯追求经济安全、能源安全、粮食安全或气候安全可能威胁水安全。为了最大限度地同时确保水、经济、能源、粮食、生态和气候安全,中国必须建立水与经济、资源能源、粮食等的联动机制,包括水与经济、资源能源、粮食等相互联结的法律体系和制度。

1. 水法与经济法的联结

修改《循环经济促进法》。改革循环经济监督管理机制,有效解决循环经济治理上的“碎片化”缺陷;建立产权交易制度,尤其是对钢铁、有色金属、煤炭、电力、石化、化工、建材、建筑、造纸、印染10个重污染行业,实行年度能源消费总量控制、用电总量控制、用水总量控制、主要污染物排放总量控制,并建立能源消费指标交易、用电指标交易、水权交易、排污权交易等相应的市场交易制度;协同节水、节能和减碳措施,制度设计应当

避免要求工业企业节水的生硬的规定；细化激励性制度，包括规划制度、财税制度、专项基金制度、信贷制度、价格制度、政府采购制度、产品的示范和推广制度等。

修改《农业法》。确立节水节肥节药并行的原则或基本战略。制度设计的重点是完善监督管理制度，建立市场交易机制，具体包括以下方面：建立农田灌溉用水红线；建立化肥生产总量控制和农药生产总量控制制度；建立农业规划和建设项目的水资源论证制度；实行灌溉用水总量控制和定额管理，以及与之相适应的农业水价合理形成机制；建立和发展农业用水合作组织，建立农村水利工程专业化管理制度；建立农业节水市场交易和政府回购机制等。另外可考虑设立“节水农业”专章。

2. 水法与资源能源法的联结

我国需要考虑国内外能源发展的现状和趋势，结合国家能源发展战略和政策，以及水—能源—气候之间的复杂联结，制定和修改能源领域的法律法规。节能就是节水和减碳，但是节水并不必然地等于节能和减碳，减碳也不等于节水，因此资源能源领域的涉水立法和修法应当注意节能、节水、减碳三者之间的平衡，确立节能、节水、减碳整体考虑的原则，并以节能为重点进行制度设计，建立能源生产总量控制和消费总量控制制度等。当然，不同的资源能源法律其具体制度设计也应有所不同。

修改《煤炭法》。修订立法目的，明确规定“促进和保障煤炭行业走清洁高效的可持续发展之路”；调整煤炭工业发展政策，删除“国家制定优惠政策，支持煤炭工业发展，促进煤矿建设”的规定；建立煤炭生产和消费总量控制制度，以及煤炭行业用水总量控制制度，因为降低煤炭消费比重，控制重点用煤领域煤炭消费是应对涉煤产业链水风险的最关键的政策措施；建立煤炭水循环利用制度，以有效地控制煤炭开采对地下水的利用和污染。

修改《矿产资源法》。修订立法目的，将“发展矿业，加强矿产资源的勘查、开发利用和保护工作”修改为“适当发展矿业，促进矿产资源的勘查、合理开发利用和有效保护”；建立对战略矿产的特殊保护制度，包括年度开采总量控制制度、采矿许可证制度和资源税制度；完善矿业权交易制度，一方面明确规定各类矿业主体平等享有资源平等分享其惠益，另一方面以矿业权交易为制度轴心，设计矿业权交易标的、交易规则及相应的经济社会管理制度；建立生态环境保护制度，包括矿产资源开发项目的水环境影响评价制度，以及开发结束后的生态修复制度等。

修改《电力法》。修订立法目的，将“保障和促进电力事业的发展”修改为“保障和促进电力事业的清洁绿色低碳发展”；调整电力发展的原则，将“适当超前发展”修改为“国家建立用电总量控制制度和用电指标的市场交易制度”。能源领域的节水不等于节电，但是节电等于节水，因此制度设计的重点是节约用电，《电力法》需要细化节约用电的规定，可考虑设立“节约用电”专章。为了使电力企业节水、节能、减碳并行，还需要建立新制度，比如电力企业建设项目的水资源论证制度、水环境影响评价制度，气候影响评价制度和土地影响评价制度，电力企业的电力—水—土地—气候联结的整体评价制度等。另外，应当删除“鼓励和支持利用可再生能源和清洁能源发电”的条款，因为不是所有类型的可再生能源和清洁能源都是水友好、气候友好、土地友好的，不能在中国所有地区一律采取“鼓励和支持”的政策，而应当具体能源具体分析、具体地区具体分析。

修改《节约能源法》。修改立法目的条款，将其中“增加能源供应”的规定改为“增加可再生能源的供应”，因为能源供应总量有指标控制，但是可再生能源的绝对供应量和供应比例会增加；扩大适用范围，将“加强用能管理”修改为“加强产能和用能管理”。节能可以产生节水的效果，因此制度设计应以节能为核心，《节约能源法》需要建立能源节约的基本政策和制度，包括建立能源生产和消费总量控制制度，并建立能源消费指标或节能量的市场交易制度，制定重点行业单位产品能耗限额强制性国家标准，建立工业产品的能耗标识制度，对煤炭、钢铁、水泥等主要行业实行能耗总量控制等。另外，应当删除“鼓励、支持开发和利用新能源、可再生能源”的条款，因为不是所有的新能源和可再生能源都是节水、减碳、环保的，不能一律都采取“鼓励和支持”的政策。

修改《可再生能源法》。修订立法目的，将“增加能源供应”的规定改为“增加可再生能源的供应”，因为能源供应总量有指标控制，但是可再生能源的绝对供应量和供应比例会增加；修改适用范围，将水能开发利用完全适用于《可再生能源法》，或者完全排除其适用，另行制定专门的《水能法》;修订可再生能源的发展政策,将"国家将可再生能源的开发利用列为能源发展的优先领域"中的"可再生能源"的范围排除大型水电、集中式光伏电站、第一代生物质能或能源作物等高度耗水或耗地的能源。

制定《水能法》。考虑到水能在中国能源结构中的突出地位,以及水电的生态环境影响、为建设大坝而重新安置农村人口、地质风险,以及由于季节变化而必须依赖燃煤电厂进行平衡等问题,都需要依法进行规范和解决,中国有必要制定《水能法》,并将其与《流域管理法》相衔接。为了最大限度地避免水电开发造成的水风险、生态环境风险、地质风险和地缘政治风险等,同时挖掘水电潜能,《水能法》应当限制大型水电建设,适当发展小水电和抽水蓄能电力,尤其是小水电。

制定《能源法》。《能源法》应当以确保能源安全、提高能源效率为主要目标,进行法律制度的逻辑演绎。提高能源效率可以促进水安全和能源安全,因此,无论是从水安全的视野来看,还是从能源安全的视野来看,能源法制度演绎的核心都是提高能源效率。确保能源效率的路径依赖有很多,但是"市场制度和政府制度是《能源法》制度设计的根本性路径依赖",[1]"政府能源管理制度在任何一部能源法律的制度安排中都处于核心地位",而"市场是能源效率的动力源泉"。[2] 因此,就同时确保水安全和能源安全而言,能源法最核心的制度应当是两类:一方面是建立政府能源管理制度,首要的是能源生产和消费总量控制制度;另一方面是建立和扩大能源市场。

水法内部结构和外部结构形成的过程是一个立法过程,更是一个政治过程,政治家的睿智抉择可能是加速这一立法进程的关键。因为"法律革命通常不是法学家实现的,而是政治家实现的"。[3]

二、变革水资源管理体制

中国出现越来越严重的水安全问题,大体上有三个原因:一是水资源的时空分布不均;二是人口的不断增加、粗放型经济的持续高速增长和城

---

〔1〕 肖国兴:《〈能源法〉与中国能源法律制度结构》,载《中州学刊》2010年第6期。

〔2〕 肖国兴:《论〈能源法〉的理性及其法律逻辑》,载《中州学刊》2007年第4期。

〔3〕 肖国兴:《〈能源法〉与中国能源法律制度的结构》,载《中州学刊》2010年第6期。

市化的快速发展;三是糟糕的水资源管理。从资源环境保护角度来看,水资源和水环境保护的含义当然包括水资源的合理开发利用和水污染防治两方面的内容。但是我国现在实行的是部门管理体制——淡水资源的开发利用由水利、农业、交通、航道、电力、港务等不同部门管理,淡水污染防治则由环境保护部门管理,海洋资源开发和环境保护由国家海洋局等管理。部门分割的管理体制,导致形成了部门立法观念、技术和程序。以《水污染防治法》为例,立法者更多的考虑是如何将环保部门的权力与利益以法律形式加以巩固,而很少考虑水污染的成因和治理之策,以及水污染防治与水资源开发利用的关系,[1]导致管理效率低下,水污染防治工作难以收到实效。

从成本收益角度来看,改善水资源管理成为中国解决水危机的必要选择。

综合考虑社会、经济、环境和技术等方面因素的综合水资源管理(Integrated Water Resources Management,IWRM),[2]已经成为各国解决水危机的重要举措。考虑到水循环的自然规律及中国水安全面临的严峻形势,为了确保水安全及其维系的经济安全、能源安全、粮食安全、生态安全和国民安全,我国必须改变“九龙治水”的局面,统一管理稀缺的水资源。从中远期来看,在对水法结构进行“中整”或“大整”的同时,要改变水资源分割管理、各自为政的管理体制,改水、能源、粮食、生态等多部门分散、交叉的管理体制为整体、综合的管理体制,实施“从山顶到海洋”的政策,实行海陆一体化或统筹管理,将淡水与海水,地表水与地下水,上游与下游,工业用水、农业用水与生活用水的分配,地下水的调配和增补,水资源利用与水环境保护等进行科学规划,严格统一管理,使水资源的节约—保护—供给—利用—污水排放再利用—水污染防治等形成一个有机的循环过程。这需要整合环保部、国土资源部(国家海洋局)、水利部、农业部等职能部门或其职责,需要理顺中央与地方的关系,需要高层的政治

[1] 参见姚金海:《水污染防治法的立法理念及其刑事法律责任制度》,载《经济与社会发展》2013年第4期。

[2] 何艳梅:《中国跨界水资源利用和保护法律问题研究》,复旦大学出版社2013年版,第38页。

决心和智慧。

从近期来看,如果我国对水法结构进行“小整”,并继续实行流域管理和行政区域管理相结合的管理体制,就必须紧密结合各流域和各地实际情况,充分发挥流域管理机构和县级以上地方政府水行政主管部门依法管理本流域和行政区域内水资源的积极性和主动性。《水法》第 12 条规定的流域管理机构与县级以上地方政府水行政主管部门在水资源监督管理上的具体职责,[1]还需要由国务院或者国务院水行政主管部门制定配套的行政法规或者部门规章作出进一步界定。另外,按照《水法》的有关规定,流域管理机构在依法管理水资源的工作中应当突出宏观综合性和民主协调性,着重处理一些地方行政区域的水行政主管部门难以单独处理的问题,而一个行政区域内的经常性的水资源监督管理工作应主要由有关地方政府的水行政主管部门负责实施。地方在维护全国水资源统一管理、水法基本制度统一的前提下,也可以结合本地实际,制定地方性法规和地方政府规章,制定促进本地水资源可持续利用的政策和有关规划。[2]

三、“主抓两手”

不论是建立以水法为主体,水法与经济法、资源能源法等相互联结的法律体系和制度,还是整体、综合的水资源管理体制,都应当“主抓两手”,一是总量控制制度的设计和实施;二是市场交易制度的设计和实施。这也符合《水污染防治行动计划》提出的“节水优先、空间均衡、系统治理、两手发力”的新治水原则。“两手发力”中的一手是要充分发挥市场的主导作用,另一手就是发挥政府的引导作用。水资源的配置主要由市场调节,但是离不开政府的宏观调控和管理。作为政策制定者,“政府最重要

---

〔1〕《水法》第 12 条规定,国家对水资源实行流域管理与行政区域管理相结合的管理体制;国务院水行政主管部门负责全国水资源的统一管理和监督工作;国务院水行政主管部门在国家确定的重要江河、湖泊设立的流域管理机构,在所管辖的范围内行使法律、行政法规规定的和国务院水行政主管部门授予的水资源管理和监督职责;县级以上地方政府水行政主管部门按照规定的权限,负责本行政区域内水资源的统一管理和监督工作。

〔2〕中国科学院地理科学与资源研究所、陆地水循环与地表过程重点实验室编著:《噬水之煤:煤电基地开发与水资源研究》,中国环境科学出版社 2012 年版,第 101 页。

的作用就是促进竞争并充当市场经济中的‘裁判员’”。[1] 政府需要切实履行好顶层设计、政策引导、投入支持、执法监管等方面的职责。2015 年的中央一号文件规定了农业可持续发展的基本原则，包括“坚持市场机制与政府引导相结合”的原则。总量控制之下的市场交易可以说是在政府引导和监督之下，利用市场力量配置资源、提高资源能源效率的最佳途径。

（一）总量控制

在确保中国的水安全及其维系的经济安全、能源安全、粮食安全、生态安全和气候安全等方面，没有最佳的和适合一切的解决方案，因为水友好的解决方案可能是高碳或能源密集型的，气候友好的解决方案可能是水密集或能源密集型的，能源友好又气候友好的解决方案可能存在水污染风险。比如前文已述及，煤电生产的节水技术，可能以增加煤耗和二氧化碳的排放为代价。碳捕捉和封存技术具有节碳特征，但是会增加水耗，影响水质。为了在确保中国的水安全及其维系的经济安全、能源安全、粮食安全、生态安全与气候安全之间寻求平衡，只能对不同行业或地区的资源环境利用，包括水耗、能耗、碳排放和污染物排放分别同时实施总量控制制度。

资源环境利用的总量控制制度，就是在资源环境的负载能力范围内确定各类自然资源的可利用总量和环境容纳污染物的总量的、保护生态系统和维持生态平衡的基础性制度，包括自然资源利用的总量控制制度和环境容量利用的总量控制制度。[2] 资源环境利用的总量控制是维护环境公益的直接手段，是资源环境在市场主体间分配和利用的基础，是实施行政许可、环境影响评价、有偿使用制度等其他管制制度的前提。党的十八届三中全会决议指出，“划定生态保护红线……建立资源环境承载能力监测预警机制”，《十三五规划纲要》要求“划定并严守生态保

[1] [美]约瑟夫·E. 斯蒂格利茨：《发展与发展政策》，纪沫等译，中国金融出版社 2009 年版，第 399 页。转引自肖国兴：《能源发展转型与〈能源法〉的制度抉择》，载《法学》2011 年第 12 期。

[2] 参见何艳梅：《环境法的激励机制》，中国法制出版社 2014 年版，第 198 ~ 201 页。

护红线”。[1] 依照笔者的理解，划定生态红线的基本方法就是建立资源环境利用的总量控制制度。

水法和经济法、资源能源法等涉水法律中的总量控制制度，可以分为以下三类：水资源利用的总量控制制度——用水总量控制制度；水环境容量利用的总量控制制度——水体排污总量控制制度；矿产资源和能源利用的总量控制制度——煤炭、稀土等矿产资源的开采总量控制制度，以及能源生产和消费的总量控制制度，电力生产总量控制制度等。目前我国只有《水污染防治法》明确建立并实施了水体重点污染物排放总量控制制度，国务院的政策文件规定实施用水总量控制、稀土开采总量控制、能源消费总量控制等水资源、矿产资源和能源管理政策。2014 年修订的《环境保护法》也确立了重点污染物排放总量控制制度。[2] 但是总体而言，这一制度建设还很薄弱，比如法律制度建设滞后于政策规定、适用范围狭窄（仅对化学需氧量和氨氮两类水污染物实施总量控制）、缺乏海陆统筹（淡水与海洋污染物排放总量控制“分而治之”）、执行情况较差等，与其基础性地位很不相称。[3]

《十三五规划纲要》非常重视资源环境利用的总量控制，为了加强海洋资源环境保护，要求“实施陆源污染物达标排海和排污总量控制制度”；[4] 为了全面推进能源节约，要求“能源消费总量控制在 50 亿吨标准煤以内”；[5] 为了加强矿产资源节约和管理，要求“强化矿产资源规划管控，严格分区管理、总量控制和开采准入制度”；[6] 为了建立健全资源高效利用机制，要求“实施能源和水资源消耗、建设用地等总量和强度双控

[1] 参见《十三五规划纲要》第四十七章（“健全生态安全保障机制”）第一节“完善生态环境保护制度”的相关内容。

[2] 该法第 44 条规定，国家实行重点污染物排放总量控制制度；重点污染物排放总量控制指标由国务院下达，省、自治区、直辖市人民政府分解落实；企业事业单位在执行国家和地方污染物排放标准的同时，应当遵守分解落实到本单位的重点污染物排放总量控制指标。

[3] 参见何艳梅：《环境法的激励机制》，中国法制出版社 2014 年版，第 201 ~ 203 页。

[4] 参见《十三五规划纲要》第四十一章（“拓展蓝色经济空间”）第二节（“加强海洋资源环境保护”）的相关规定。

[5] 参见《十三五规划纲要》第四十三章（“推进资源节约集约利用”）第一节（“全面推动能源节约”）的相关规定。

[6] 参见《十三五规划纲要》第四十三章（“推进资源节约集约利用”）第四节（“加强矿产资源节约和管理”）的相关规定。

行动”;[1]为了加大环境综合治理力度,大力推进污染物达标排放和总量减排,要求“改革主要污染物总量控制制度,扩大污染物总量控制范围……沿海和汇入富营养化湖库的河流沿线所有地级及以上城市实施总氮排放总量控制”。[2] 我国需要按照这一规划要求和中央政策,修改《水污染防治法》《海洋环境保护法》《节约能源法》《矿产资源法》等单行法,扩大水体污染物排放总量控制的范围,正式建立用水总量控制制度、陆源污染物排海总量控制制度、能源消费总量控制制度、矿产资源开采总量控制制度等。

(二)市场交易

中国水安全及其维系的经济安全、能源安全、粮食安全、生态安全和国民安全的实现,关键在于提高水资源和能源资源的效率。效率是“社会从其稀缺资源中获得最大利益的特征”。[3] 效率是可持续发展的目标之一,有时被称作“第一燃料”,无疑是最为洁净、廉价的能源。通过市场配置资源才能实现效率最大化,因此追逐水资源和能源效率的一切制度都可以按照市场经济制度的要求进行设计与安排。党的十八届三中全会决议指出,“经济体制改革……核心问题是处理好政府和市场的关系,使市场在资源配置中起决定性作用和更好发挥政府作用。”实现市场配置资源的前提是产权明晰和可以转让,因此决议进一步指出,“健全自然资源资产产权制度和用途管制制度。对水流、森林、山岭、草原、荒地、滩涂等自然生态空间进行统一确权登记,形成归属清晰、权责明确、监管有效的自然资源资产产权制度”。

一个成功的市场经济政策必须利用企业发展和技术革新最基本的内在动力——追逐利润。在总量控制的前提下允许企业进行水权交易、节能量交易、矿业权交易、排污权交易、碳排放权交易等水资源利用、能源开采利用和环境容量使用的市场交易,将技术选择的权力留给具有竞争活

---

〔1〕 参见《十三五规划纲要》第四十三章(“推进资源节约集约利用”)第七节(“建立健全资源高效利用机制”)的相关规定。

〔2〕 参见《十三五规划纲要》第四十四章(“加大环境综合治理力度”)第二节(“大力推进污染物达标排放和总量减排”)的相关规定。

〔3〕 [美]N. 格里高利·曼昆:《经济学原理》,梁小民等译,北京大学出版社2008年版,第4~5页。

力的市场,这是美国多年实行二氧化硫排放总量控制和排污权交易、欧盟近年实行二氧化碳排放总量控制和碳排放权交易的成功经验。我国的水法、能源法等还没有正式建立用能、用水、碳排放等相关资源环境利用的市场交易制度,但是正在开展水权交易试点,而且根据中央政策文件,用能权、用水权、碳排放权交易将是我国未来几年重点实施的中央政策之一。中共中央、国务院《关于加快推进生态文明建设的意见》在要求建立生态文明制度体系时指出,"推行市场化机制……建立节能量、碳排放权交易制度,深化交易试点,推动建立全国碳排放权交易市场;加快水权交易试点,培育和规范水权市场;全面推进矿业权市场建设;扩大排污权有偿使用和交易试点范围,发展排污权交易市场"。为了建立健全资源高效利用机制,《十三五规划纲要》要求"建立健全用能权、用水权、碳排放权初始分配制度,创新有偿使用、预算管理、投融资机制,培育和发展交易市场"。[1]

与强制要求排污者或资源开发者缴纳一定的税费或采取特定的技术不同,总量控制和市场交易只强制规定一定区域、一定时间内的排污总限额或资源利用总限额,然后让市场的竞争机制确定该区域规定时间内实现总限额的最便宜、最高效的途径。调动市场机制,可以保证在人类想象力的极限范围内追寻最适用的技术。这种广泛的追寻反过来又将启动一个有价值的级联反应:当市场找到最高效的技术时,就会很快降低削减污染排放或资源能源消费的成本,政府就会要求更多排污削减或更低的资源能源消费,[2]从而不断提高资源能源效率,改善环境质量。

政策性补贴、税费、价格或其他行政控制措施有一些显著的弱点,除了扭曲生产和消费模式、无法提供确定性的污染排放或资源能源利用削减、导致腐败和寻租行为之外,它们在一定程度上依赖于对技术的详尽掌握和事先预见,这超出了行政管理者的能力范围,会造成政策的失误。以煤制气技术为例,中国的能源管理者了解到它能将煤炭变成更为清洁的

---

〔1〕 参见《十三五规划纲要》第四十三章("推进资源节约集约利用")第七节("建立健全资源高效利用机制")的相关内容。

〔2〕 参见[美]弗雷德·克鲁普、米丽亚姆·霍恩:《决战新能源:一场影响国家兴衰的产业革命》,陈茂云等译,东方出版社2010年版,第29～30页。

可燃气,在城市地区可以取代污染燃料,有助于减少雾霾,因而出台了鼓励和扶持其发展的行政政策。国务院 2013 年《大气污染防治行动计划》的重点建议之一是采用煤制天然气等更为清洁的天然气取代煤炭。但是能源管理者后来发现,煤制气工厂会产生大量的二氧化碳,从而大大增加温室气体排放,同时煤制气技术的用水量也很大,[1]而这类工厂大多计划建在水资源稀缺的西部和北部地区,因此停止了鼓励和扶持政策,导致在建项目中断,工厂停工。[2]

“主抓两手”的政策和制度由于成功地创造了从削减污染排放或资源能源消费中创收的途径,把世界上最强劲的经济力量——企业家资本主义释放出来,使“环境保护不仅仅只是一个输钱机,它也是一个利润中心”,[3]所以可以有效地实现节约资源能源利用、减少污染排放、改善环境质量、保护生态系统的目的。同时应当注意,“主抓两手”的同时,需要建设和实施配套制度,包括监测制度、统计制度、责任制度等。

---

〔1〕 煤制气在冷却、生产及净化过程中耗水量很大,每立方米煤制天然气需 6~10 升水,例如 20 亿立方米/年的煤制天然气项目耗水量高达 2500 万吨/年。参见唐霞、曲建升:《我国能源生产与水资源供需矛盾分析和对策研究》,载《生态经济》2015 年第 10 期。

〔2〕 澳大利亚《悉尼先驱晨报》网站 2014 年 12 月 30 日发表的题为《中国反思煤制气计划》的文章。

〔3〕 [美]弗雷德·克鲁普、米丽亚姆·霍恩:《决战新能源:一场影响国家兴衰的产业革命》,陈茂云等译,东方出版社 2010 年版,第 3 页。

第四章　中国水安全的基本法律体系和制度

无论是面对日益严峻的水风险，还是对比中央战略和政策，都可以发现我国的水法存在严重的结构失当、制度错位和缺位，没有从确保水安全的高度进行构建。为了有效地规制水风险，实施中央战略和政策，保障中国水安全及其维系的经济安全、能源安全、粮食安全、生态安全、国民安全等，我国有必要重整水法的内部结构，构建中国水安全的基本法律体系和制度。

第一节　现行水法的内部结构和制度及其重整方案

我国现行水法结构松散，制度也相对落后，需要结合水安全形势的需要和中央战略政策进行重整。

一、现行水法的内部结构和制度

现行水法的内部结构是分立结构，即淡水法和海水法、水资源利用法和水环境保护法“分而治之”，而且相互之间缺乏有机的衔接和配合。现行淡水法的主干是

《水法》《水污染防治法》及其《实施细则》《防洪法》和《水土保持法》，以及大量行政法规、部门规章、地方性法规、环境标准、国际水条约等。[1]现行海水法包括《海域使用管理法》《海洋环境保护法》《领海和毗连区法》《专属经济区和大陆架法》及行政法规、部门规章、地方性法规、环境标准，[2]以及中国加入的《联合国海洋法公约》等，最为核心的法律是《海域使用管理法》和《海洋环境保护法》。

与此立法结构相适应，中国的水管理机构多元分散，职能交叉、重叠或错位。水利、环保是我国水管理中冲突最大的两个部门，前者作为水行政主管部门，主要负责流域水资源的统一管理、保护和综合开发利用；后者作为环境保护的主管部门，全面负责流域水污染防治和水环境管理。这种水量和水质的分割管理，割裂了水的不同属性和功能，既不利于流域综合管理，也不利于有效地协调流域水资源开发利用与水环境保护。具体表现如两部门在同一流域内水质监测机构设置重叠、相关概念不统一、资料共享难。[3]

二、水法内部结构和制度的重整方案

现行水法的内部结构和制度明显不适应水资源综合管理和确保水安

---

〔1〕 行政法规诸如2001年《长江河道采砂管理条例》、2006年《取水许可和水资源费征收管理条例》、2011年《太湖流域管理条例》、2013年《城镇排水与污水处理条例》、2013年《畜禽规模养殖污染防治条例》、2014年《南水北调工程供用水管理条例》；部门规章诸如2003年《水功能区管理办法》、2004年《入河排污口监督管理办法》、2008年《取水许可管理办法》、2013年《农村饮水安全工程建设管理办法》；地方性法规诸如2004年《北京市实施〈中华人民共和国水法〉办法》、2004年《河南省节约用水管理条例》；环境标准诸如1996年《污水综合排放标准》、2013年《制革及毛皮加工工业水污染物排放标准》；国际水条约诸如2001年《中国与哈萨克斯坦关于利用和保护跨界河流的合作协定》、2008年《中国与俄罗斯关于合理利用和保护跨界水的协定》等。

〔2〕 行政法规诸如1983年《海洋石油勘探开发环境保护管理条例》、1985年《海洋倾废管理条例》、1988年《防止拆船污染环境管理条例》、1990年《防治陆源污染物污染损害海洋环境管理条例》、1990年和2007年《防治海岸工程建设项目污染损害海洋环境管理条例》、2006年《防治海洋工程建设项目污染损害海洋环境管理条例》、2009年《防止船舶污染海域管理条例》；部门规章诸如1990年《海洋石油勘探开发环境保护管理条例实施办法》、1990年《海洋倾废管理条例实施办法》、2002年《海洋行政处罚实施办法》；地方性法规诸如2005年《上海市海域使用管理办法》、2004年《浙江省海洋环境保护条例》；环境标准诸如1997年《海水水质标准》、2001年《污水海洋处置工程污染控制标准》等。

〔3〕 周卫明、乔海娟、张丛林等：《以水利发展体制改革推进中国水安全建设》，载《中国农村水利水电》2015年第4期。

全的需要，必须进行重整。有多种重整方案可供选择，根据其难易度和可行度可以分为“大整”“中整”“小整”三种，它们可分别作为水法体系建设的远期、中期和近期目标。

(一) 大整方案

大整方案是指淡水法与沿海水法、水资源利用法与水环境保护法的全部一体化，即将《水法》《水污染防治法》及其《实施细则》《防洪法》《水土保持法》《海域使用管理法》《海洋环境保护法》，以及相关行政法规和部门规章等进行整合，对水法进行法典化编纂，同时设立大部制的统一管理机构或涉水部门的协调机制。沿海水体与内陆水体有着紧密的联系，日益成为发达国家水法中的规范对象。欧盟就采取了这种“一体化”的理念和方法，设计了淡水与沿海水体、水资源与水环境一体化管理的主体立法——2000 年《欧盟水框架指令》，规定了水质、水量和水域生态系统的一体化管理政策，建立了涉水政府部门的协调机制。[1] 2009 年德国《水平衡管理法》既适用于地表水体和地下水，也适用于沿海水体。[2]

大整方案遵循水循环的客观自然规律和水生态系统的完整性，是非常科学和理想的改革方案，但是牵涉到水法整个立法思想和结构的改变，以及对现行“多龙治水”管理体制的重大变革，因此面临很大障碍，短期内不可能一蹴而就，只能作为远期目标。

(二) 中整方案

中整方案是指维持现行淡水法和海水法的分立结构，但是分别进行淡水法和海水法的一体化，即将《水法》《水污染防治法》及其《实施细则》《防洪法》《水土保持法》以及相关行政法规和部门规章合并、重整，以实现淡水利用和水质保护的法律规范一体化；同时将《海域使用管理法》《海洋环境保护法》以及相关行政法规和部门规章合并、重整，以实现海域使用和海域环境保护的法律规范一体化。美国的淡水立法就是采取一体化的立法方法，将淡水水量分配和利用、水质保护统一置于《清洁水法》进

---

〔1〕 蔡守秋：《水污染防治法的现状与发展》，载《世界环境》2015 年第 2 期；沈百鑫：《德国和欧盟水法概念考察及对中国水法之意义》（上），载《水利发展研究》2012 年第 1 期。

〔2〕 沈百鑫：《德国和欧盟水法概念考察及对中国水法之意义》（上），载《水利发展研究》2012 年第 1 期。

行管理。这种方案牵涉水法立法思想和结构的部分改变,以及对现行“多龙治水”管理体制的较大变革,实施难度小于大整方案,可作为中期的改革目标。

(三)小整方案

小整方案是指维持现行淡水法与海水法、水资源利用法与水环境保护法的分立结构,但是对各有关单行法律法规进行评估和修订,以加强相互之间的衔接和配合。显然,小整方案实施难度最低,短期来看最为可行,而且政策和立法动向也采取了小整的方案。因此下面对小整方案下淡水法和海水法的制定、修订及其相互衔接问题分别进行分析和讨论。

第二节　淡水法的体系和制度

在淡水法领域,为了保障相对的水安全,实施依法治水,需要建立起较为严密的法律体系。一方面,修订《水法》《水污染防治法》及其《实施细则》《防洪法》和《水土保持法》等现行淡水法的基本法律;另一方面,根据修订后的《水法》《水污染防治法》及其《实施细则》,或者在修订《水法》《水污染防治法》及其《实施细则》的同时,制定实施《农田水利法》《流域管理法》《饮用水源地保护法》《水资源储备法》《再生水管理条例》《海水淡化管理条例》等,并注意它们之间的衔接和配合。限于篇幅,本节仅讨论《水法》《水污染防治法》及其《实施细则》《防洪法》和《水土保持法》的修订及其相互衔接问题。

一、《水法》的修订

《水法》于1988年由全国人大常委会通过,2002年修订。《水法》共八章,分别是总则;水资源规划;水资源开发利用;水资源、水域和水工程的保护;水资源配置和节约使用;水事纠纷处理与执法监督检查;法律责任;附则。《水法》自修订实施以后已有十多年,其关于立法目的、适用范围、基本原则等很多规定和制度早已不能适应中国日益严峻的水安全形势和水事执法实践,也不符合2011年中央一号文件,2013年《中共中央关于全面深化改革若干问题的决定》,国务院2015年《水污染防治行动计划》,中共中央、国务院2015年《关于加快推进生态文明建设的意见》,全国人大2016年《十三五规划纲要》等中央重大战略和政策文件的规定和精神,亟须进行再次修订。

(一)修订立法目的

根据其第1条的规定,现行《水法》的立法目的是“合理开发、利用、节约和保护水资源,防治水害,实现水资源的可持续利用,适应国民经济和社会发展的需要”。可以看出,“水资源”这一概念在立法目的条款中出现了两次。事实上,《水法》总共使用“水资源”的措辞65处——水利部门主导立法及负责实施的《水法》,是从资源管理的角度出发的。而环保部门主导立法及负责实施的《水污染防治法》,则从环境管理的角度出发规范水污染防治。《水污染防治法》中只有5处使用了“水资源”,而且其中4处是指流域的水资源保护机构,另一处是在第16条中指调度水资源。中国在水利工作中把水的资源利益与环境利益在很大程度上对立起来,将水利部门与环保部门对立起来,将水量分配和利用与水质保护分割开来,使《水法》轻视水质与水生态保护。[1] 而且,中国水法没有水体特征与水体状况这样的综合概念。综合的水管理理念要求将作为环境介质的“水体”作为水法的规范对象,对整个水体的利用和保护进行管理,而不再是水资源与水环境,或者水量与水质的二元分割,这是由水的流动性、循环性决定的。[2]

水量与水质已经不是德国及欧盟水法所要规范的主要客体,在综合管理理念的不断影响下,能够将水量、水质、水体生态、水形态等集中涵盖的水体状况与水体特征成为水治理的重要客体。[3] 从欧盟《水框架指令》和德国《水平衡管理法》的发展来看,水质只是水法一部分的内容,而水体状况、水体特征这些概念能从综合管理的角度更全面地反映水体保护状况。

---

〔1〕 沈百鑫:《德国和欧盟水法概念考察及对中国水法之意义》(上),载《水利发展研究》2012年第1期。

〔2〕 沈百鑫:《德国和欧盟水法概念考察及对中国水法之意义》(上),载《水利发展研究》2012年第1期。

〔3〕 沈百鑫:《德国和欧盟水法概念考察及对中国水法之意义》(上),载《水利发展研究》2012年第1期。

水体特征甚至不仅包括了水身,还包括与水相接的一定的土地,以及有关的生物圈。所以在水体保护的指标上,除了水量外,还包括水的化学状况、水身的生态状况以及物理状况。《欧盟水框架指令》提出的目标是到2015年,包括河流、湖泊、地下水、河口、沿海水域和陆地排水等与水有关的所有领域,达到良好的"生态状态",[1]即实现以水质为核心的良好的水体状况,而水体状况"以保护人类健康与环境为目的,以污染物在水中的浓度限值为核心"。[2] 德国《水平衡管理法》第1条规定的水法目标是,"本法之目的在于,通过一种可持续的水体管理,保护作为生态平衡中的组成部分、作为人类的生存基础、作为动植物的生存空间以及作为可利用物之水体"。[3]

我国应当借鉴欧盟和德国水法的规定,将《水法》由资源开发利用法、水量管理法变革为水体综合管理法。为此应修订《水法》第1条,将立法目的修订为"合理利用和保护水体,以保护公众健康和环境",并将水体界定为"生态平衡的组成部分、人类的生存基础、动植物的生存空间以及可利用物"。如果立法机关因部门利益掣肘,或者认为综合管理的时机不成熟,而不能将"水资源"的概念变更为"水体"的概念,决定仍然维持"水资源"这一概念,也应当将《水法》由资源开发利用法、水量管理法变革为水量和水质综合管理法,或者水资源开发利用与水环境保护并重的综合立法。在立法目的中应将"水资源"与"水环境"的概念并列,以彰显资源开发利用与环境保护的同等重要性,水利部门与环保部门职能的同等重要性。

另外,《水法》立法目的条款既规定了"合理开发、利用"水资源,也规定了"实现水资源的可持续利用",这其实是不必要的重复,因为"合理利用"就是"可持续利用",两者完全可以等同。[4] 而且,《水法》立法目的条款中"适应国民经济和社会发展的需要"的措辞意味着对水资源经济价值的倚重和生态环境价值的忽视,不符合水资源合理利用或可持续利用的

---

〔1〕 何艳梅:《中国跨界水资源利用和保护法律问题研究》,复旦大学出版社2013年版,第209页。

〔2〕 沈百鑫:《德国和欧盟水法概念考察及对中国水法之意义》(上),载《水利发展研究》2012年第1期。

〔3〕 沈百鑫:《德国和欧盟水法概念考察及对中国水法之意义》(上),载《水利发展研究》2012年第1期。

〔4〕 参见何艳梅:《论水资源的合理利用与可持续利用》,载《水资源研究》2006年第3期。

要求,也不符合新修订的《环境保护法》和一系列中央战略和政策所强调的"实现经济社会可持续发展"的立法目的和要求。因此,如果《水法》仍然维持"水资源"的概念,建议将立法目的条款修订为"合理开发、利用和节约水资源,保护水环境,以实现经济社会可持续发展。"

(二)扩大适用范围

根据《水法》第1~2条的规定,《水法》适用于"在中国领域内开发、利用、节约、保护、管理水资源,防治水害"。其中水资源仅指淡水资源,包括地表水和地下水。[1] 《水法》不适用于海水的开发、利用、保护和管理,防洪活动,以及水污染防治事宜,这些活动和事宜由《海域使用管理法》《海洋环境保护法》《防洪法》《水污染防治法》等专门的法律予以规范。[2] 根据《水法》第78条的规定,中国缔结或者参加的与国际或者国境边界河流、湖泊有关的国际条约、协定与《水法》有不同规定的,适用国际条约、协定的规定,但是中国声明保留的条款除外。因此,中国对淡水的开发、利用、保护和管理与海水的开发、利用、保护和管理进行分散立法和管理;对淡水资源的开发利用和淡水污染防治进行分散立法和管理;对国内河流、湖泊的开发、利用、保护和管理与国际或者国境边界河流、湖泊的开发、利用、保护和管理分别进行立法和管理。

1. 确立《水法》的基本法地位

就一般法律体系原理而言,《水法》应当是确保水安全的基本法、政策法和链接法,是《防洪法》《水土保持法》《流域管理法》《农村水利法》等其他淡水法的基础。《水法》在水法体系中应当具有基本法地位,已经成为水法学者们的普遍共识。比如,有学者认为,《水法》不能演变成为"水资源法",而应回归其作为水法的基本法地位。[3] 另有学者认为,《水法》应当成为一部全面调整水资源开发利用和保护行为并协调水资源各种价值和关系的综合性法律,引领其他相关法律法规。[4]

---

[1] 参见《水法》第1~2条的规定。

[2] 参见《水法》第80~81条的规定。

[3] 沈百鑫:《德国和欧盟水法概念考察及对中国水法之意义》(上),载《水利发展研究》2012年第1期。

[4] 姚金海:《〈水法〉立法理念的调整与变革——兼论〈水法〉的修改》,载《经济与社会发展》2014年第5期。

《水法》在水法体系中应当具有基本法地位，也为现行《水法》关于立法目的和适用范围的规定所证明。从这些规定可以得出两个结论：一是中国对淡水资源的开发利用和淡水污染防治分别立法和管理；二是《水法》不仅规范水资源的开发利用，也规范水资源的保护。这两个结论其实存在很大冲突，换言之，《水法》第1～2条与第80～81条关于适用范围的规定前后矛盾。因为，“水资源保护”与水污染防治密切联结——水污染防治是水资源保护的主要内容，[1]两者是包含与被包含的关系。从这个逻辑关系上来看，《水法》与《水污染防治法》不应当是并驾齐驱的，而是一般法与特别法的“母子”关系，整体与部分的关系。《水法》应当是水资源/水体开发、利用、保护和管理的综合法，需要承担起确保水量安全和水质安全的所有职能，而《水污染防治法》是关于水资源和水质保护的专门法，应当是在前者的基础上，侧重于对水污染源进行控制，对水污染排放和治理行为进行管理和监督。特别法应当在一般法的基础上制定；在特别法未作明确规定时，应当适用一般法的规定；在一般法与特别法发生冲突时，应当适用特别法的规定。因此，《水法》关于“水污染防治，依照水污染防治法的规定执行”的条款应当修改为“水污染防治，依照水污染防治法的规定执行；水污染防治法规定不明确的，依照《水法》的规定执行”。同理，《水法》明确规定其立法目的和适用范围包括“防治水害”，所以《水法》与《防洪法》也不应当是并驾齐驱的，而是一般法与特别法的关系。《水法》关于“从事防洪活动，依照防洪法的规定执行”的条款应当修改为“从事防洪活动，依照防洪法的规定执行；防洪法规定不明确的，依照《水法》的规定执行”。

2. 将沿海水体纳入适用范围

淡水与海水分而治之的立法体制需要突破，《水法》的修订需要将沿海水体纳入其适用范围。因为沿海水体与陆地相接近，沿海水体受到的污染也与近海和远海有着不同，主要受到从陆地水体排放的污染物影响，[2]因此有必要纳入陆地水体或淡水资源的范围统一保护。正如《欧盟水框架

---

〔1〕 王国永：《水资源保护与水污染防治在立法上的关系探析》，载《华北水利水电学院学报》（社会科学版）2008年第4期。

〔2〕 参见1997～2015年度国家海洋局《中国海洋环境质量年报》（2000年开始更名为《中国海洋环境质量公报》）和环保部《中国环境状况公报》。

指令》制定原则第 17 项中所表明的,"一项有效而统一的水政策必须考虑邻近海岸与河口或海湾内或内海的水生态系统的脆弱性,因为流入其中的内陆水体质量对它们的平衡状态具有很大的影响。而且,保护流域内的水体状况将会通过促进鱼群保护(包括沿海鱼群在内)产生经济效益"。而且在实践中,一方面,中国沿海水体的污染有着进一步恶化的趋势,大量的工业区与开发区越来越面向大海;另一方面,海洋战略的实施要求更加重视海洋环境的保护。因此,沿海水体是《水法》修订时必须要纳入的重要规范对象。[1] 当然,如果将沿海水体纳入《水法》的适用范围,会与现行《海洋环境保护法》的适用范围相重叠,为此需要修订《海洋环境保护法》。如果不将沿海水体纳入《水法》,而仍由《海洋环境保护法》进行规范,则应注意两法之间的衔接和配合。

(三)调整水资源管理的基本原则

《水法》第 4 条规定了开发、利用、节约和保护水资源的基本原则,[2] 然而该条款具有鲜明的政策宣示特点,存在很多问题。

第一,"全面规划、统筹兼顾、标本兼治、综合利用、讲求效益"的含义都太模糊,难以理解和把握其准确内涵,要么删除,要么进一步细化规定。

第二,"协调好生活、生产经营和生态环境用水"的规定缺乏可操作性,使其形同虚设。在生活、生产经营和生态环境用水发生冲突的情况下(这种冲突在实践中经常发生,尤其是生产经营用水经常挤占生态环境用水),何种用水应当居于优先地位?而且《水法》第 21 条具体规定了各种开发利用的先后顺序,因此建议删除"协调好生活、生产经营和生态环境用水"的规定。

第三,应当在基本原则条款中确立生态保护和节水优先的基本原则。《水法》的关键任务是处理好"水环境/水体保护与水资源/水体开发利用"的关系,水资源的自然属性决定了其有限性、流域性、整体性等特征,决

---

[1] 参见沈百鑫:《德国和欧盟水法概念考察及对中国水法之意义》(上),载《水利发展研究》2012 年第 1 期。

[2] 《水法》第 4 条规定,开发、利用、节约、保护水资源和防治水害,应当全面规划、统筹兼顾、标本兼治、综合利用、讲求效益,发挥水资源的多种功能,协调好生活、生产经营和生态环境用水。

定了水环境/水体保护优先于水资源/水体开发利用。《水法》的所有制度和规则设计必须坚持这一根本理念和指导思想。新修订的《环境保护法》已经明确规定了环境保护坚持"保护优先"的原则。《十三五规划纲要》为了强化水安全保障,优化水资源配置格局,要求"推进江河流域系统整治,维持基本生态用水需求,增强保水储水能力"〔1〕,并要求在实施西部大开发战略中"加强水资源科学开发和高效利用;强化生态环境保护,提升生态安全屏障功能"〔2〕,在推进长江经济带发展过程中"坚持生态优先、绿色发展的战略定位,把修复长江生态环境放在首要位置"〔3〕。关于节水优先,中共中央、国务院《关于加快推进生态文明建设的意见》指出,"节约资源是破解资源瓶颈约束、保护生态环境的首要之策"。在水资源总量有限的前提下,配置水资源的法律制度必须首先符合水的自然规律,建立合理的水资源利用秩序,〔4〕确保生态需水和基本生活用水,并节约用水。

(四)改革水资源管理体制

水资源作为公共资源,为了防止出现"公地的悲剧",必须由政府管理部门进行适当的监督和管理。《水法》第12条也建立了国家对水资源实行流域管理与行政区域管理相结合、水行政部门统一管理与"有关部门"分工管理相结合的管理体制。〔5〕这一体制饱受诟病,〔6〕《水法》的条款和

---

〔1〕参见《十三五规划纲要》第三十一章("强化水安全保障")第一节("优化水资源配置格局")的相关内容。

〔2〕参见《十三五规划纲要》第三十七章("深入实施区域发展总体战略")第一节("深入推进西部大开发")的相关内容。

〔3〕参见《十三五规划纲要》第三十九章("推进长江经济带发展")的规定。

〔4〕吕忠梅:《保障饮水安全的法律思考——兼论〈水污染防治法〉的修改》,载《甘肃社会科学》2007年第6期。

〔5〕《水法》第12条规定,国务院水行政主管部门负责全国水资源的统一管理和监督工作。国务院水行政主管部门在国家确定的重要江河、湖泊设立的流域管理机构(以下简称流域管理机构),在所管辖的范围内行使法律、行政法规规定的和国务院水行政主管部门授予的水资源管理和监督职责。县级以上地方政府水行政主管部门按照规定的权限,负责本行政区域内水资源的统一管理和监督工作。第13条规定,国务院有关部门按照职责分工,负责水资源开发、利用、节约和保护的有关工作。县级以上地方政府有关部门按照职责分工,负责本行政区域内水资源开发、利用、节约和保护的有关工作。

〔6〕参见张全:《关于以完善流域环境管理制度为重点加快〈水污染防治法〉修订的议案》,载《中国产经》2014年第3期;周卫明、乔海娟、张丛林等:《以水利发展体制改革推进中国水安全建设》,载《中国农村水利水电》2015年第4期;中国科学院地理科学与资源研究所、陆地水循环与地表过程重点实验室编著:《噬水之煤:煤电基地开发与水资源研究》,中国环境科学出版社2012年版,第101页。

制度设计体现了以行政手段管理水资源的主体思想，注重管理部门的设置，注重管理部门权力的赋予与运行，或者说是从我国行政管理体制出发，强调中央和地方及其各部门管理水资源的权力，形成"九龙治水"的格局。这种格局的主要问题在于，流域管理机构的职责不详，分工管理的"有关部门"太过笼统，不符合职权法定和依法行政的要求。特别是流域管理体制，法律模糊和机构冲突造成流域管理机构的虚化。《水法》既没有明确流域管理机构与地方政府水行政主管部门之间的关系，也没有规定解决管理过程中可能产生的矛盾与冲突的原则。同时，流域管理机构仅单纯按照上级行政指令推动法律政策的实施，缺乏有效的协商议事和协商决策机制，各利益相关方的意见很难得到统一。此外，作为水利部的派出机构，流域管理机构管理职能单一，是没有"委员"的委员会，不能有效代表流域各利益相关方，也没有真正适应流域综合管理的需求。[1]

国外流域管理的成功经验表明，以流域为单元的水资源/水体综合管理，能够更好地发挥流域功能，达到保护环境的效果。而建立高效、权威的流域管理机构是实现流域综合管理的关键。目前国外主要有两种流域管理模式，一种是综合管理模式，成立独立的流域管理局，负责整个流域的规划、保护和开发利用工作，以美国田纳西流域管理局最为典型；另一种是流域管理委员会加流域管理机构模式，由流域管理委员会负责流域内重大事项的决策，流域管理局负责流域内相关管理事务的指导、协调和监督，典型的有澳大利亚墨累河流域委员会。[2]

关于我国流域管理机构的改革，学者、实务部门和人大代表提出了不同的方案。比如，有学者提出，我国必须构建现代流域管理机构，近期优先恢复流域水资源保护局的水行政、环保双重领导制度，组建流域水资源与水环境协调管理委员会，不断完善涉水流域管理机构（如防洪抗旱、航运、渔业等）之间的联络与协调机制；中期需改革和重组流域委员会，吸纳各利益相关方参与，使其逐步成为反映流域特色需求的流域

---

〔1〕 周卫明、乔海娟、张丛林等：《以水利发展体制改革推进中国水安全建设》，载《中国农村水利水电》2015 年第 4 期。

〔2〕 张全：《关于以完善流域环境管理制度为重点加快〈水污染防治法〉修订的议案》，载《中国产经》2014 年第 3 期。

管理机构。[1] 有来自环保部门的人大代表提出,我国流域管理机构的组建可采取流域管理委员会加流域管理局的体制。首先,由国务院成立流域管理委员会,流域管理委员会由国家发改委、环境保护部、水利部以及相关省市政府组成,委员会主任由国务院副总理或者国务委员担任。流域管理委员会负责制定政策,对流域管理的重大事项和政策做出决议和决定。其次,改造现有的流域管理局,对目前水利部下属的各流域管理机构进行改造,作为流域管理委员会的执行机构,业务上受国家环保部和水利部的双重领导。其职责是执行流域管理委员会所制定的政策和作出的决定,负责流域管理相关事务的指导、协调和监督,其职能不替代现有地方政府的职责。具体的管理事务和环境质量仍由地方政府负责。[2]

笔者的设想是,考虑到增加新机构的成本、难度以及对机构臃肿的顾虑,不需要设立新的机构,只需要将现行的流域水资源保护机构和流域委员会进行合并,重整为统一的流域管理机构,全面负责流域水质、水量甚至水体的利用和保护事宜,类似于美国的综合管理模式。流域水资源保护机构和流域委员会的合并也具有相当的可行性。因为目前流域的水资源保护机构是由水利部与环保部共同组建的、主要对流域水质负责的管理机构,在水利部的流域派出机构即流域管理机构处一起办公。一方面因为与流域管理机构的关系比较近;另一方面随着环保部门地位的不断提高及水质管理方面基础设施的加强,流域的水资源保护机构的定位也越来越模糊,与流域管理机构日趋接近。[3]

(五)改造水资源规划

水资源规划是环境法中预防原则的体现。国家有必要通过规划,在水资源/水体管理中事先强调环境利益,使环境利益与其他利益通过规划手段得到平衡。根据《水法》第 14 条的规定,水资源规划的体系包括全国

---

〔1〕 周卫明、乔海娟、张丛林等:《以水利发展体制改革推进中国水安全建设》,载《中国农村水利水电》2015 年第 4 期。

〔2〕 张全:《关于以完善流域环境管理制度为重点加快〈水污染防治法〉修订的议案》,载《中国产经》2014 年第 3 期。

〔3〕 沈百鑫:《德国和欧盟水法概念考察及对中国水法之意义(下)》,载《水利发展研究》2012 年第 2 期。

水资源战略规划、流域规划和区域规划。[1] 流域规划包括流域综合规划和流域专业规划，区域规划包括区域综合规划和区域专业规划。其中"综合规划是指根据经济社会发展需要和水资源开发利用现状编制的开发、利用、节约、保护水资源和防治水害的总体部署。"关于规划的编制机关，《水法》第17条将规划分为四类，一是国家确定的重要江河、湖泊的流域综合规划，二是跨省份的其他江河、湖泊的流域综合规划和区域综合规划，三是其他江河、湖泊的流域综合规划和区域综合规划，四是专业规划，它们分别由不同级别和类型的部门编制、审核和批准。[2]

《水法》对水资源规划的规定，对于加强水资源/水体保护与管理具有非常重要的意义。然而，上述规定存在很多问题和缺陷，应当进行修改。一是根据《水法》修订由水资源管理法变革为水体综合管理法的情况，将水资源规划改造为水体利用和保护规划。二是现行规划制度更多地体现出只是资源利用法即经济法意义上的规划，而不是从环境保护利益出发的规划。所以需要改变综合规划仅从经济角度考虑的情况，将综合规划编制的依据，在"经济社会发展需要和水资源开发利用现状"的基础上，增加"水体保护需要"。如果《水法》没有由水资源管理法变革为水体综合管理法，也应当在水资源综合规划的编制依据方面增加"水资源(或水环境)保护需要"。三是规划编制机关和征求意见的机关——"有关部门"不详，需要进一步明确，以符合职权法定和依法行政的法治精神。

(六)完善水资源/水体管理政策和制度

《水法》规定的水资源管理政策和制度主要有三类：水资源开发利用

---

[1] 《水法》第14条规定，国家制订全国水资源战略规划；开发、利用、节约、保护水资源和防治水害，应当按照流域、区域统一制订规划；规划分为流域规划和区域规划；流域规划包括流域综合规划和流域专业规划，区域规划包括区域综合规划和区域专业规划。

[2] 《水法》第17条规定，国家确定的重要江河、湖泊的流域综合规划，由国务院水行政主管部门会同国务院有关部门和有关省、自治区、直辖市人民政府编制，报国务院批准。跨省、自治区、直辖市的其他江河、湖泊的流域综合规划和区域综合规划，由有关流域管理机构会同江河、湖泊所在地的省、自治区、直辖市人民政府水行政主管部门和有关部门编制，分别经有关省、自治区、直辖市人民政府审查提出意见后，报国务院水行政主管部门审核；国务院水行政主管部门征求国务院有关部门意见后，报国务院或者其授权的部门批准。前款规定以外的其他江河、湖泊的流域综合规划和区域综合规划，由县级以上地方政府水行政主管部门会同同级有关部门和有关地方政府编制，报本级政府或者其授权的部门批准，并报上一级水行政主管部门备案。专业规划由县级以上政府有关部门编制，征求同级其他有关部门意见后，报本级政府批准。其中，防洪规划、水土保持规划的编制、批准，依照防洪法、水土保持法的有关规定执行。

政策和制度、水量分配和使用制度、水资源和水域的保护制度。这些政策和制度都需要根据保障水安全的需要进行完善。

1. 完善水资源开发利用政策和制度

水资源开发利用政策和制度是《水法》规范的重点之一，涉及水资源开发利用的权利和义务、[1]跨流域调水的规定、[2]规划和建设项目的水资源论证制度、[3]非常规水源开发利用的鼓励政策[4]、水能资源的利用政策[5]等问题。这些政策和制度存在很多缺陷和不足，需要弥补和完善。

(1)确立单位和个人保护水环境/水体的义务

根据《水法》第6条的规定，单位和个人有权利依法开发、利用水资源，同时也有依法保护水资源的义务。为了体现节水优先的原则，以及对水资源利用与水环境保护的同等重视，建议将第6条修改为，"单位和个人有权利依法开发、利用水资源，同时也有依法节约水资源、保护水环境的义务"。如果《水法》能够由水资源管理法变革为水体综合管理法，则建议将该条款中的"水资源"概念变更为"水体"概念，该条款相应修订为，"单位和个人有权利依法开发、利用水体，同时也有依法保护水体的义务"。

第21条规定了各种开发利用的先后顺序，[6]这一条款看似全面合理，实则有诸多不周全之处。比如，根据该条规定，只有"在干旱和半干旱

---

[1] 《水法》第6条规定，国家鼓励单位和个人依法开发、利用水资源，并保护其合法权益。开发、利用水资源的单位和个人有依法保护水资源的义务。

[2] 《水法》第22条规定，跨流域调水应当进行全面规划和科学论证，统筹兼顾调出和调入流域的用水需要，防止对生态环境造成破坏。

[3] 《水法》第23条规定，国民经济和社会发展规划以及城市总体规划的编制、重大建设项目的布局，应当与当地水资源条件和防洪要求相适应，并进行科学论证；在水资源不足的地区，应当对城市规模和建设耗水量大的工业、农业和服务业项目加以限制。

[4] 《水法》第24条规定，在水资源短缺的地区，国家鼓励对雨水和微咸水的收集、开发、利用和对海水的利用、淡化。

[5] 《水法》第26条规定，国家鼓励开发、利用水能资源。在水能丰富的河流，应当有计划地进行多目标梯级开发。建设水力发电站，应当保护生态环境，兼顾防洪、供水、灌溉、航运、竹木流放和渔业等方面的需要。

[6] 《水法》第21条规定，开发、利用水资源，应当首先满足城乡居民生活用水，并兼顾农业、工业、生态环境用水以及航运等需要。在干旱和半干旱地区开发、利用水资源，应当充分考虑生态环境用水需要。

地区”开发、利用水资源，才要求“充分考虑生态环境用水需要”，在其他地区开发、利用水资源则不需要——如此，其他地区也将因过度和不恰当地利用水资源而变为干旱和半干旱地区。事实上，气候变化已经加重了这种趋势——云南、湖南、湖北等曾经湿润的地区已经遭遇了多次干旱。《十三五规划纲要》也强调，“推进江河流域系统整治，维持基本生态用水需求”[1]。因此，建议修改第 21 条，明确规定“开发、利用水资源，应当首先满足城乡居民生活用水，预留生态需水”。

(2)设立跨流域调水的严格条件

《水法》第 22 条关于跨流域调水的规定更像政策宣示，缺乏对跨流域调水的实质约束。且不论跨流域调水在经济上是否可行，它是电力、能源密集型的，既没有能源效率，也不是气候友好的，而且带来移民等社会问题。相比较而言，水的循环利用比消耗电力更多的跨流域调水更有能源效率、更便宜、更少社会耗损。因此，应当修改第 22 条，对跨流域调水设立严格的条件和门槛，包括对跨流域调水的环境影响评价、社会影响评价等。

(3)细化规划和建设项目的水资源论证制度

水资源论证制度对预防和应对国民经济和社会发展规划以及城市总体规划、重大建设项目等的实施对水资源和水环境的不利影响具有重要作用。然而，《水法》第 23 条对规划和建设项目的水资源论证制度的规定存在严重缺陷，将影响这一制度的实施效果。诸如关于“重大建设项目”“水资源不足的地区”“耗水量大的工业、农业和服务业项目”的判断标准，没有明确规定，使水资源论证制度缺乏可操作性。因此，建议细化水资源论证制度，在规定“国民经济和社会发展规划以及城市总体规划的编制、重大建设项目的布局，应当与当地水资源条件和防洪要求相适应，并进行科学论证”的基础上，增加规定“严格执行建设项目水资源论证制度，对擅自开工建设或投产的一律责令停止”，并明确“重大建设项目”“水资源不足的地区”“耗水量大的工业、农业和服务业项目”的判断标准。

---

〔1〕 参见《十三五规划纲要》第三十一章（“强化水安全保障”）第一节（“优化水资源配置格局”）的相关内容。

(4)调整非常规水源开发利用的鼓励政策

《水法》第24条“鼓励”在水资源短缺的地区,对雨水和微咸水的收集、开发、利用和对海水的利用、淡化。应当承认,在水资源短缺的地区,雨水、微咸水、海水等非常规水源的开发利用确实可以在一定程度上缓解水资源短缺的状况,但是也必须综合考量这些非常规水源的能源、电力消耗和气候影响等,不能顾此失彼。海水淡化是电力、能源密集型的,是既没有能源效率,也不是气候友好的,而且其所消耗的电力是当地地表或地下水生产所消耗电力的5~9倍多,[1]成本也是许多城市不能承受的。在中国以矿物燃料尤其是煤炭作为发电主力的背景下,耗电也意味着耗水、污染水。除非海水淡化技术发展到更有能源效率的程度,它只能作为中国水供给的一个备份。相比较而言,水的循环利用比消耗电力更多的海水淡化更有能源效率、更便宜。《十三五规划纲要》已经强调,“科学开发利用地表水及各类非常规水源”[2]。因此,建议修改《水法》第24条,删除“鼓励对海水的淡化”的规定。

(5)调整水能资源利用的鼓励政策

《水法》第26条规定“鼓励开发、利用水能资源”,同时要求“在水能丰富的河流,应当有计划地进行多目标梯级开发;建设水力发电站,应当保护生态环境,兼顾防洪、供水、灌溉、航运、竹木流放和渔业等方面的需要”。这一条款有重大漏洞,“鼓励开发、利用水能资源”与“建设水力发电站,应当保护生态环境”的规定相矛盾。因为开发、利用水能资源的主要途径就是水力发电,但是众所周知,水力大坝和电站尤其是大型水电会对河流生态环境造成重大不利影响。《十三五规划纲要》已经强调,“统筹水电开发与生态保护,坚持生态优先”[3]。因此建议调整水能资源利用的鼓励政策,修改《水法》第26条,将“鼓励开发”改为“科学开发”,将“国家鼓励开发、利用水能资源”修改为“水能资源应当得到科学开发利

---

〔1〕 生产每立方米地表水需要用电0.43千瓦时,地下水0.78千瓦时,海水淡化则高达4千瓦时。

〔2〕 参见《十三五规划纲要》第三十一章(“强化水安全保障”)第一节(“优化水资源配置格局”)的相关内容。

〔3〕 参见《十三五规划纲要》第三十章(“建设现代能源体系”)第一节(“推动能源结构优化升级”)的相关内容。

用，防止对生态环境造成破坏”。或者采取“拿来主义”，直接将《十三五规划纲要》“统筹水电开发与生态保护，坚持生态优先”的规定纳入第26条。

2. 完善水量分配和使用制度

水资源的社会属性决定了其个体权利与公共需要并存、经济价值与生态价值共生、价值与价格难以单纯以经济学标准衡量等特征。在水资源的个人利益与公共利益、经济价值与生态价值可能发生冲突的情况下，单纯的市场机制不能解决问题，必须有公共权力的介入和监管手段的运用，以保证水资源得到合理配置，兼顾效率与公平，实现可持续发展。[1]因此，公共权力介入的水量分配和使用制度是《水法》规范的重点之一。《水法》建立的水量分配和使用制度包括流域水量分配制度、[2]用水总量控制制度、[3]取水许可制度[4]、水价制度[5]，但是存在很多缺陷和漏洞，需要进行修订和完善。

---

〔1〕 参见吕忠梅：《保障饮水安全的法律思考——兼论〈水污染防治法〉的修改》，载《甘肃社会科学》2007年第6期。

〔2〕 《水法》第45条第1款规定，调蓄径流和分配水量，应当依据流域规划和水中长期供求规划，以流域为单元制定水量分配方案。第4款规定，在不同行政区域之间的边界河流上建设水资源开发、利用项目，应当符合该流域经批准的水量分配方案，由有关县级以上地方政府报共同的上一级政府水行政主管部门或者有关流域管理机构批准。第46条规定，县级以上地方政府水行政主管部门或者流域管理机构应当根据批准的水量分配方案和年度预测来水量，制定年度水量分配方案和调度计划，实施水量统一调度，有关地方政府必须服从；国家确定的重要江河、湖泊的年度水量分配方案，应当纳入国家的国民经济和社会发展年度计划。

〔3〕 《水法》第47条规定，省、自治区、直辖市人民政府有关行业主管部门应当制订本行政区域内行业用水定额，报同级水行政主管部门和质量监督检验行政主管部门审核同意后，由省、自治区、直辖市人民政府公布，并报国务院水行政主管部门和国务院质量监督检验行政主管部门备案。县级以上地方政府发展计划主管部门会同同级水行政主管部门，根据用水定额、经济技术条件以及水量分配方案确定的可供本行政区域使用的水量，制定年度用水计划，对本行政区域内的年度用水实行总量控制。

〔4〕 《水法》第7条规定，国家对水资源依法实行取水许可制度和有偿使用制度。但是，农村集体经济组织及其成员使用本集体经济组织的水塘、水库中的水的除外。第48条规定，直接从江河、湖泊或者地下取用水资源的单位和个人，应当按照国家取水许可制度和水资源有偿使用制度的规定，向水行政主管部门或者流域管理机构申请领取取水许可证，并缴纳水资源费，取得取水权。但是，家庭生活和零星散养、圈养畜禽饮用等少量取水的除外。

〔5〕 《水法》第49条规定，用水应当计量，并按照批准的用水计划用水；用水实行计量收费和超定额累进加价制度。第55条规定，使用水工程供应的水，应当按照国家规定向供水单位缴纳水费。供水价格应当按照补偿成本、合理收益、优质优价、公平负担的原则确定，具体办法由省级以上政府价格主管部门会同同级水行政主管部门或者其他供水行政主管部门依据职权制定。

(1)完善流域水量分配制度

水量分配是水资源利用的前提。《水法》第45条规定了流域水量分配制度,然而多有漏洞。这一制度的主要问题在于,一是将其与流域用水总量控制制度割裂开来,不利于对流域的综合管理和对流域生态系统的维护。流域水量分配应当建立在流域用水总量控制的基础上,因此第45条"以流域为单元制定水量分配方案"应当修改为"以流域为单元,在流域用水总量控制的基础上制定水量分配方案"。二是制订年度水量分配方案和调度计划的义务主体有两个,即县级以上地方政府水行政主管部门和流域管理机构,可能造成职责重叠或不明,相互扯皮推诿的现象或源于此,因此应当规定明确的责任部门,或者明确两部门之间的职责分工。

(2)完善用水总量控制制度

用水总量控制是节约水资源、提高水资源开发利用效率、确保水量安全和水生态保护的基本途径之一,是水资源管理"三条红线"之一。《十三五规划纲要》要求"生态环境质量总体改善……资源开发利用效率大幅提高……水资源消耗总量得到有效控制",[1]国务院《关于实行最严格水资源管理制度的意见》和《十三五规划纲要》要求在2020年将全国用水总量控制在6700亿立方米以内,[2]前者还要求在2030年将全国用水总量控制在7000亿立方米以内。流域用水总量控制是用水总量控制中的核心制度,然而《水法》仅仅规定了区域用水总量控制制度,而没有涉及区域用水的主要来源——流域的用水总量控制,未免有些舍本逐末。应当修改《水法》第47条的规定,确立水资源开发利用控制红线,建立覆盖流域和省市县三级行政区域的取用水总量控制指标体系,同时实施流域和区域取用水总量控制。

(3)调整取用水许可制度

取用作为公共物品和具有生态价值的水资源,必须获得行政许可,这是获得水资源使用权的前提条件。[3]《水法》确立了水资源利用方面的

---

〔1〕 参见《十三五规划纲要》第三章("主要目标")的规定。

〔2〕 参见《十三五规划纲要》第四十三章("推进资源节约集约利用")第二节("全面推进节水型社会建设")的规定。

〔3〕 参见何艳梅:《环境法的激励机制》,中国法制出版社2014年版,第204页。

行政许可制度，但是存在很多漏洞和不足需要弥补。第一，应当扩大许可范围。《水法》仅仅规定了取水许可，但是人类对水资源的利用不仅包括取水用于工业生产、农田灌溉等消耗性利用，也包括航运、水电、水产、河滩内开采沙石、水工程项目、水上游乐等非取水、非消耗性的利用。这些利用也应当事先获得许可，应当将其纳入许可证制度的范围。第二，为了避免取水许可制度成为摆设，应通过《水法》的修订和严格实施，将取用水许可制度建立在总量控制制度的基础上，严格取水许可审批管理——对取用水总量已达到或超过控制指标的地区，暂停审批建设项目新增取水；对取用水总量接近控制指标的地区，限制审批新增取水。

(4)改革水价制度

水资源作为日益稀缺的自然资源，本身又具有生态价值和公共物品性质，应当实行有偿使用，以体现“谁利用谁补偿，谁污染谁付费”的原则，兼顾环境公平和效率。[1]《水法》确立了水价制度，其中第49条规定“用水实行计量收费和超定额累进加价制度”。在实践中，现行水价是由4个收费项目组成的整体，包括水资源费、自来水费、污水处理费、排污收费。然而从实际情况来看，我国供水价格结构严重不合理，突出表现在水资源费和排污收费的征收标准普遍较低，在综合水价中所占比重很小，比重分别为12.8%和3.6%，远低于生产或处理成本，并未体现水资源取用和水污染物排放的全部成本，[2]没有贯彻第55条规定的“供水价格应当按照补偿成本、合理收益、优质优价、公平负担的原则确定”。比如，目前对高污染、限制性发展的产业都是通过取水许可制度来取水，要多少取多少，征收的水资源费非常低，难以补偿其对水污染的治理代价。另外，水费的实际征收情况也不理想，征收率低和漏征严重成为困扰水价政策有效执行的难题。[3] 因此，应当合理调整水价的结构，提高水资源费和排污收费征收标准，使其反映水资源取用和水污染物排放的全部成本，同时严格

[1] 何艳梅：《环境法的激励机制》，中国法制出版社2014年版，第206～207页。

[2] 国务院发展研究中心资源与环境政策研究所“我国环境污染形势分析与治理对策研究”课题组(执笔人：陈健鹏、高世楫、李佐军)：《中国水污染防治政策存在的突出问题与改进方向》，载《中国经济时报》2015年1月21日，第5版。

[3] 张全：《关于加快修订〈水污染防治法〉的议案》，载《前进论坛》2015年第4期。

水资源费征收、使用和管理制度。

3. 完善水资源和水域的保护制度

水资源和水域的保护制度具体包括江河湖泊的水功能区划制度、[1]水域纳污能力核定制度、[2]水功能区水质监测制度、[3]饮用水水源保护区制度、[4]地下水开采控制制度[5]和河道采砂许可制度[6]等。这些制度应当进行完善,另外也需要建立新的制度。

(1)完善江河湖泊的水功能区划制度

根据《水法》第32条第1~2款的规定,这里的"江河湖泊"分为三类,一是国家确定的重要江河、湖泊,二是跨省份的其他江河、湖泊,三是前两类之外的其他江河、湖泊。不同类别的江河湖泊,其水功能区划分别由不同级别和类型的部门拟定和批准。这些条款规定的主要问题在于,参与拟定水功能区划的"有关部门"的措辞含糊,可能影响这一制度的实施效

---

[1] 《水法》第32条第1~2款规定,国家确定的重要江河、湖泊的水功能区划,由国务院水行政主管部门会同国务院环境保护行政主管部门、有关部门和有关省、自治区、直辖市人民政府,按照流域综合规划、水资源保护规划和经济社会发展要求拟定,报国务院批准。跨省、自治区、直辖市的其他江河、湖泊的水功能区划,由有关流域管理机构会同江河、湖泊所在地的省、自治区、直辖市人民政府水行政主管部门、环境保护行政主管部门和其他有关部门拟定,分别经有关省、自治区、直辖市人民政府审查提出意见后,由国务院水行政主管部门会同国务院环境保护行政主管部门审核,报国务院或者其授权的部门批准。其他江河、湖泊的水功能区划,由县级以上地方政府水行政主管部门会同同级政府环境保护行政主管部门和有关部门拟定,报同级政府或者其授权的部门批准,并报上一级水行政主管部门和环境保护行政主管部门备案。

[2] 《水法》第32条第3款规定,县级以上政府水行政主管部门或者流域管理机构应当按照水功能区对水质的要求和水体的自然净化能力,核定该水域的纳污能力,向环境保护行政主管部门提出该水域的限制排污总量意见。

[3] 《水法》第32条第4款规定,县级以上地方政府水行政主管部门和流域管理机构应当对水功能区的水质状况进行监测,发现重点污染物排放总量超过控制指标的,或者水功能区的水质未达到水域使用功能对水质的要求的,应当及时报告有关政府采取治理措施,并向环境保护行政主管部门通报。

[4] 《水法》第33~34条规定,省、自治区、直辖市人民政府应当划定饮用水水源保护区,并采取措施,防止水源枯竭和水体污染,保证城乡居民饮用水安全;禁止在饮用水水源保护区内设置排污口。

[5] 《水法》第36条规定,在地下水超采地区,县级以上地方政府应当采取措施,严格控制开采地下水;在地下水严重超采地区,经省、自治区、直辖市人民政府批准,可以划定地下水禁止开采或者限制开采区;在沿海地区开采地下水,应当经过科学论证,并采取措施,防止地面沉降和海水入侵。

[6] 《水法》第39条规定,河道采砂许可制度实施办法,由国务院规定;在河道管理范围内采砂,影响河势稳定或者危及堤防安全的,有关县级以上政府水行政主管部门应当划定禁采区和规定禁采期,并予以公告。

果。《水法》的修订应当明确水功能区划的主管机构，清楚地界定主管机构的职责。

(2)完善水域纳污能力核定制度

《水法》第32条第3款规定了水域纳污能力核定的两个义务主体，即县级以上政府水行政主管部门或者流域管理机构，可能造成职责重叠或不明，相互扯皮推诿的现象或源于此。《水法》的修订应当明确纳污能力核定的主管机构，清楚地界定主管机构的职责。

(3)完善水功能区水质监测制度

《水法》第32条第4款规定的水功能区水质监测制度，有两个问题需要解决。一是负责实施的主体有两个，即县级以上地方政府水行政主管部门和流域管理机构，可能造成职责重叠或不明，应当明确水功能区划的主管机构，清楚地界定主管机构的职责；二是该款规定监测结果"应当及时报告有关政府采取治理措施"，这里的"有关政府"容易产生歧义，到底是水行政主管部门和流域管理机构的所属政府或同级政府，还是所属政府或同级政府的上级政府？

(4)健全地下水管理制度

《水法》第36条建立了地下水开采控制制度，然而"在地下水严重超采地区，经省级政府批准，可以划定地下水禁止开采或者限制开采区"的规定明显不妥。这里的"可以划定"意味着，在地下水严重超采地区划定地下水禁止开采或者限制开采区，属于政府的行政自由裁量权，而不是行政义务，会导致政府怠于履行保护地下水的职责，不利于对地下水的充分和有效保护。

因此，为了对地下水进行有效的保护，应当修改《水法》第36条的规定，"可以划定"应当修改为"必须划定"，将政府划定地下水禁止开采或者限制开采区自由裁量权变更为政府必须履行的职责，明确规定"在地下水严重超采地区，必须划定地下水禁止开采或者限制开采区，报省、自治区、直辖市政府批准"。同时，建立地下水取用水总量控制和水位控制制度。另外需要补充规定，在地下水超采区，禁止农业、工业建设项目和服务业新增取用地下水，并逐步削减超采量，实现地下水采补平衡；深层承压地下水原则上只能作为应急和战略储备水源。

(5)配套河道采砂许可制度

《水法》第39条规定,"河道采砂许可制度实施办法由国务院规定",然而该实施办法现在还未出台。水利部2003年曾经起草了《河道采砂许可制度实施办法(征求意见稿)》,但是此后没了下文。这既使河道采矿许可制度缺乏可操作的法律规定,也损害了法律的权威。建议尽快配套这一制度。

(6)建立水资源环境承载能力监测预警机制

依据环境法上的风险预防原则和原理,为了及时预知水短缺和水污染风险,并采取相应的风险防范措施,《水法》需要建立水资源环境承载能力监测预警机制,对水资源消耗或水环境污染接近或超过承载能力的地区,及时采取区域限批等限制性措施。新《环境保护法》已经要求国务院和省级政府建立环境资源承载能力监测预警机制。[1] 2015年8月新修订的《大气污染防治法》已经建立了重污染天气监测预警体系。[2] 《十三五规划纲要》要求"建立资源环境承载能力监测预警机制,对接近或达到警戒线的地区实行限制性措施。"[3]

(7)建立水质标准体系

为了实现保护水资源/水环境/水体的立法目的,并使政府对水资源/水环境/水体保护承担切实的责任,《水法》的修订需要建立水质标准体系。美国联邦《清洁水法》规定了基本的水质标准,按照水的用途区分不同的水质要求,再根据不同的水质要求分类进行技术处理。

(七)建立水权交易机制

水资源的经济属性决定了其稀缺性、多宜性、基础性等特征。在水资源的多种经济利益可能发生冲突的情况下,必须通过合理界定资源权属、确定交易规则的方式实现各种利益的协调与平衡,以构建和维护合理的水资源配置秩序。[4] 这就有必要建立水权交易制度。

---

[1] 《环境保护法》第18条规定,省级以上政府应当组织有关部门或者委托专业机构,对环境状况进行调查、评价,建立环境资源承载能力监测预警机制。

[2] 参见新修订的《大气污染防治法》第93~96条的规定。

[3] 参见《十三五规划纲要》第四十二章("加快建设主体功能区")第三节("建立空间治理体系")的相关内容。

[4] 吕忠梅:《保障饮水安全的法律思考——兼论〈水污染防治法〉的修改》,载《甘肃社会科学》2007年第6期。

根据《水法》第3条的规定，水资源的所有权主体是单一的，只能是国家，水资源所有权禁止交易。[1] 但是水资源国家所有权不同于私法上的私人所有权，水资源的"国家所有"并不意味着将水资源变为政府私产或仅供政府专用，[2] 任何单位或个人都可以依法获得这种水资源的使用权。因此，中国语境下的"水权交易"仅指水资源使用权的交易。

《水法》规定的水量分配和使用制度，有过多的行政干预，缺乏市场机制和手段的运用，没有规定水权交易制度，不利于对水资源的高效配置和利用。中国已经开展了水权交易试点，《水法》的修订应当结合试点经验，建立水权交易制度，充分运用市场机制优化水资源配置，提高用水效率。对于已经达到甚至超过用水总量控制指标的地区，新增用水需求可以通过水权交易来实现。通过市场手段，由"要我节水"变成"我要节水"，建立促进水资源节约和保护的激励机制，从而实现水资源更合理的配置、更高效的利用、更有效的保护。

推动水权交易流转的规范有序，必须具备以下基础性条件：

一是有明晰的初始水权。明晰初始水权是开展水权交易的前提，根据我国法律法规和水资源管理现实状况，主要是明晰取用水户的取水权和农村集体经济组织水的使用权。在水权初始分配中，应注意确保生态需水，政府要通过保留生态水量的管理，履行有效保护生态环境、规避水权初始分配风险和调节水权市场健康发展等职责。生态环境用水不宜进行交易，但是当然应当允许低顺位的水权（如工业用水）转让用于生态环境保护。美国一些州专门制定了环境用水的优先购买许可权制度，涉及环境利益的用水优先得到照顾；政府环境保护机构通过大量购买水权，用于内径流量等环境用水，取得了环境保护的客观成效。[3] 我国水管理部门同样可以通过购买水权保护水生态环境。

二是有相应的水权交易平台。开展水权水市场建设，需要积极培育

---

[1] 《水法》第3条规定，水资源属于国家所有，水资源的所有权由国务院代表国家行使。农村集体经济组织的水塘和由农村集体经济组织修建管理的水库中的水，归各该农村集体经济组织使用。

[2] 参见蔡守秋、沈海滨：《水污染防治法的现状与发展》，载《世界环境》2015年第2期。

[3] Christine Aklein and Natural Resources Law, Aspen Publishers, 2005, pp. 884－887. 转引自单平基：《我国水权转让规则的立法选择》，载《第十二届长三角法学论坛论文集》，第89页。

水市场，逐步建立国家、流域、区域层面的水权交易平台。目前内蒙古已经成立了内蒙古自治区水权收储转让中心有限公司，河南、广东等省份也在积极策划建立水权交易平台，推动水权交易。为了保证水权交易的顺利进行，应建立若干个跨区域的水权交易所，以完成水权交易由起步时的价格协商交易到公开挂牌交易的过渡，内容涉及水权交易的定价机制、交易机制、流程设计、交易结果认定和权益保障等。

三是构建水权交易相对规范化的水权交易规则体系，水权交易的主体、范围、定价机制、期限、流程设计、交易结果认定和权益保障等事项应当明确。另外，需要有计量、监测等技术支撑手段；有较为完善的用途管制制度和水市场监管制度等。

水权交易制度与取水许可制度、水费制度、节水的三同时制度等行政管理制度存在矛盾。因此，建立水权交易制度的同时，应当对这些制度进行重新评估，以决定其存、改、废。比如，取水许可制度和水费制度应当进行保留并进一步完善，而《水法》第53条规定的节水的三同时制度，[1]以及第71条规定的对违反该制度的责任追究制度，[2]应当考虑废止。

（八）强化节水立法和制度

《水法》在总则的第8条一般性地规定了国家厉行节约用水、各级政府应当采取措施加强对节约用水的管理、单位和个人有节约用水的义务等，[3]然后分别在第50～52条规定了农业节水、[4]工业节水[5]和城市节

---

〔1〕《水法》第53条规定，新建、扩建、改建建设项目，应当制订节水措施方案，配套建设节水设施。节水设施应当与主体工程同时设计、同时施工、同时投产。

〔2〕《水法》第71条规定，建设项目的节水设施没有建成或者没有达到国家规定的要求，擅自投入使用的，由县级以上人民政府有关部门或者流域管理机构依据职权，责令停止使用，限期改正，处五万元以上十万元以下的罚款。

〔3〕《水法》第8条规定，国家厉行节约用水，大力推行节约用水措施，推广节约用水新技术、新工艺，发展节水型工业、农业和服务业，建立节水型社会。各级人民政府应当采取措施，加强对节约用水的管理，建立节约用水技术开发推广体系，培育和发展节约用水产业。单位和个人有节约用水的义务。

〔4〕《水法》第50条规定，各级人民政府应当推行节水灌溉方式和节水技术，对农业蓄水、输水工程采取必要的防渗漏措施，提高农业用水效率。

〔5〕《水法》第51条规定，工业用水应当采用先进技术、工艺和设备，增加循环用水次数，提高水的重复利用率。国家逐步淘汰落后的、耗水量高的工艺、设备和产品，具体名录由国务院经济综合主管部门会同国务院水行政主管部门和有关部门制定并公布。生产者、销售者或者生产经营中的使用者应当在规定的时间内停止生产、销售或者使用列入名录的工艺、设备和产品。

水[1]的一些行政措施,在第53条规定了建设项目的节水设施与主体工程的“三同时”制度,即新建、扩建、改建建设项目的节水设施应当与主体工程同时设计、同时施工、同时投产。[2]

《水法》第50~52条关于农业和城市节水的规定缺乏强制性和可操作性,应当结合“三条红线”战略和政策中的用水效率控制红线,考虑制定《节约用水法》,或者在《水法》中专章规定“节约用水”。中共中央、国务院2015年《关于加快推进生态文明建设的意见》等多个文件都要求研究制定节水方面的法律法规。《节约用水法》或《水法》节约用水专章的具体内容可以是:加强水主管部门在节水方面的行政指导,确立用水效率指南,建立区域、行业和用水产品的用水效率参考指标;制定农业和生活节水强制性标准;制定高耗水农业和服务业用水定额国家标准。至于工业用水,不宜单纯规定工业节水的政策和措施,因为工业领域的节水可能意味着耗煤、耗能、高碳排放。所以,诸如“对纳入取水许可管理的单位和其他用水大户实行计划用水管理,建立用水单位重点监控名录,强化用水监控管理”等涉及工业用水户的政策措施应当废止或修改。

(九)强化法律责任

《水法》第64~77条规定了水行政主管部门或者其他有关部门、水工程管理单位及其工作人员、企事业单位或个人违反水法规定应当承担的法律责任,包括行政责任、民事责任和刑事责任。但是总体而言,责任制度薄弱,责任处罚过轻,影响《水法》的实施效果。

《水法》的最大篇幅是针对行政相对人的禁止性和义务性规定,并在“法律责任”专章较为详尽地规定了违反禁止性和义务性规定的行政相对人应当接受的法律制裁,但是以行政制裁为主,辅以少量的民事制裁和刑事制裁条款。《水法》的法律责任专章中,只有第64条规定了管理者的行政责任

---

[1] 《水法》第52条规定,城市人民政府应当因地制宜采取有效措施,推广节水型生活用水器具,降低城市供水管网漏失率,提高生活用水效率;加强城市污水集中处理,鼓励使用再生水,提高污水再生利用率。

[2] 《水法》第53条规定,新建、扩建、改建建设项目,应当制订节水措施方案,配套建设节水设施。节水设施应当与主体工程同时设计、同时施工、同时投产。

和刑事责任，而且是“水行政主管部门或者其他有关部门”的责任，[1]根本没有涉及政府或其领导人的责任问题。虽然《水法》的多个条款都规定了或涉及政府在保护地表水和地下水等方面的职责，[2]但是《水法》全文都没有规定政府怠于履行相关职责的责任问题。在长期以来的GDP至上和畸形的政绩考核体制之下，所谓“地方政府环境质量负责制”就成为虚设的制度，没有得到真正地贯彻实施。

总之，《水法》偏重于行政管制和追究行政相对人的行政责任，而忽视追究行政相对人的民事责任和刑事责任，也忽视对管理者自身特别是地方政府的约束、监督和责任追究，不能有效地防范和消除“政府失灵”问题。“历史的经验和教训告诉我们，要从根本上解决我国的环境问题，关键点和突破口在于强化政府责任，在于规范和约束政府行为。”[3]2013年中共十八届三中全会通过的《中共中央关于全面深化改革问题的决定》首次确定了生态文明制度体系，提出“实行最严格的……损害赔偿制度和责任追究制度”。2014年新修订的《环境保护法》既强化了行政相对人的环境责任，也强化了政府和环境管理者的环境责任。因此，《水法》的修订在加重行政相对人的法律责任，包括行政制裁、民事责任和刑事责任“三管齐下”之时，更重要的是强化政府和水事管理者的责任，尤其是通过责任追究制度落实“地方政府环境质量负责制”。落实的办法一是扩大问责对象，将地方政府或政府首长作为责任人；二是责任形式多样化，对直接责任人除了一般的行政处分外，还包括政治晋升的限制。[4]

---

[1] 《水法》第64条规定，水行政主管部门或者其他有关部门以及水工程管理单位及其工作人员，利用职务上的便利收取他人财物、其他好处或者玩忽职守，对不符合法定条件的单位或者个人核发许可证、签署审查同意意见，不按照水量分配方案分配水量，不按照国家有关规定收取水资源费，不履行监督职责，或者发现违法行为不予查处，造成严重后果，构成犯罪的，对负有责任的主管人员和其他直接责任人员依照刑法的有关规定追究刑事责任；尚不够刑事处罚的，依法给予行政处分。

[2] 比如《水法》第25条第1款规定，地方各级人民政府应当加强对灌溉、排涝、水土保持工作的领导，促进农业生产发展；在容易发生盐碱化和渍害的地区，应当采取措施，控制和降低地下水的水位。第30条规定，县级以上政府水行政主管部门、流域管理机构以及其他有关部门在制定水资源开发、利用规划和调度水资源时，应当注意维持江河的合理流量和湖泊、水库以及地下水的合理水位，维护水体的自然净化能力。第33条规定，省、自治区、直辖市人民政府应当划定饮用水水源保护区，并采取措施，防止水源枯竭和水体污染，保证城乡居民饮用水安全。第36条规定，在地下水超采地区，县级以上地方政府应当采取措施，严格控制开采地下水。

[3] 杨朝飞：《环境保护法修改思路》，载《环境保护》2007年第1期。

[4] 巩固：《政府激励视角下的〈环境保护法〉修改》，载《法学》2013年第1期。

二、《水污染防治法》及其《实施细则》的修订

《水污染防治法》经1984年全国人大常委会通过，1996年修正，2008年修订，共八章。1989年国家环保局发布《水污染防治法实施细则》，2000年国务院公布了新的细则，原细则废止。《水污染防治法》及其《实施细则》规定了立法目的、适用范围，以及水污染防治的原则、[1]政府职责、监督管理体制和制度、法律责任等问题，但是缺乏从保障水质安全、保障人体健康的高度进行制度设计，缺乏与《水法》的有效衔接，不能应对中国日益严峻的水污染形势和水污染防治执法实践，也不符合2011年中央一号文件，2013年《中共中央关于全面深化改革若干问题的决定》，国务院2015年《水污染防治行动计划》，中共中央、国务院2015年《关于加快推进生态文明建设的意见》，全国人大2016年《十三五规划纲要》等中央重大战略、政策和法律文件的规定和精神，亟须进行再次修订。事实上，《水污染防治法》的修改已经列入第十二届全国人大常委会立法规划。中共中央、国务院2015年《关于加快推进生态文明建设的意见》也要求修订《水污染防治法》。

《水污染防治法》的修订既要考虑目前的水污染形势，贯彻中央重大战略和政策文件的规定和精神，也可以参考同为污染防治单行法的《大气污染防治法》于2015年8月的最新大幅度修订。当然，从长远计，我国应顺应水资源甚至水体综合管理的要求，结合我国行政管理体制改革，借鉴美国和欧盟等发达国家和地区的先进经验，开展《清洁水法》立法研究，以统一水量和水质甚至整个水体的管理。

（一）修订立法目的

根据现行《水污染防治法》第1条的规定，其立法目的是"防治水污染，保护和改善环境，保障饮用水安全，促进经济社会全面协调可持续发展"。然而，"保护和改善环境，保障饮用水安全"的表述比较模糊，并未提出比较明确的水污染防治目标，并没有规定将水环境质量标准作为考

---

〔1〕《水污染防治法》第3条规定，水污染防治应当坚持预防为主、防治结合、综合治理的原则，优先保护饮用水水源，严格控制工业污染、城镇生活污染，防治农业面源污染，积极推进生态治理工程建设，预防、控制和减少水环境污染和生态破坏。

核政府绩效的依据。由于法律没有确立保护地表水和地下水水质的目标,国务院2012年批复的《重点流域水污染防治规划(2011~2015年)》对水质的要求也较为宽松。《国家环境保护“十二五”规划》提出的水环境保护目标是“城乡饮用水水源地环境安全得到有效保障,水质大幅提高”,表述也很模糊。而且,公民有权喝上干净的饮用水——清洁水权,是一项最基本的人权,《水污染防治法》把“保障饮用水安全”作为其立法目标,似乎立法目标过低,所涉范围也过于狭窄。因为饮用水安全只是水质安全的一部分,与粮食安全和食品质量安全密切相关的农业用水质量安全,也应当得到保障;而且饮用水安全涉及水源安全、供水安全等多方面,仅凭一部法律和一个部门(环保部门)是解决不了的。[1]

因此,建议将《水污染防治法》的立法目的修订为“保护和改善水环境,防治水污染”,为水质安全及其维系的土壤安全、食品安全、饮用水安全、国民安全等提供必要的保障,根本目的是保障公众健康或人体健康,或者直接将“保障公众健康”写入立法目的。“保障公众健康”也是我国生态文明建设的核心内容之一。中共中央、国务院《关于加快推进生态文明建设的意见》要求建立“以保障人体健康为核心、以改善环境质量为目标、以防控环境风险为基线的环境管理体系”。2015年8月修订、2016年正式实施的《大气污染防治法》,已将立法目的修改为“保护和改善环境,防治大气污染,保障公众健康,推进生态文明建设,促进经济社会可持续发展”。

(二)扩大适用范围

《水污染防治法》适用于“中国领域内的江河、湖泊、运河、渠道、水库等地表水体以及地下水体的污染防治”,但是不适用于海洋污染防治。“海洋污染防治适用《海洋环境保护法》”。[2] 实践中,淡水污染防治由环保部门统一管理,海洋污染防治由海洋部门主管,这些部门之间缺乏有机的协调和配合。从这些规定和实践可以看出,中国对淡水污染防治和海水污染防治采取分别立法,分散管理的体制。这不符合水循环的自然规律和海洋环境保护特别是近岸海域(或沿海水体)环境保护的实际需要。

---

〔1〕 参见冷罗生:《〈水污染防治法〉值得深思的几个问题》,载《中国人口、资源与环境》2009年第3期。

〔2〕 参见《水污染防治法》第2条的规定。

因为国家海洋局持续多年的监测显示,我国近岸海域污染的主要来源是陆地(淡水水域)污染物的无节制排放。[1] 防治近岸海域污染离不开淡水污染物排海控制,以及水利部、环保部、国家海洋局等职能管理部门的海陆统筹协调管理。如果《水法》的修订将沿海水体纳入其适用范围,《水污染防治法》也应当作相应修订。事实上,环境保护部、发展改革委、财政部、水利部四部门于2012年联合发布、国务院批复的《重点流域水污染防治规划(2011~2015年)》,针对松花江、淮河、海河、辽河、黄河中上游、太湖、巢湖、滇池、三峡库区及其上游、丹江口库区及其上游10个重点流域的水污染防治工作,规定了"海陆兼顾,河海统筹"的基本原则,要求"统筹协调流域水污染防治与近岸海域环境保护的关系……推进流域与近岸海域整体水环境质量持续完善",并且规定了加强近岸海域污染防治的具体措施,首先就是"削减入海河流污染负荷"。国务院2015年《水污染防治行动计划》也要求"强化源头控制,水陆统筹、河海兼顾……"

(三)改革水污染防治的监督管理体制

我国对淡水污染防治实行环保部门统一管理与其他职能部门分工管理相结合的管理体制。根据《水污染防治法》第8条的规定,[2] 我国水污染防治的监督管理部门有9个,分别是环境保护主管部门、交通主管部门的海事管理机构、水行政部门、国土资源管理部门、卫生部门、建设部门、农业部门、渔业部门以及重要江河、湖泊的流域水资源保护机构,从而形成了"九龙治水"的格局。然而这"九龙"之间的职权划分非常不明确。正如有学者指出的,"多龙治水"的格局已定,但是法律没有明确它们之间权力配置的原则、权力行使的方式,也没有规定权力冲突的规则,更没有规定权力协调的规则。[3]

为了提高行政管理的效率,确保我国的水安全,我国现行水资源管理体制包括水污染监督管理体制必须进行改革。关于水资源管理体制改

---

〔1〕 参见国家海洋局1999年以来发布的年度《海洋环境质量公报》。

〔2〕 《水污染防治法》第8条规定,县级以上政府环境保护主管部门对水污染防治实施统一监督管理。交通主管部门的海事管理机构对船舶污染水域的防治实施监督管理。县级以上政府水行政、国土资源、卫生、建设、农业、渔业等部门以及重要江河、湖泊的流域水资源保护机构,在各自的职责范围内,对有关水污染防治实施监督管理。

〔3〕 参见姚金海:《〈水法〉立法理念的调整与变革——兼论〈水法〉的修改》,载《经济与社会发展》2014年第5期。

革,学者们提出了不同设想。有的学者提出,改变目前部门管理体制,建立运营有效的权力配置和协调机制,必须从水污染规律和水资源开发利用的关系出发,从我国水资源可持续发展要求出发,建立统一监管体制。例如,建立国家水资源监督管理委员会(内设水污染防治机构)(以下简称"水监会"),全面统一实施水资源监督管理(包括水污染防治);在水监会直接领导下,建立七大流域水资源监督管理局;在流域水资源监督管理局直接领导下,建立各江河、湖泊水资源监督管理处,剥离环保部监管水资源(水污染防治)的职责,全面承担国家水资源监督管理职责。〔1〕

笔者提出的改革方案是,考虑到设立新机构的成本、难度以及对机构臃肿的顾虑,不需要设立新的机构,只需要"挖潜"——充分整合和利用现有机构。在中央一级,维持现行"九龙治水"的格局,但是必须建立"九龙"之间的统筹协调机制;在流域一级,将各流域现行的流域水资源保护机构和流域委员会进行合并,重整为统一的流域管理机构,由其全面负责流域水资源和水体利用、水污染防治等技术事宜,并与地方政府共同承担防治水污染、完成水环境质量目标的职责,为此需要建立流域管理机构与地方政府之间既有分工也有协作的协调机制。

(四)强化政府职责

法律规定的水污染防治任务最终落实于地方政府。《水污染防治法》规定了政府淡水环境保护方面的职责。〔2〕 这些对政府职责的规定是很有必要的,但是失之笼统,难以操作,而且缺乏明确后果,从而"对地方政府的行为缺乏实质性的约束力"。〔3〕 比如,确保第4条规定的"水环境质量"的判断标准是什么?第5条规定的江河的"合理流量"、水库以及地下水体的"合理水位"如何确定?在中国水资源开发利用力度不断加大、江

---

〔1〕 姚金海:《〈水法〉立法理念的调整与变革——兼论〈水法〉的修改》,载《经济与社会发展》2014年第5期。

〔2〕 比如《水污染防治法》第4条规定,县级以上政府应当将水环境保护工作纳入国民经济和社会发展规划;县级以上地方政府应当采取防治水污染的对策和措施,对本行政区域的水环境质量负责。第5条规定,国家实行水环境保护目标责任制和考核评价制度,将水环境保护目标完成情况作为对地方政府及其负责人考核评价的内容。第16条规定,国务院有关部门和县级以上地方政府开发、利用和调节、调度水资源时,应当统筹兼顾,维持江河的合理流量和湖泊、水库以及地下水体的合理水位,维护水体的生态功能。

〔3〕 秦虎、张建宇:《中美环境执法与经济处罚的比较分析》,载《环境科学研究》2006年第2期。

河湖泊日益干涸、水库以及地下水体水位不断下降的实际情况下,如何维持其合理水量和水位?而且,从实际情况来看,第5条所涉及的环境保护目标责任制是我国主要的环境问责制度,但是对考核水质达标的作用有限。根据《水污染防治法》的要求,水环境保护目标是目标责任制的考核项目之一,但是目前水污染防治的目标责任制没有充分考虑水环境质量的改善情况,特别是在跨界断面水质目标的考核上。[1]

从条款上下文来看,《水污染防治法》第11~12条[2]规定的水环境质量标准和第13条[3]规定的水污染物排放标准,或许是确保第4条规定的"水环境质量"的判断标准。这些条款对两类标准的制定机关作了明确规定,值得赞许。然而问题是,实施国家和地方水环境质量标准和水污染物排放标准是否是地方政府必须履行的职责?如果怠于履行这方面的职责,或者履行职责不力,是否具有相应的责任追究制度?《水污染防治法》没有明确这些关键事宜,造成标准制定和实施不力,在有些地方甚至形同虚设。

《十三五规划纲要》为了加大环境综合治理力度,要求改革环境治理基础制度,其中包括"切实落实地方政府环境责任,开展环保督察巡视,建立环境质量目标责任制和评价考核机制"。[4] 因此,《水污染防治法》的修订必须强化政府职责,切实落实地方政府环境责任。一方面,把地方政府环保履职情况作为环境监察的重要内容。在环境责任主要由地方政府承担,环境治理工作主要由地方政府主导和统筹的情况下,环保部门的工作重心也将由综合管理向执法倾斜,环境监察职能将处于突出地位,执法

---

〔1〕 张全:《关于加快修订〈水污染防治法〉的议案》,载《前进论坛》2015年第4期。

〔2〕 《水污染防治法》第11条规定,国务院环境保护主管部门制定国家水环境质量标准;省份政府可以对国家水环境质量标准中未作规定的项目,制定地方标准,并报国务院环境保护主管部门备案。第12条规定,国务院环境保护主管部门会同国务院水行政主管部门和有关省份政府,可以根据国家确定的重要江河、湖泊流域水体的使用功能以及有关地区的经济、技术条件,确定该重要江河、湖泊流域的省界水体适用的水环境质量标准,报国务院批准后施行。

〔3〕 《水污染防治法》第13条规定,国务院环境保护主管部门根据国家水环境质量标准和国家经济、技术条件,制定国家水污染物排放标准。省份政府对国家水污染物排放标准中未作规定的项目,可以制定地方水污染物排放标准;对国家水污染物排放标准中已作规定的项目,可以制定严于国家水污染物排放标准的地方水污染物排放标准。地方水污染物排放标准须报国务院环境保护主管部门备案。

〔4〕 参见《十三五规划纲要》第四十四章("加大环境综合治理力度")第五节("改革环境治理基础制度")的相关内容。

能力需要得到强化。[1] 另一方面，在具体的环境治理中，地方政府在本地区拥有绝对权威，对环保执法具有决定性影响。[2] 鉴于地方政府在环境事务中的决定性地位，必须真正落实被虚化的"环境质量地方政府负责制"，使地方政府对环境质量真正负起责任。[3] 以立法形式明确建立以水环境质量为核心的水污染防治政策目标，将量化的水质改善目标纳入水污染防治的各类考核制度，以鼓励各地制定差异化的、分阶段的水质改善达标计划。新修订的《大气污染防治法》在第 2 条新增"防治大气污染，应当以改善大气环境质量为目标"的规定，第 4 条新增对大气质量改善目标的完成情况进行考核的对象、办法及考核结果公开的规定[4]。建议《水污染防治法》的修订借鉴这些条款规定，在第 4 条或第 5 条新增"防治水污染，应当以改善水环境质量为目标"的规定，在第 5 条中明确规定，将"水环境质量改善目标完成情况"作为对地方政府及其负责人考核评价的内容，[5] 并明确规定考核办法及考核结果向社会公开。

(五) 完善水污染防治的监督管理制度

水污染防治的监督管理制度是《水污染防治法》规范的重点之一，具体包括重点水污染物排放总量控制制度、[6] 环境影响评价制度、[7] 三同

---

[1] 巩固：《政府激励视角下的〈环境保护法〉修改》，载《法学》2013 年第 1 期。

[2] 巩固：《政府激励视角下的〈环境保护法〉修改》，载《法学》2013 年第 1 期。

[3] 巩固：《政府激励视角下的〈环境保护法〉修改》，载《法学》2013 年第 1 期。

[4] 《大气污染防治法》第 4 条规定，国务院环境保护主管部门会同国务院有关部门，按照国务院的规定，对省、自治区、直辖市大气环境质量改善目标、大气污染防治重点任务完成情况进行考核。省、自治区、直辖市人民政府制定考核办法，对本行政区域内地方大气环境质量改善目标、大气污染防治重点任务完成情况实施考核。考核结果应当向社会公开。

[5] 张全：《关于加快修订〈水污染防治法〉的议案》，载《前进论坛》2015 年第 4 期。

[6] 《水污染防治法》第 18 条第 1 款规定，国家对重点水污染物排放实施总量控制制度。第 2 款规定，省、自治区、直辖市人民政府应当按照国务院的规定削减和控制本行政区域的重点水污染物排放总量，并将重点水污染物排放总量控制指标分解落实到市、县人民政府。市、县人民政府根据本行政区域重点水污染物排放总量控制指标的要求，将重点水污染物排放总量控制指标分解落实到排污单位。具体办法和实施步骤由国务院规定。第 4 款规定，对超过重点水污染物排放总量控制指标的地区，有关人民政府环境保护主管部门应当暂停审批新增重点水污染物排放总量的建设项目的环境影响评价文件。第 19 条第 1 款规定，国务院环境保护主管部门对未按照要求完成重点水污染物排放总量控制指标的省份予以公布。省份政府环境保护主管部门对未按照要求完成重点水污染物排放总量控制指标的市、县予以公布。第 2 款规定，县级以上人民政府环境保护主管部门对违反本法规定、严重污染水环境的企业予以公布。

[7] 《水污染防治法》第 17 条第 1 款规定，新建、改建、扩建直接或者间接向水体排放污染物的建设项目和其他水上设施，应当依法进行环境影响评价。

时制度、[1]排污许可制度、[2]排放标准制度、[3]水环境质量监测和水污染物排放监测制度、[4]排污收费制度、[5]水生态补偿制度、[6]饮用水水源保护区制度[7]等。此外,《水污染防治法实施细则》还规定了限期治理制度。[8] 总体而言,这些监督管理制度是相互联系,甚至层层递进的,只有把它们有机结合起来,才能有效发挥各制度的功能。比如,总量控制

---

〔1〕《水污染防治法》第 17 条第 3 款规定,建设项目的水污染防治设施,应当与主体工程同时设计、同时施工、同时投入使用。水污染防治设施应当经过环境保护主管部门验收,验收不合格的,该建设项目不得投入生产或者使用。

〔2〕《水污染防治法》第 20 条规定,国家实行排污许可制度。直接或者间接向水体排放工业废水和医疗污水以及其他按照规定应当取得排污许可证方可排放的废水、污水的企业事业单位,应当取得排污许可证;城镇污水集中处理设施的运营单位,也应当取得排污许可证。禁止企业事业单位无排污许可证或者违反排污许可证的规定向水体排放前款规定的废水、污水。

〔3〕参见前脚注所引《水污染防治法》第 13 条的规定。

〔4〕《水污染防治法》第 25 条规定,国家建立水环境质量监测和水污染物排放监测制度。国务院环境保护主管部门负责制定水环境监测规范,统一发布国家水环境状况信息,会同国务院水行政等部门组织监测网络。第 26 条规定,国家确定的重要江河、湖泊流域的水资源保护工作机构负责监测其所在流域的省界水体的水环境质量状况,并将监测结果及时报国务院环境保护主管部门和国务院水行政主管部门;有经国务院批准成立的流域水资源保护领导机构的,应当将监测结果及时报告流域水资源保护领导机构。

〔5〕《水污染防治法》第 24 条规定,直接向水体排放污染物的企业事业单位和个体工商户,应当按照排放水污染物的种类、数量和排污费征收标准缴纳排污费。同时为了鼓励污水达标排放,《水污染防治法》第 45 条规定,城镇污水集中处理设施的出水水质达到国家或者地方规定的水污染物排放标准的,可以按照国家有关规定免缴排污费。

〔6〕《水污染防治法》第 7 条规定,国家通过财政转移支付等方式,建立健全对位于饮用水水源保护区区域和江河、湖泊、水库上游地区的水环境生态保护补偿机制。

〔7〕《水污染防治法》第 56 条规定,国家建立饮用水水源保护区制度。饮用水水源保护区分为一级保护区和二级保护区;必要时,可以在饮用水水源保护区外围划定一定的区域作为准保护区。饮用水水源保护区的划定,由有关市、县人民政府提出划定方案,报省、自治区、直辖市人民政府批准;跨市、县饮用水水源保护区的划定,由有关市、县人民政府协商提出划定方案,报省、自治区、直辖市人民政府批准;协商不成的,由省、自治区、直辖市人民政府环境保护主管部门会同同级水行政、国土资源、卫生、建设等部门提出划定方案,征求同级有关部门的意见后,报省、自治区、直辖市人民政府批准。跨省、自治区、直辖市人民的饮用水水源保护区,由有关省、自治区、直辖市人民政府商有关流域管理机构划定;协商不成的,由国务院环境保护主管部门会同同级水行政、国土资源、卫生、建设等部门提出划定方案,征求国务院有关部门的意见后,报国务院批准。第 57 条规定,在饮用水水源保护区内,禁止设置排污口。

〔8〕《水污染防治法实施细则》第 10 条规定,县级以上地方人民政府环境保护部门根据总量控制实施方案,审核本行政区域内向该水体排污的单位的重点污染物排放量,对不超过排放总量控制指标的,发给排污许可证;对超过排放总量控制指标的,限期治理,限期治理期间,发给临时排污许可证。具体办法由国务院环境保护部门制定。第 16 条规定,被责令限期治理的排污单位,应当向作出限期治理决定的人民政府的环境保护部门提交治理计划,并定期报告治理进度。作出限期治理决定的政府的环境保护部门,应当检查被责令限期治理的排污单位的治理情况,对完成限期治理的项目进行验收。被责令限期治理的排污单位,必须按期完成治理任务。

制度是其他所有制度的基础,环境影响评价制度是三同时制度的前提和基础,排污收费制度以排污许可和排放标准制度为基础。然而有些制度多有漏洞,不仅影响其自身的实施效果甚至产生反面作用,也影响其他制度的实施效果,需要相应地或废或改。另外,也需要根据水污染防治的形势和中央政策,建立新的监督管理制度。

1. 调整现行制度

《水污染防治法》需要调整的现行制度包括两方面,一方面是"改"——完善重点水污染物排放总量控制制度、排污许可制度和排污收费制度,另一方面是"废"——废止限期治理制度。

(1)完善重点水污染物排放总量控制制度

污染物排放总量控制制度是能够实现源头保护的基础性生态保护制度。污染物排放总量控制是基于以下事实:某一区域的环境所能接纳的污染物是有限的,即有一定承载力,超过这一限度会使环境失去自净能力,从而造成环境污染,威胁生态系统的平衡和人类健康。污染物排放总量控制的基本原则是根据各类环境媒介容纳污染物能力的上限,确立企业向各类环境媒介排放污染物的总量。《水污染防治法》建立了污染物排放总量控制制度,但是在立法和实践方面都存在诸多不足,甚至可以说是简单粗陋,缺乏科学性和系统性。在立法方面,《水污染防治法》第 18 条规定"国家对重点水污染物排放实施总量控制制度",但是对于什么是"重点水污染物",《水污染防治法》未予明确,国务院于 2000 年公布的《水污染防治法实施细则》也没有指明。从实践来看,我国的水污染物排放总量削减一直采取行政分解的方式,而非根据流域特征进行分解,使政策效果大打折扣。而且,目前我国水污染物排放总量控制的对象限于两类重点或主要污染物——"十一五"期间为化学需氧量,"十二五"期间又增加了氨氮(见表 4-1、表 4-2)。总量控制制度的适用范围狭窄,也没有真正实现从污染物浓度控制到总量控制的转变,总量控制制度实施的区域也受到限制。这种制度现状与其生态保护的基础性地位严重不相符,而且在客观上纵容了排污者向没有总量控制制度约束的环境媒介和地理区域转移污染物,比如地表排污向地下水的转移,陆地排污向海洋的转移,我国地下水污染和海洋污染日益严重的现实就是明证。[1]

表4-1 2001~2010年废水中主要污染物排放量

项目 年度	COD排放量(万吨)			氨氮排放量(万吨)		
	合计	工业	生活	合计	工业	生活
2001	1404.8	607.5	797.3	125.2	41.3	83.9
2002	1366.9	584.0	782.9	128.8	42.1	86.7
2003	1333.6	511.9	821.7	129.7	40.4	89.3
2004	1339.2	509.7	829.5	133.0	42.2	90.8
2005	1414.2	554.8	859.4	149.8	52.5	97.3
2006	1428.2	541.5	886.7	141.3	42.5	98.8
2007	1381.8	511.1	870.8	132.3	34.1	98.3
2008	1320.7	457.6	863.1	127.0	29.7	97.3
2009	1277.5	439.7	837.8	122.6	27.3	95.3
2010	1238.1	434.8	803.3	120.3	27.3	93.0

注:上表系笔者根据环保部2005~2010年度《中国环境状况公报》中的相关数据编制。

表4-2 2011~2014年全国废水中主要污染物排放量

年份	COD(万吨)					氨氮(万吨)				
	排放总量	工业源	生活源	农业源	集中式	排放总量	工业源	生活源	农业源	集中式
2011	2499.9	355.5	938.2	1186.1	20.1	260.4	28.2	147.6	82.6	2.0
2012	2423.7	338.5	912.7	1153.8	18.7	253.6	26.4	144.7	80.6	1.9
2013	2352.7	319.5	889.8	1125.7	17.7	245.7	24.6	141.4	77.9	1.8
2014	2294.6	311.3	864.4	1102.4	16.5	238.5	23.2	138.1	75.5	1.7

注:上表系笔者根据环保部2011~2014年度《中国环境状况公报》中的相关数据编制。

因此,《水污染防治法》的修订需要完善水体排污总量控制制度,这也是为了贯彻国务院《水污染防治传动计划》中的"强化源头控制"、中共中

[1] 参见何艳梅:《环境法的激励机制》,中国法制出版社2014年版,第203页。

央《关于全面深化改革若干问题的决定》要求建立生态文明，实行“最严格的源头保护”等的规定和精神。《水污染防治法》应当以流域为水体单位，根据各水体的纳污能力，建立水功能区限制纳污红线，确定水功能区排污总量控制指标，然后再分解到各地区和行业；同时扩大总量控制的污染物范围，在将化学需氧量、氨氮作为总量控制约束指标的基础上，将总磷、总氮等水体污染物纳入总量控制约束指标。《十三五规划纲要》已经要求，“改革主要污染物总量控制制度，扩大污染物总量控制范围……沿海和汇入富营养化湖库的河流沿线所有地级及以上城市实施总氮排放总量控制”。[1] 另外还要建立水功能区水质达标评价体系，完善监测预警监督管理制度。各级政府要把限制排污总量作为水污染防治和污染减排工作，以及政府绩效考核的重要依据；对排污量已超出水功能区限制排污总量的地区，限制审批新增取水和入河排污口。

(2)完善排污许可制度

我国的排污许可制度也较简单粗糙，为了弥补这一不足，环保部目前正在制定排污许可管理办法和排污许可管理条例。对于排污许可制度的完善，笔者建议首先明确制度适用的范围，对于向水体排放污染物，《水污染防治法》或有关管理条例应当明确规定为向所有淡水水体，包括地表水体和地下水排污的行政许可；其次是将其与污染物排放总量控制制度和污染物排放标准制度有机结合，禁止无证排污和超总量、超标准排污；最后是强化违法排污的法律责任，违法排放污染物、造成或可能造成严重污染的，要依法查封扣押排放污染物的设施设备。另外需要根据《十三五规划纲要》的规定，[2] 推进多污染物综合防治和统一监管，建立覆盖所有固定污染源的企业排放许可制，实行排污许可“一证式”管理。

(3)完善排污收费制度

环境容量作为稀缺的生态资源，实行有偿使用的原则，单位排污需要缴纳排污费。排污收费制度在实践中存在的问题是，征收标准普遍较低，

---

〔1〕 参见《十三五规划纲要》第四十四章（“加大环境综合治理力度”）第二节（“大力推进污染物达标排放和总量减排”）的相关内容。

〔2〕 参见《十三五规划纲要》第四十四章（“加大环境综合治理力度”）第五节（“改革环境治理基础制度”）的相关内容。

远低于生产或处理成本，并未体现水污染物排放的全部成本；供水价格结构不合理，排污收费在综合水价中所占比重很小，仅为3.6%。[1] 因此需要完善排污收费制度，提高排污费征收标准，优化排污收费在综合水价中的结构；同时把节水和节水管理纳入法律范畴，推进源头控制水污染，建议在《水污染防治法》第3条中增加“优先节约水资源”的规定。

(4)废止限期治理制度

限期治理制度其实是对污染者的纵容，实践中也发现排污者利用限期治理作为超标排污“护身符”的情况，难以起到督促企业治理的作用。2014年修订、2015年实施的《环境保护法》规定了“保护优先”的原则，并且取消了限期治理制度，而代之以限制生产、停产整治、责令停业或关闭等制裁措施，而且赋予政府环境保护主管部门和其他负有环境保护监督管理职责的部门对违法排污，造成或者可能造成严重污染的企业事业单位和其他生产经营者的强制执行权，即有权查封、扣押造成污染物排放的设施、设备。[2] 因此，限期治理制度应予废止，建议《水污染防治法实施细则》删除关于限期治理制度的规定。

2.建立新的制度和机制

《水污染防治法》对某些制度的规定很笼统，缺乏可操作性，需要建立起适当的实施机制。同时也需要结合水污染防治实践和国家政策，建立一些新的制度和机制。

(1)建立流域水生态补偿机制

流域排污总量控制制度和水环境质量标准制度的建立和实施，要求流域各地区采取协调一致的环境保护行动，这必然产生不同地区间的利益差异与利益冲突，需要一种制度性机制来予以调节和平衡。建立流域

---

〔1〕 国务院发展研究中心资源与环境政策研究所“我国环境污染形势分析与治理对策研究”课题组(执笔人:陈健鹏、高世楫、李佐军):《中国水污染防治政策存在的突出问题与改进方向》,载《中国经济时报》2015年1月21日,第5版。

〔2〕 《环境保护法》第60条规定，企业事业单位和其他生产经营者超过污染物排放标准或者超过重点污染物排放总量控制指标排放污染物的，县级以上政府环境保护主管部门可以责令其采取限制生产、停产整治等措施；情节严重的，报经有批准权的政府批准，责令停业、关闭。第25条规定，企业事业单位和其他生产经营者违反法律法规规定排放污染物，造成或者可能造成严重污染的，县级以上政府环境保护主管部门和其他负有环境保护监督管理职责的部门，可以查封、扣押造成污染物排放的设施、设备。

水生态补偿机制，就是调节和平衡不同地区之间利益差异和利益冲突，实现区域协调、协同发展的重要政策和措施，也是推进主体功能区建设、对地方政府实行分类考核的绩效评价机制的重要配套政策和措施。《十三五规划纲要》要求在实施区域协调、协同发展过程中"建立健全生态保护补偿、资源开发补偿等区际利益平衡机制"[1]；在推进长江经济带发展过程中"创新跨区域生态保护与环境治理联动机制，建立生态保护和补偿机制"[2]；在加快建设主体功能区的过程中"加大对农产品主产区和重点生态功能区的转移支付力度，建立健全区域流域横向生态补偿机制"。[3]

虽然《水污染防治法》第7条规定建立水生态补偿机制，但是没有明确补偿标准、补偿义务主体、受补偿主体、补偿程序等，因此非常笼统和难于操作，需要建立专门的流域水生态补偿机制。立法需要科学界定流域水生态保护者与受益者的权利和义务，形成生态损害者补偿、受益者付费、保护者得到合理补偿的运行机制；建立流域地区间横向生态保护补偿机制，引导生态受益地区与保护地区之间、流域上游与下游之间，通过资金补助、产业转移、人才培训、共建园区等方式实施补偿。也可以在流域上下游之间通过财政转移支付等方式建立生态补偿机制，以跨地区界断面的水质监测数据为依据，确定一个具体的水质标准，上游水质好于这一水质标准的，下游给予上游补偿；上游水质劣于这一水质标准的，上游给予下游补偿。[4] 另外，对下游地区因特殊的水环境质量要求，需要上游地区限制开发建设或者采取专门的生态保护措施的，下游地区应当对上游地区给予适当补偿。[5]

(2)建立水环境承载能力监测预警机制

依据环境法上的风险预防原则和原理，为了及时预知水环境风险，并

---

[1] 参见《十三五规划纲要》第三十七章（"深入实施区域发展总体战略"）第五节（"健全区域协调发展机制"）的相关内容。

[2] 参见《十三五规划纲要》第三十九章（"推进长江经济带发展"）第一节（"建设沿江绿色生态廊道"）的相关内容。

[3] 参见《十三五规划纲要》第四十二章（"加快建设主体功能区"）第二节（"健全主体功能区配套政策体系"）的相关内容。

[4] 张全：《关于以完善流域环境管理制度为重点加快〈水污染防治法〉修订的议案》，载《中国产经》2014年第3期。

[5] 张全：《关于加快修订〈水污染防治法〉的议案》，载《前进论坛》2015年第4期。

采取相应的风险防范措施,《水污染防治法》需要建立水环境承载能力监测预警机制,对水环境容量接近或超过承载能力的地区,及时采取区域限批等限制性措施。新《环境保护法》已经要求国务院和省级政府建立环境资源承载能力监测预警机制。[1] 2015 年新修订的《大气污染防治法》已经建立了重污染天气监测预警体系。[2]

(3)建立跨行政区流域水污染联防联控协调机制

跨行政区流域管理是我国水污染防治的薄弱环节,尚未形成综合治理、有效运转的机制。其突出问题主要有,各地区未从流域整体出发,统筹优化整个流域的产业布局,限制本地区化工、石化、造纸、印染、农药、生物制药、皮革、电镀等高污染行业的发展,缺乏流域统一的发展和保护规划;跨省界河道上下游水功能区存在不协调和不衔接的问题;跨流域界面来水水质的控制和监测,特别是有毒有害物质的监测不到位,信息共享机制流于形式,上下游之间水质超标的整改计划未落实,从而造成事故和纠纷不断。[3] 出现这些问题最核心的原因是,跨行政区流域协调和联防联控体制、机制和管理制度不健全、不落实、不到位,[4]使现有的流域管理机构难以发挥跨行政区域的统筹协调作用。

鉴于流域水环境保护直接关涉地区经济和社会发展,为了有效地统筹跨行政区,尤其是跨省流域的经济发展和环境保护,需要在法律上,从体制、机制和费制等方面,对跨行政区的流域水污染防治作出系统规定,建立起国家层面的统筹协调机制。新《环境保护法》第 20 条规定,国家建立跨行政区域的重点区域、流域环境污染和生态破坏联合防治协调机制,实行统一规划、统一标准、统一监测、统一的防治措施。近期,为了应对大气灰霾,长三角、京津冀等地区建立了区域大气污染联防联控的协调机构,起到了很好效果。2015 年 8 月新修订的《大气污染防治法》第 2 条明确规定"推行区域大气污染联合防治",并在第五章专章规定了"重点区

---

〔1〕 该法第 18 条规定,省级以上政府应当组织有关部门或者委托专业机构,对环境状况进行调查、评价,建立环境资源承载能力监测预警机制。

〔2〕 参见新修订的《大气污染防治法》第 93 ~96 条的规定。

〔3〕 张全:《关于以完善流域环境管理制度为重点加快〈水污染防治法〉修订的议案》,载《中国产经》2014 年第 3 期。

〔4〕 张全:《关于加快修订〈水污染防治法〉的议案》,载《前进论坛》2015 年第 4 期。

域大气污染联合防治”。其中第86条规定，“国家建立重点区域大气污染联防联控机制，统筹协调重点区域内大气污染防治工作……重点区域内有关省级政府应当确定牵头的地方政府，定期召开联席会议，按照统一规划、统一标准、统一监测、统一的防治措施的要求，开展大气污染联合防治，落实大气污染防治目标责任”。《十三五规划纲要》要求在推动京津冀协同发展时，“构建区域生态环境监测网络、预警体系和协调联动机制，削减区域污染物排放总量”，[1]在推进长江经济带发展过程中“创新跨区域生态保护与环境治理联动机制”，[2]在加大环境综合治理力度的过程中“推行全流域、跨区域联防联控和城乡协同治理模式”[3]。立法部门应当落实和借鉴《环境保护法》《十三五规划纲要》和《大气污染防治法》的上述修订和规定，在《水污染防治法》中增加规定，“国家建立跨行政区域的重点流域水污染联防联控机制，统筹协调重点流域内水污染防治工作……跨行政区域的重点流域内有关地方政府、水利部门、流域管理机构和环保部门，定期召开联席会议，按照统一规划、统一标准、统一监测、统一的防治措施的要求，开展水污染联合防治，落实水污染防治目标责任”。

(4)建立地下水污染防治制度

众所周知，我国地下水尤其是北方地区的地下水已经被农业、工业过量开采和利用，也被严重污染，亟须有效地开采控制和保护。虽然《水污染防治法》明确将地下水污染防治纳入其适用范围，但是综观整部法律，它只是提出了地下水保护的一般原则，既没有具体规定地下水环境保护的职责划分，也缺乏地下水环境保护的具体措施，[4]不能有效地发挥对地下水质的保护作用。《十三五规划纲要》为了强化水安全保障，要求优

---

〔1〕 参见《十三五规划纲要》第三十八章“推动京津冀协同发展”第四节(“扩大环境容量和生态空间”)的相关内容。

〔2〕 参见《十三五规划纲要》第三十九章(“推进长江经济带发展”)第一节(“建设沿江绿色生态廊道”)的相关内容。

〔3〕 参见《十三五规划纲要》第四十四章(“加大环境综合治理力度”)第五节(“改革环境治理基础制度”)的相关内容。

〔4〕 参见冷罗生:《〈水污染防治法〉值得深思的几个问题》，载《中国人口、资源与环境》2009年第3期。

化水资源配置格局,其中一项政策是“严格控制地下水开采”[1];为了防治水污染,要求“开展地下水污染调查和综合防治”[2];为了加强生态修复,要求“完善国家地下水监测系统,开展地下水超采区综合治理”。[3]因此,修法时需要明确规定地下水保护的政府职责和具体制度,包括地下水开采控制制度、地下水饮用水源地保护制度、地下水质量监测制度、地下水污染排放标准制度等,并且明确责任承担和追究事宜。

(六)建立市场化的排污权交易机制

法律确认的排污权是指排污单位在正常的生产过程中向环境排放必需和适量污染物的权利,属于用益物权。[4] 为了推行排污权交易,法律确认的排污权应当符合以下条件:排污权应当是排污权拥有者可以依法占有、使用、收益和处分的权利;排污权必须得到法律确认,向国家环境行政主管部门登记;排污权的主体必须明确;排污权中的污染物必须明确;排污权应当是可以用排污量计量和拆分的权利,应当有量的概念和时间的概念。[5]

美国以《清洁水法》为核心,形成了一套“以命令控制为主、经济刺激为辅、公众参与为补充”的水污染防治调控机制,创造了排污权交易和公民环境诉讼等为各国推崇的法律制度。[6] 中国《水污染防治法》的制度设计和安排,则基本上属于行政管制手段和措施,保护水环境、防治水污染缺乏排污权交易这一市场化、激励性的机制和手段,也缺少公众参与和监督。

既然排污权是具有可交易性的用益物权,也根据政策开展了相关试点工作,接下来就要修改《水污染防治法》,结合试点工作取得的成功经

---

〔1〕 参见《十三五规划纲要》第三十一章(“强化水安全保障”)第一节(“优化水资源配置格局”)的相关内容。

〔2〕 参见《十三五规划纲要》第四十四章(“加大环境综合治理力度”)第一节(“深入实施污染防治行动计划”)的相关内容。

〔3〕 参见《十三五规划纲要》第四十五章(“加强生态保护修复”)第二节(“推进重点区域生态修复”)的相关内容。

〔4〕 参见何艳梅:《环境法的激励机制》,中国法制出版社 2014 年版,第 192 ~ 194 页。

〔5〕 罗吉、吴志良、李广兵:《适应市场机制的环境法制建设问题研究》,载吕忠梅、徐祥民主编:《环境资源法论丛》(第 3 卷),法律出版社 2004 年版,第 377 页。

〔6〕 蔡守秋、沈海滨:《水污染防治法的现状与发展》,载《世界环境》2015 年第 2 期。

验,正式建立排污权交易制度。《十三五规划纲要》已经要求“建立健全排污权有偿使用和交易制度”。[1] 由于排污权交易具有私权和公权相融合的特点,应当进行系统和细致的制度设计。为了有效地实施排污权交易制度,我国应当从以下多方面着手进行制度建设。

首先是进行法制建设,由《水污染防治法》或《物权法》确认排污权,制定排污权交易法律法规,科学、合理地确定排污总量,公正分配初始排污允许量指标,确立排污权交易的市场规则和管理机构,建立排污权交易市场。排污权交易的市场规则主要包括交易主体的确定、交易的标的、交易的范围和交易的体系等。

其次是配套制度建设。实行排污权交易的前提和基础是污染物排放总量控制制度和排污许可证制度,实行排污权交易需要完善这两项制度。另外还要重视排污权交易与《水污染防治法》规定的环境影响评价、“三同时”等行政监管制度的矛盾。排污权交易在我国难以真正形成有效的市场体系,一个重要的原因是多种污染控制方法交叉使用引起冲突,环境影响评价、“三同时”、污染物排放标准、排污收费、限期治理等行政监管制度和手段,在很大程度上挤压了排污权的市场空间。比如,根据环境影响评价制度,任何可能对环境有影响的新建、改建和扩建项目均需要进行环境影响评价。如果排污企业通过排污权交易购买了水污染物排放指标,能否拒绝进行环境影响评价?按照限期治理制度,如果排污企业超过总量排污,应当进行限期治理。而依据排污权交易制度,超量排污只需从市场上购买排污指标即可解决。[2]

此外,实行排污权交易制度还需要建立有效的监督机制,尤其是公众参与,是排污权交易制度最主要且最有效的监督机制。排污权交易制度引入公众参与,一方面可以对政府寻租行为防微杜渐,推动排污者守法排放污染物;另一方面可以增加公众的环境保护意识,通过集思广益促进制度的进一步完善。这里应当注意的是,“公众参与”中的“公众”需要进行宽泛的界定,不仅包括公众个人,也包括环保组织等公众群体;公众参与

---

〔1〕 参见《十三五规划纲要》第四十四章(“加大环境综合治理力度”)第五节(“改革环境治理基础制度”)的规定。

〔2〕 王清军:《排污权初始分配的法律调控》,中国社会科学出版社2011年版,第222页。

的方式也应当多元化，不能仅停留在普通意义上的“公众听证会”“专家意见咨询”等层面的浅层参与，还应当包括深度参与，比如允许公众参与拍卖、持有配额以减少市面排放配额，即减少污染物的允许排放量。[1]

（七）强化责任追究

《水污染防治法》第七章的“法律责任”专章用大量篇幅规定了违法者的行政责任，少量篇幅是民事责任，而关于刑事责任仅有第 90 条这个兜底条款。[2] 从而可以看出，《水污染防治法》偏重于行政制裁，而民事责任和刑事责任追究制度明显不足，实践中也很少真正实际执行刑罚处罚，难以起到威慑作用。而且该法规定的行政制裁制度也有明显的缺陷，一是偏重于制裁生产者、开发者和污染者，忽视对管理者自身不当行政行为和不作为的处罚，不能有效地防范和消除“政府失灵”问题。比如，《水污染防治法》第 61 条规定县级以上地方政府应当根据保护饮用水水源的实际需要，在保护区内采取工程措施或者建造湿地、水源涵养林等生态保护措施，第 62 条规定饮用水水源受到污染可能威胁供水安全的，环境保护主管部门应当责令有关企事业单位采取停止或者减少排放水污染物等措施。但是“法律责任”专章没有相应地规定，地方政府或环保部门的直接责任人怠于履行这些职责应当承担的法律责任。二是监督管理理念落后，单纯依赖行政处罚特别是罚款手段，而且处罚力度过小，对生产者、开发者和污染者缺乏威慑力，严重地影响了法律实施的效果。从《水污染防治法》第七章的具体条款分析，行政处罚（罚款）额度一般比较低，相对于水污染违法企业单位的获利而言，难以起到法律制裁的真正效果，[3] 也不符合该法第 3 条规定的“水污染防治应当坚持预防为主、防治结合、综合治理的原则”。

贯彻预防为主的原则，关键在于预防和控制水污染行为和危害发生，为此必须强化责任追究制度。水污染防治的法律责任既有行政相对

---

〔1〕 魏旭：《美国应对气候变化地方行动疏议》，载吕忠梅、高利红主编：《环境资源法论丛》（第 8 卷），法律出版社 2010 年版，第 248 页。

〔2〕 《水污染防治法》第 90 条规定，违反本法规定，构成违反治安管理行为的，依法给予治安管理处罚；构成犯罪的，依法追究刑事责任。

〔3〕 吕忠梅：《长江流域水资源保护立法研究》，武汉大学出版社 2006 年版，第 46 页。

人——污染者的责任,也有政府和管理者的责任。这两方面的责任都需要强化,以建立起有效的水污染防治约束机制。2013 年中共十八届三中全会通过的《中共中央关于全面深化改革问题的决定》首次确定了生态文明制度体系,提出"实行最严格的……损害赔偿制度和责任追究制度"。《水污染防治法》的修订可以参照新修订和实施的《环境保护法》和《大气污染防治法》的规定,强化对污染者和管理者的责任追究制度。

在强化污染者的责任方面,一是借鉴新《环境保护法》第 59 条的规定,规定按日计罚。企事业单位和其他生产经营者违法排放污染物,受到罚款处罚,被责令改正,拒不改正的,依法作出处罚决定的行政机关可以自责令改正之日的次日起,按照原处罚数额按日连续处罚。二是强化民事责任,特别是建立水污染的环境民事公益诉讼制度。三是强化刑事责任。"刑法在根本上与其说是一种特别法,还不如说是其他一切法律的制裁力量"。[1]

在强化政府责任方面,《水污染防治法》的制度设计和安排具有明显的缺陷和漏洞,它们基本上都属于行政管制,偏重于管制生产者、开发者和污染者,忽视对管理者自身的监督、约束和责任追究,缺少上级环保部门约束下级政府不当行为或不作为,以及防止地方政府对下属环保部门不当干预的制度设计,不能有效地防范和消除行政管制制度实施中的"政府失灵"问题。"历史的经验和教训告诉我们,要从根本上解决我国的环境问题,关键点和突破口在于强化政府责任,在于规范和约束政府行为"。[2] 强化政府责任的办法:一是扩大问责对象,将地方政府或政府首长作为责任人;二是责任形式多样化,对直接责任人除了一般的行政处分外,还包括政治晋升的限制。[3]

(八)加强与《水法》的衔接和配合

《水法》与《水污染防治法》都规定了规划、排污总量控制、水质监测、饮用水水源保护、排污口的设置等问题,有些规定是一致的或相互辅助的,有些则存在矛盾和冲突,需要加强衔接和配合,以符合法律体系的一致性要求,维护法律的权威,提高法律的实施效果。

---

〔1〕 [法]卢梭:《社会契约论》,何兆武译,商务印书馆 1962 年版,第 63 页。
〔2〕 杨朝飞:《环境保护法修改思路》,载《环境保护》2007 年第 1 期。
〔3〕 巩固:《政府激励视角下的〈环境保护法〉修改》,载《法学》2013 年第 1 期。

1. 加强流域水污染防治规划与流域水资源保护规划之间的衔接

《水法》建立了水资源规划体系，其中包括流域水资源保护规划，它属于流域规划和专业规划。[1]《水污染防治法》规定了流域水污染防治规划的制定机关和程序。[2] 从现行法律规定可以看出，流域水污染防治规划、水环境功能区划由国家环境保护部门根据《水污染防治法》编制并组织实施，而流域水资源保护规划、水功能区划由国家水利部门根据《水法》组织编制并实施。流域水污染防治是流域水资源保护的题中应有之义，甚至构成我国水资源保护的主要内容，因此，流域水污染防治规划与流域水资源保护规划的侧重点和地位虽有不同，但是也有很多结合点，特别是污染物排放总量的分配，以及排污口的设置与合理规划。水污染防治规划中水污染物的总削减量应当以水资源保护规划提出的纳污总量为主要目标，按照这一保护目标，结合国力和实际情况，提出分期削减计划。[3] 但是现行《水法》和《水污染防治法》都没有明确流域水污染防治规划与流域水资源保护规划如何衔接和协调的问题，从而造成了不必要的重复劳动与混乱。[4]

因此，建议《水污染防治法》的修订明确流域水污染防治规划与流域

---

〔1〕《水法》第14条规定，开发、利用、节约、保护水资源和防治水害，应当按照流域、区域统一制定规划，分为流域规划和区域规划。流域规划包括流域综合规划和流域专业规划；区域规划包括区域综合规划和区域专业规划。综合规划是指根据经济社会发展需要和水资源开发利用现状编制的开发、利用、节约、保护水资源和防治水害的总体部署。第19条规定，专业规划是指防洪、治涝、灌溉、航运、供水、水力发电、竹木流放、渔业、水资源保护、水土保持、防沙治沙、节约用水等规划。

〔2〕《水污染防治法》第15条规定，防治水污染应当按流域或者按区域进行统一规划。国家确定的重要江河、湖泊的流域水污染防治规划，由国务院环境保护主管部门会同国务院经济综合宏观调控、水行政等部门和有关省份人民政府编制，报国务院批准。前款规定外的其他跨省、自治区、直辖市江河、湖泊的流域水污染防治规划，根据国家确定的重要江河、湖泊的流域水污染防治规划和本地实际情况，由有关省、自治区、直辖市人民政府环境保护主管部门会同同级水行政等部门和有关市、县人民政府编制，经有关省、自治区、直辖市人民政府审核，报国务院批准。省、自治区、直辖市内跨县江河、湖泊的流域水污染防治规划，根据国家确定的重要江河、湖泊的流域水污染防治规划和本地实际情况，由省、自治区、直辖市人民政府环境保护主管部门会同同级水行政等部门编制，报省、自治区、直辖市人民政府批准，并报国务院备案。经批准的水污染防治规划是防治水污染的基本依据，规划的修订须经原批准机关批准。县级以上地方人民政府应当根据依法批准的江河、湖泊的流域水污染防治规划，组织制定本行政区域的水污染防治规划。

〔3〕矫勇、张国良：《向现代化迈进的中国水利——水利发展第十个五年计划和2010年规划汇编》，中国水利水电出版社2004年版，第248～252页。

〔4〕矫勇、张国良：《向现代化迈进的中国水利——水利发展第十个五年计划和2010年规划汇编》，中国水利水电出版社2004年版，第248～252页。

水资源保护规划之间的关系。流域水污染防治规划只是水资源保护规划部分内容的具体化,应当与水资源保护规划保持一致,同时,这两个规划都是专业规划,必须服从流域综合规划。水功能区划是根据水资源保护规划编制的,水环境功能区划是根据水污染防治规划编制的,既然流域水污染防治规划与水资源保护规划是一致的,它们也应该协调一致。所以,应在《水污染防治法》中明确规定,流域水污染防治规划应当依据流域综合规划编制,并与流域水资源保护规划协调一致;对《水污染防治法》和《水法》中"会同"编制规划的程序做出明确规定,环境保护部门与水利部门在制定规划时就必须吸收对方参加起草和讨论,而不是在规划独立编制完成后才象征性地征求一下对方的意见。[1]

2. 统一排污总量控制制度

排污总量控制制度是其他监督管理制度的基础,其制度实施成效直接关系到其他管理制度的实施成效和法律目标的实现,因此必须进行科学和合理的顶层设计。《水法》第 32 条从水量水质统筹考虑和水域纳污能力的角度,规定了水域排污总量控制制度;《水污染防治法》第 16 条规定了重点污染物排放的总量控制制度,但是这两者缺乏必要的衔接和配合。建议两法将总量控制制度的地理区域统一为水域或重点水域,将实施对象统一为"重点污染物",将该制度统一规定为(重点)水域重点污染物排污总量控制制度。

3. 统一水质监测部门

《水法》和《水污染防治法》都涉及水质监测,但是监测部门不同。根据《水法》第 16 条的规定,县级以上政府水行政主管部门和流域管理机构进行对水资源的动态监测;根据第 32 条的规定,水行政主管部门及流域管理机构对水功能区的水质状况进行监测。在实践中,水利部门都是对水量和水质实行同步监测的。水利部门的水质监测网络是从 20 世纪 50 年代末开始建设的,现已建成能对各种环境要素进行监测的网络系统。按照《水污染防治法》和《环境保护法》的规定和执法实践,环保部门主要

---

〔1〕 参见王国永:《水资源保护与水污染防治在立法上的关系探析》,载《华北水利水电学院学报》(社会科学版)2008 年第 4 期。

是对污染源实行监视性监测,一般只监测水质;流域管理机构则按照《水污染防治法》的规定,开展对省界水质的监测工作,目前已经建立了275个省界水质监测断面。为了提高行政管理效率,避免人力、物力和财力的浪费,建议两法统一监测部门,对同一监测对象和内容实行统一监测,不要由不同部门重复监测。

三、《防洪法》的修订

我国是世界上洪水灾害最严重的国家之一,大约有2/3的国土面积存在不同程度和不同类型的洪涝灾害。[1] 依法防治洪涝灾害,既是保障水安全的需要,也是关系中华民族生存和发展的重大问题。为了"依法防洪",全国人大常委会1997年通过了《防洪法》。《防洪法》除了总则和附则两章之外,还有以下六章:防洪规划;治理与防护;防洪区和防洪工程设施的管理;防汛抗洪;保障措施;法律责任。从内容上来看,《防洪法》确立了防洪工作的基本原则,[2]规定了防洪管理体制、防洪规划的编制和管理制度、防汛抗洪制度、法律责任等问题,使防汛抗洪工作进入了法制化的轨道。

为了适应防洪工作发展的需要,《防洪法》2009年、2015年两次修订,目前共有65个条款。但是两次修订都是小修,主要是删除了关于政府使用"两工"(农村义务工和劳动积累工)进行防洪工程设施的建设、维护的规定,修改了部分关于法律责任的条款等内容。无论从保障水安全的高度来看,还是从其实施情况和防洪工作的实践经验来看,《防洪法》仍然需要进行较大幅度的修订。

(一)理顺防洪管理体制

《防洪法》第5条规定,防洪工作按照流域或者区域实行统一规划、分级实施和流域管理与行政区域管理相结合的制度。第8条规定,国务院水行政主管部门在国务院的领导下,负责全国防洪的组织、协调、监督、指导等日常工作。国务院水行政主管部门在国家确定的重要江河、湖泊设立的流域

---

〔1〕 何少斌、孙又欣、吴荣飞、常丽:《我国防洪法的理性分析》,载《中国防汛抗旱》2007年第4期。

〔2〕 关于防洪工作的基本原则,《防洪法》第2条规定,防洪工作实行全面规划、统筹兼顾、预防为主、综合治理、局部利益服从全局利益的原则。第4条第1款规定,开发利用和保护水资源,应当服从防洪总体安排,实行兴利与除害相结合的原则。

管理机构,在所管辖的范围内行使法律、行政法规规定和国务院水行政主管部门授权的防洪协调和监督管理职责。国务院建设行政主管部门和其他有关部门在国务院的领导下,按照各自的职责,负责有关的防洪工作。县级以上地方政府水行政主管部门在本级政府的领导下,负责本行政区域内防洪的组织、协调、监督、指导等日常工作。县级以上地方政府建设行政主管部门和其他有关部门在本级政府的领导下,按照各自的职责,负责有关的防洪工作。

水利部和国家防汛抗旱总指挥部共同组织的对《防洪法》的立法后评估发现,《防洪法》规定的防洪管理体制在实施中存在的主要问题是,流域或者区域实行统一规划和流域管理与行政区域管理紧密结合存在一定困难。不同地区、不同部门对治水和用水的要求不同,在防洪工作中有时会发生矛盾,出现不根据水害和水资源的具体情况统筹考虑各方面的因素,只看重本地区、本部门的要求和利益的现象。[1] 另外,这一管理体制也与防洪工作实践有些脱节——各级防汛抗旱指挥部办公室作为防汛抗旱指挥部的办事机构,承担着防洪工作的具体事务,但是在《防洪法》的防洪管理体制中没有对其明确规定。

因此,《防洪法》的修订应当明确划分流域管理与行政区域管理的事权,并加强流域管理机构的综合协调调度职能,以便群策群力,协调行动,有序治理,有效防洪;应当对水行政主管部门在防洪工作中的职责与各级防汛抗旱指挥部、防汛抗旱指挥部办公室的防汛抗洪职责进行适当区分,并明确防汛抗旱指挥部办公室的法律地位。[2]

(二)落实防汛抗洪行政首长负责制

《防洪法》明确规定了防汛抗洪工作实行各级政府行政首长负责制。[3] 实务部门的实践表明,确立行政首长负责制很有必要,行政首长负责制在抗洪中发挥了关键作用。无论是水利部和国家防汛抗旱总指挥部共同组织的对《防洪法》的立法后评估,还是地方防汛抗旱工作人员执法的切身

---

〔1〕《防洪法》立法后评估课题组(新疆维吾尔自治区水利厅水政水资源处):《〈防洪法〉立法后评估》,载《水利发展研究》2012 年第 9 期。

〔2〕《防洪法》立法后评估课题组(新疆维吾尔自治区水利厅水政水资源处):《〈防洪法〉立法后评估》,载《水利发展研究》2012 年第 9 期。

〔3〕《防洪法》第 38 条规定,防汛抗洪工作实行各级政府行政首长负责制,统一指挥、分级分部门负责。

感受，都说明行政首长负责制的地位和成效。[1] 另外，水利部和国家防汛抗旱总指挥部共同组织的对《防洪法》的立法后评估发现，立法存在的问题是只对该制度作了原则规定，影响了其实施效果。[2] 建议修法明确各级政府行政首长在防汛抗洪工作中的具体职责，以及国家防汛抗洪指挥机构各成员单位的职责和分工。

除了确立行政首长负责制，《防洪法》还在多个条款中规定了政府防洪的职责。[3] 但是这些规定多很原则笼统，缺乏可操作性，同时缺乏配套的对行政首长和政府的问责制度，可能使这些规定形同虚设，因此建议修法时予以修改和完善。

（三）完善防洪规划的编制和管理制度

防洪规划是指"为防治某一流域、河段或者区域的洪涝灾害而制定的总体部署"。[4]《防洪法》规定了防洪规划的编制和管理制度，是环境法中预防原则的体现。然而，无论是《防洪法》规定的防洪规划的编制制度，还是防洪规划的管理制度，都存在过于粗糙和笼统、缺乏可操作性等问题，应当进行修订和完善。

1. 完善防洪规划的编制制度

《防洪法》第9条规定了防洪规划的类别和地位，[5]第10条规定了

---

[1] 参见何少斌、孙又欣、吴荣飞、常丽：《我国防洪法的理性分析》，载《中国防汛抗旱》2007年第4期；《防洪法》立法后评估课题组（新疆维吾尔自治区水利厅水政水资源处）：《〈防洪法〉立法后评估》，载《水利发展研究》2012年第9期。

[2] 《防洪法》立法后评估课题组（新疆维吾尔自治区水利厅水政水资源处）：《〈防洪法〉立法后评估》，载《水利发展研究》2012年第9期。

[3] 比如《防洪法》第7条规定，各级人民政府应当加强对防洪工作的统一领导，组织有关部门、单位，动员社会力量，依靠科技进步，有计划地进行江河、湖泊治理，采取措施加强防洪工程设施建设，巩固、提高防洪能力；各级人民政府应当组织有关部门、单位，动员社会力量，做好防汛抗洪和洪涝灾害后的恢复与救济工作；各级人民政府应当对蓄滞洪区予以扶持，蓄滞洪后，应当依照国家规定予以补偿或者救助。第30条规定，各级人民政府应当按照防洪规划对防洪区内的土地利用实行分区管理。第47条规定，发生洪涝灾害后，有关人民政府应当组织有关部门、单位做好灾区的生活供给、卫生防疫、救灾物资供应、治安管理、学校复课、恢复生产和重建家园等救灾工作以及所管辖地区的各项水毁工程设施修复工作；水毁防洪工程设施的修复，应当优先列入有关部门的年度建设计划。

[4] 参见《防洪法》第9条第1款的规定。

[5] 《防洪法》第9条规定，防洪规划包括国家确定的重要江河、湖泊的流域防洪规划，其他江河、河段、湖泊的防洪规划以及区域防洪规划。防洪规划应当服从所在流域、区域的综合规划；区域防洪规划应当服从所在流域的流域防洪规划。防洪规划是江河、湖泊治理和防洪工程设施建设的基本依据。

不同类别防洪规划的编制机关和编制程序,[1]第11条规定了防洪规划编制的原则。[2] 从立法的角度而言,防洪规划的编制制度存在很多问题,一是未明确除涝治涝规划与城市排水规划的关系,二是规划编制的程序缺少公众知情和参与这一重要环节,导致规划编制的透明度和科学度不高。防洪规划的编制制度在实践中也存在很多问题,一是防洪规划编制经费不足是突出的制约因素;[3]二是防洪规划的编制过于偏重工程措施,对非工程措施特别是防洪管理、社会化减灾措施缺乏重视,《防洪法》第11条规定的"工程措施和非工程措施相结合"的规划编制原则没有得到遵守和实施;三是防洪规划缺乏权威性,规划编制工作滞后于防洪工作需要的现象时有发生,《防洪法》第9条"防洪规划是江河、湖泊治理和防洪工程设施建设的基本依据"的规定未得到很好落实。因此,建议修法时明确除涝治涝规划与城市排水规划的关系;增加在规划编制中和批准后应当征求社会意见和向社会公示的规定;增加规划编制经费列入财政预算的规定;进一步完善规划的编制、审批程序和要求,对违反规划编制和审批程序者应当追究责任。

2. 完善防洪规划的管理制度

防洪规划的管理制度包括防洪规划保留区制度、防洪规划同意书制度、防洪规划治导线制度、防汛抗洪制度等。

(1)落实防洪规划保留区制度

防洪规划中所确定的河道整治和防洪建设项目需要逐步实施,这

---

〔1〕《防洪法》第10条规定,国家确定的重要江河、湖泊的防洪规划,由国务院水行政主管部门依据该江河、湖泊的流域综合规划,会同有关部门和有关省、自治区、直辖市人民政府编制,报国务院批准。其他江河、河段、湖泊的防洪规划或者区域防洪规划,由县级以上地方人民政府水行政主管部门分别依据流域综合规划、区域综合规划,会同有关部门和有关地区编制,报本级人民政府批准,并报上一级人民政府水行政主管部门备案;跨省、自治区、直辖市的江河、河段、湖泊的防洪规划由有关流域管理机构会同江河、河段、湖泊所在地的省、自治区、直辖市人民政府水行政主管部门、有关主管部门拟定,分别经有关省、自治区、直辖市人民政府审查提出意见后,报国务院水行政主管部门批准。城市防洪规划,由城市人民政府组织水行政主管部门、建设行政主管部门和其他有关部门依据流域防洪规划、上一级人民政府区域防洪规划编制,按照国务院规定的审批程序批准后纳入城市总体规划。

〔2〕《防洪法》第11条规定,编制防洪规划,应当遵循确保重点、兼顾一般,以及防汛和抗旱相结合、工程措施和非工程措施相结合的原则,充分考虑洪涝规律和上下游、左右岸的关系以及国民经济对防洪的要求,并与国土规划和土地利用总体规划相协调。

〔3〕《防洪法》立法后评估课题组(新疆维吾尔自治区水利厅水政水资源处):《〈防洪法〉立法后评估》,载《水利发展研究》2012年第9期。

就需要预留土地。《防洪法》第16条规定实行防洪规划保留区制度,[1]要求土地管理部门和水行政主管部门对防洪规划保留区内土地的使用进行严格管理,未经审批不得占用或进行建设。这样规定既可以保障防洪规划确定的建设项目和河道整治计划的顺利实施,也可以避免因乱占规划用地而造成不必要的损失。然而从执行情况来看,大部分地方没有开展此项工作,已经开展的地方落实起来也很困难。[2] 造成这种情况的原因,与《防洪法》未明确规定土地管理部门和水行政主管部门的职责分工,未规定对原用地单位和个人的补偿问题有关,也与管理部门不依法履职有关。建议修法时明确划定规划保留区工作中水行政主管部门和土地行政主管部门的职责、权限及工作程序,明确使用规划保留区土地的审批权限和程序,以及规划保留区划定前原用地单位或个人搬迁的补偿等问题;同时加强对已经划定的规划保留区的监管,明确相对应的罚则。[3]

(2)完善防洪规划同意书制度

《防洪法》第17条规定了防洪规划同意书制度。[4] 然而,由于防洪规划主要是由水行政主管部门组织编制,江河、湖泊上防洪工程和水工程的建设也主要是由水行政主管部门组织进行,又由水行政主管部门出具防洪规划同意书,因而该项制度在执行时容易被打折扣。湖北、辽宁、江苏等省全面实行了防洪规划同意书制度,但是以可行性研究报告代替签署的防洪规

---

〔1〕《防洪法》第16条规定,防洪规划确定的河道整治计划用地和规划建设的堤防用地范围内的土地,经土地管理部门和水行政主管部门会同有关地区核定,报经县级以上人民政府按照国务院规定的权限批准后,可以划定为规划保留区;该规划保留区范围内的土地涉及其他项目用地的,有关土地管理部门和水行政主管部门核定时,应当征求有关部门的意见。规划保留区内不得建设与防洪无关的工矿工程设施;在特殊情况下,国家工矿建设项目确需占用前款规划保留区内的土地的,应当按照国家规定的基本建设程序报请批准,并征求有关水行政主管部门的意见。防洪规划确定的扩大或者开辟的人工排洪道用地范围内的土地,经省级以上人民政府土地管理部门和水行政主管部门会同有关部门、有关地区核定,报省级以上人民政府按照国务院规定的权限批准后,可以划定为规划保留区。

〔2〕参见《防洪法》立法后评估课题组(新疆维吾尔自治区水利厅水政水资源处):《〈防洪法〉立法后评估》,载《水利发展研究》2012年第9期。

〔3〕参见《防洪法》立法后评估课题组(新疆维吾尔自治区水利厅水政水资源处):《〈防洪法〉立法后评估》,载《水利发展研究》2012年第9期。

〔4〕《防洪法》第17条规定,在江河、湖泊上建设防洪工程和其他水工程、水电站等,应当符合防洪规划的要求;水库应当按照防洪规划的要求留足防洪库容。前款规定的防洪工程和其他水工程、水电站的可行性研究报告按照国家规定的基本建设程序报请批准时,应当附具有关水行政主管部门签署的符合防洪规划要求的规划同意书。

划同意书，上报的水工程可行性研究报告未附具防洪规划同意书的现象比较普遍。[1] 建议尽快完善防洪规划同意书制度，加强责任追究。

(3)完善防洪规划治导线制度

设定防洪规划治导线制度是很有必要的。依据防洪规划治导线进行建设和活动，有利于协调上下游、左右岸的关系，保障河道行洪、纳潮、河势稳定，保护水环境，巩固两岸治河工程、河道堤防工程和港口、码头及其他涉水工程等，也可以有效控制乱围垦和乱占河道现象。特别是南方地区，洪水期间和枯水期间河道的水面线差异很大，在枯水期间河道滩地很宽，更有必要设定防洪规划治导线。《防洪法》第19条虽然规定了防洪规划治导线制度，[2]然而遗憾的是，这项制度在大多数省份没有得到贯彻，主要是因为设定防洪规划治导线技术性很强，并且涉及大量的行政协调，难度很大。另外，划定规划治导线与划定河道及工程管理保护范围界限以及划定规划保留区有交叉之处。因此，建议修法时进一步明确防洪规划治导线的概念、适用范围、适用程序及法律责任，以加大这项制度的推行力度。[3]

(四)完善防汛抗洪制度

《防洪法》第39条规定了各级防汛指挥机构(以下简称"防指")和防汛指挥机构的办事机构(以下简称"防办")的职责，[4]但是也需要进一步

---

〔1〕《防洪法》立法后评估课题组(新疆维吾尔自治区水利厅水政水资源处)：《〈防洪法〉立法后评估》，载《水利发展研究》2012年第9期。

〔2〕《防洪法》第19条规定，整治河道和修建控制引导河水流向、保护堤岸等工程，应当兼顾上下游、左右岸的关系，按照规划治导线实施，不得任意改变河水流向。国家确定的重要江河的规划治导线由流域管理机构拟定，报国务院水行政主管部门批准。其他江河、河段的规划治导线由县级以上地方人民政府水行政主管部门拟定，报本级人民政府批准；跨省、自治区、直辖市的江河、河段和省、自治区、直辖市之间的省界河道的规划治导线由有关流域管理机构组织江河、河段所在地的省、自治区、直辖市人民政府水行政主管部门拟定，经有关省、自治区、直辖市人民政府审查提出意见后，报国务院水行政主管部门批准。

〔3〕《防洪法》立法后评估课题组(新疆维吾尔自治区水利厅水政水资源处)：《〈防洪法〉立法后评估》，载《水利发展研究》2012年第9期。

〔4〕《防洪法》第39条规定，国务院设立国家防汛指挥机构，负责领导、组织全国的防汛抗洪工作，其办事机构设在国务院水行政主管部门。在国家确定的重要江河、湖泊可以设立由有关省、自治区、直辖市人民政府和该江河、湖泊的流域管理机构负责人等组成的防汛指挥机构，指挥所管辖范围内的防汛抗洪工作，其办事机构设在流域管理机构。有防汛抗洪任务的县级以上地方人民政府设立由有关部门、当地驻军、人民武装部负责人等组成的防汛指挥机构，在上级防汛指挥机构和本级人民政府的领导下，指挥本地区的防汛抗洪工作，其办事机构设在同级水行政主管部门；必要时，经城市人民政府决定，防汛指挥机构也可以在建设行政主管部门设城市市区办事机构，在防汛指挥机构的统一领导下，负责城市市区的防汛抗洪日常工作。

修订。一是理顺"防指"与水利部门的关系。领导、组织防汛工作的是各级"防指",并不是水利部门,水利部门只是"防指"的一个成员单位,"防指"在职权上高于水利部门,因此建议将第 39 条第 1 款放在总则第 8 条第 1 款表述,删除原第 8 条第 1 款第一句,第 8 条其他保持不变;二是明确"防办"的法律地位。各级"防办"作为"防指"的办事机构,承担着防洪工作的具体事务,既然是专门的《防洪法》,理应在法条中确立该机构的法律地位。建议将"防办"的职能、地位在防汛抗洪一章中单独成条,确立其合法地位及权威,使县级以上"防办"机构能力建设有法可依,[1]也激励其认真履职。

(五)强化法律责任制度

《防洪法》专章规定了行政相对人和国家工作人员的法律责任,但是大多条款是关于行政相对人应当承担的行政责任。仅有一个条款(第 60 条)涉及行政相对人的民事责任。[2] 只有一个条款(第 64 条)规定了国家工作人员的行政责任和刑事责任,而且有很多不周密之处。[3] 因此总体而言,《防洪法》偏重于制裁行政相对人,忽视对管理者自身行政不当行为和不作为的处罚,不能有效地防范和消除"政府失灵"问题。

无论是水利部和国家防汛抗旱总指挥部共同组织的对《防洪法》的立法后评估,还是地方防汛抗旱工作人员执法的切身感受,都反映《防洪法》的法律责任制度存在很多缺陷和问题。一是行政协调、行政强制等行政命令手段运用较多,而依法处罚等手段运用较少;二是《防洪法》对有的违法行为没有规定法律责任,或者虽然有规定,却没有具体的责任标准,造成执法无

---

〔1〕 何少斌、孙又欣、吴荣飞、常丽:《我国防洪法的理性分析》,载《中国防汛抗旱》2007 年第 4 期。

〔2〕《防洪法》第 60 条规定,违反本法规定,破坏、侵占、毁损堤防、水闸、护岸、抽水站、排水渠系等防洪工程和水文、通信设施以及防汛备用的器材、物料的,责令停止违法行为,采取补救措施,可以处五万元以下的罚款;造成损坏的,依法承担民事责任;应当给予治安管理处罚的,依照治安管理处罚法的规定处罚;构成犯罪的,依法追究刑事责任。

〔3〕《防洪法》第 64 条规定,国家工作人员,有下列行为之一,构成犯罪的,依法追究刑事责任;尚不构成犯罪的,给予行政处分:(一)违反本法第十七条、第十九条、第二十二条第二款、第二十二条第三款、第二十七条或者第三十四条规定,严重影响防洪的;(二)滥用职权,玩忽职守,徇私舞弊,致使防汛抗洪工作遭受重大损失的;(三)拒不执行防御洪水方案、防汛抢险指令或者蓄滞洪方案、措施、汛期调度运用计划等防汛调度方案的;(四)违反本法规定,导致或者加重毗邻地区或者其他单位洪灾损失的。

据或实际操作困难。比如,对规划保留区内未经批准擅自建设的行为没有规定如何处理,对第12条、第16条第3款、第25条、第35条第3款、第54条以及第58条等部分禁止性规定的条款没有设置相应法律责任,第64条第2款的表述中对"滥用职权,玩忽职守,徇私舞弊,致使防汛抗洪工作遭受重大损失"的行为要追究刑事责任或给予行政处分,但是没有明确规定追责标准,缺乏可操作性;三是未明确规定行政首长或防汛指挥机构的责任承担及追究问题;四是存在执法不严的问题。[1] 这些缺陷和问题应在修法和执法时予以弥补和解决,以建立起有效的防洪工作约束机制。

(六)强化与《水法》的衔接和配合

《防洪法》作为《水法》的子法,需要与其进行衔接和配合,以符合法律体系的一致性要求,维护法律的权威,增强法律的实施效果。一是修改关于行洪的规定。《防洪法》第22条第3款规定"禁止在行洪河道内种植阻碍行洪的林木和高秆作物",而《水法》第37条第1款规定"禁止在江河、湖泊、水库、运河渠道内种植阻碍行洪的林木和高秆作物"。建议将《防洪法》第22条第3款中的"禁止在行洪河道"改为"禁止在河道",这不仅是与《水法》相一致,也是因为河道本身都有行洪的功能,不仅在所谓的"行洪河道",而且在一般的河道内种植阻碍行洪的林木和高秆作物,都会危及堤防安全。

二是修改关于法律责任的规定。《防洪法》和《水法》针对同一违法行为,存在罚款数额不统一的现象。例如,《防洪法》第55条第3款与《水法》第66条第1款同样是对"种植阻碍行洪的林木和高秆作物"行为进行处罚,《防洪法》规定为"五万元以下罚款",《水法》规定为"一万元以上五万元以下罚款"。

三是调整防洪规划与流域、区域综合规划的关系。《防洪法》第9条规定"防洪规划应当服从所在流域、区域的综合规划……"其实,一概地"应当服从"的规定提法不妥。《水法》第15条第2款已经相应地将"应当服从"改作"相协调"。

---

[1] 《防洪法》立法后评估课题组(新疆维吾尔自治区水利厅水政水资源处):《〈防洪法〉立法后评估》,载《水利发展研究》2012年第9期。

四、《水土保持法》及其《实施条例》的修订

水土保持是指“对自然因素和人为活动造成水土流失所采取的预防和治理措施”。[1]《水土保持法》由全国人大常委会1991年通过，2010年修订，分为总则、规划、预防、治理、监测和监督、法律责任、附则七章，共60个条款。《水土保持法》规定了立法目的、[2]水土保持工作的方针、[3]水土保持的管理体制和机构、政府职责、水土保持规划制度、预防和减轻水土流失的制度、水土流失的治理制度、水土流失的监督管理制度、法律责任制度等。此外，国务院根据《水土保持法》，于1993年发布了《水土保持法实施条例》，2011年修订。但是，这些法律法规的某些规定不符合水土保持工作的实际情况，以及保障水安全的需要，必须进行再次修订。

（一）建立水土保持管理机构的统筹协调机构

《水土保持法》第5条规定了水土保持的管理体制和机构，[4]使水土流失的防治工作涉及国土资源、建设规划、环境保护、林业、农业、发改、财政等多个部门，在整个防治过程中既需要有作为主管部门的牵头者，也需要部门、地区、项目间的协调、配合。但是目前的立法和实践缺乏这种统筹协调机制，在实际的水土流失防治工作中，存在多头管理、投资分散等问题，成为制约水土流失防治效果的重要因素之一。[5] 因此，《水土保持法》需要建立一个分工协作且责任明确的管理体制和运行机制，明确细化各个部门的职责分工。同时建议第5条明确规定，跨省、区、市的重要江河流域由国家统一设立的流域管理机构实行统一集中管理，以提高管理成效。

---

〔1〕 参见《水土保持法》第2条的规定。

〔2〕 《水土保持法》第1条规定，为了预防和治理水土流失，保护和合理利用水土资源，减轻水、旱、风沙灾害，改善生态环境，保障经济社会可持续发展，制定本法。

〔3〕 《水土保持法》第3条规定，水土保持工作实行预防为主、保护优先、全面规划、综合治理、因地制宜、突出重点、科学管理、注重效益的方针。

〔4〕 《水土保持法》第5条规定，国务院水行政主管部门主管全国的水土保持工作；国务院水行政主管部门在国家确定的重要江河、湖泊设立的流域管理机构（以下简称流域管理机构），在所管辖范围内依法承担水土保持监督管理职责；县级以上地方政府水行政主管部门主管本行政区域的水土保持工作；县级以上政府林业、农业、国土资源等有关部门按照各自职责，做好有关的水土流失预防和治理工作。

〔5〕 谢素芳：《水土保持法修订：需强化政府责任》，载《中国人大》2010年第19期。

（二）落实水土保持的政府职责

分散的管理体制把管理责任更多地交给了地方政府，《水土保持法》在多个条款规定了地方政府水土保持的职责。[1] 然而，这些关于地方政府职责的规定多很笼统，有必要进一步明确，而且法律也没有相应地规定政府怠于履行职责的责任追究问题。《水土保持法实施条例》也仅在第3条笼统规定，水土流失防治区的地方政府应当实行水土流失防治目标责任制。所以，水土保持的地方政府负责制实际上处于虚置的状态，根本得不到切实实施。建议把第4条第2款“国家在水土流失重点预防区和重点治理区，实行地方各级政府水土保持目标责任制和考核奖惩制度”中的“地方政府”去掉，规定由国家职能部门和地方政府共同承担责任，才能推动目标的完成。

（三）建立水土保持补偿机制

水土保持补偿机制的本质在于，协调生产建设者、经济开发者、水土治理受益者等多方利益和义务的平衡，它也属于一种重要的行政激励机制——生态补偿机制。[2] 国内外实践证明，建立和完善水土保持补偿机制，是保障水土流失治理资金的有效途径和手段。因此，建议在总则里明确规定这一机制，“国家建立水土保持补偿机制，建立水土保持基金，专项用于水土流失的治理和为保持水土禁止、限制开发区域的补偿”。

（四）强化法律责任

水土保持的法律责任既有行政相对人的责任，也有政府和管理者的责任，这两方面的责任都需要强化，以建立起有效的水土保持约束机制。2013年中共十八届三中全会通过的《中共中央关于全面深化改革问题的决定》首次确定了生态文明制度体系，提出“实行最严格的……损害赔偿

〔1〕 比如，第4条第1款规定，县级以上人民政府应当加强对水土保持工作的统一领导，将水土保持工作纳入本级国民经济和社会发展规划，对水土保持规划确定的任务，安排专项资金，并组织实施。第2款规定，国家在水土流失重点预防区和重点治理区，实行地方各级人民政府水土保持目标责任制和考核奖惩制度。第12条规定，县级以上人民政府应当依据水土流失调查结果划定并公告水土流失重点预防区和重点治理区。第16条规定，地方各级人民政府应当按照水土保持规划，采取封育保护、自然修复等措施，组织单位和个人植树种草，扩大林草覆盖面积，涵养水源，预防和减轻水土流失。第17条规定，地方各级人民政府应当加强对取土、挖砂、采石等活动的管理，预防和减轻水土流失。第18条规定，水土流失严重、生态脆弱的地区，应当限制或者禁止可能造成水土流失的生产建设活动，严格保护植物、沙壳、结皮、地衣等。

〔2〕 参见何艳梅：《环境法的激励机制》，中国法制出版社2014年版，第242～243页、第300～304页。

制度和责任追究制度”。

1. 强化行政相对人的法律责任

《水土保持法》专章规定了法律责任，但是绝大多数条款是针对行政相对人的行政处罚，而且处罚程度很轻微，导致“守法成本高、违法成本低”。[1] 只有一个条款（第58条）规定了行政相对人的民事责任和刑事责任。[2]《水土保持法实施条例》规定的行政相对人的行政罚款额也很低。[3] 行政相对人所从事的生产建设活动已经成为水土流失的主要原因之一，虽然现有的法律责任制度对此进行了限制，但是力度不够，导致生产建设项目忽视对水土的保护，造成的破坏也得不到充分治理，因此应当严厉追究行政相对人破坏水土行为的法律责任。一方面提高处罚的额度，另一方面强化民事责任和刑事责任。

2. 强化政府和管理者的法律责任

《水土保持法》规定的法律责任，多是针对行政相对人违法行为的处罚，而对大型项目，特别是政府行为的项目，如道路建设、矿产开发等违规建设造成水土流失的责任问题，却没有明确规定。《水土保持法》只有一个条款（第47条）涉及管理者的责任，但也只是对行政部门直接责任人的行政责任，而且还是属于内部制裁的行政处分。[4] 可以说，《水土保持

[1] 比如《水土保持法》第48条规定，违反本法规定，在崩塌、滑坡危险区或者泥石流易发区从事取土、挖砂、采石等可能造成水土流失的活动的，由县级以上地方人民政府水行政主管部门责令停止违法行为，没收违法所得，对个人处一千元以上一万元以下的罚款，对单位处二万元以上二十万元以下的罚款。第49条规定，违反本法规定，在禁止开垦坡度以上陡坡地开垦种植农作物，或者在禁止开垦、开发的植物保护带内开垦、开发的，由县级以上地方人民政府水行政主管部门责令停止违法行为，采取退耕、恢复植被等补救措施；按照开垦或者开发面积，可以对个人处每平方米二元以下的罚款、对单位处每平方米十元以下的罚款。

[2] 《水土保持法》第58条规定，违反本法规定，造成水土流失危害的，依法承担民事责任；构成违反治安管理行为的，由公安机关依法给予治安管理处罚；构成犯罪的，依法追究刑事责任。

[3] 根据《水土保持法实施条例》第26~30条的规定，依照《水土保持法》第32条的规定处以罚款的，罚款幅度为非法开垦的陡坡地每平方米1元至2元；依照《水土保持法》第33条的规定处以罚款的，罚款幅度为擅自开垦的荒坡地每平方米0.5元至1元；依照《水土保持法》第34条的规定处以罚款的，罚款幅度为500元以上、5000元以下；依照《水土保持法》第35条的规定处以罚款的，罚款幅度为造成的水土流失面积每平方米2元至5元；依照《水土保持法》第36条的规定处以罚款的，罚款幅度为1000元以上、1万元以下。

[4] 《水土保持法》第47条规定，水行政主管部门或者其他依照本法规定行使监督管理权的部门，不依法作出行政许可决定或者办理批准文件的，发现违法行为或者接到对违法行为的举报不予查处的，或者有其他未依照本法规定履行职责的行为的，对直接负责的主管人员和其他直接责任人员依法给予处分。

法》偏重于制裁行政相对人,忽视对政府和管理者自身行政不当行为和不作为的处罚,不能有效地防范和消除"政府失灵"问题。为了防范和制裁地方政府和职能部门在水土流失等生态问题上的不当行为和不作为,应当在法律中明确规定追究其法律责任。

第三节 海水法的体系和制度

在海水法领域,长期以来,由于决策层对"蓝色国土"的战略意义和重要性缺乏清醒的认识,导致中国海洋资源开发和环境保护事业和相应海水立法起步较晚,发展缓慢,也存在很多问题,加之海洋经济战略的实施,对中国水安全带来了一定的挑战。为了保障水安全,中国需要修订《海域使用管理法》和《海洋环境保护法》,并注意两者之间的衔接和配合。《海洋基本法》已经列入全国人大常委会立法规划,其制定也应当考虑与前两部法律的衔接问题。为了突出重点,本节仅讨论《海域使用管理法》和《海洋环境保护法》的修订及其相互衔接,以及与淡水法的衔接问题。

一、《海域使用管理法》的修订

《海域使用管理法》于 2001 年由全国人大常委会通过,2002 年开始施行,共有总则、海洋功能区划、海域使用的申请与审批、海域使用权、海域使用金、监督检查、法律责任、附则八章。《海域使用管理法》规定了立法目的、[1]适用范围、[2]海域使用管理机构、海域使用管理制度、法律责任等问题。该法自实施以来已有十多年,有些规定不能适应海域使用和管理新形势,需要进行修订。

---

〔1〕《海域使用管理法》的立法目的是"加强海域使用管理,维护国家海域所有权和海域使用权人的合法权益,促进海域的合理开发和可持续利用"。

〔2〕根据《海域使用管理法》第 1 ~ 2 条的规定,其适用范围是"在中国内水、领海持续使用特定海域三个月以上的排他性用海活动"。其中"海域"是指中国内水、领海的水面、水体、海床和底土,"内水"是指中国领海基线向陆地一侧至海岸线的海域。

(一)完善海域所有权和使用权及其流转制度

根据《海域使用管理法》的规定,海域属于国家所有,单位和个人可以依法取得海域使用权,海域使用权可以依法转让和继承。[1]

1. 海域所有权

《海域使用管理法》第3条规定,“任何单位或个人不得侵占、买卖或者以其他形式非法转让海域”。此处“海域”的措辞不够严谨,因为海域使用权是可以“买卖”的,不能“买卖”的是海域所有权。因此,建议将此处的“海域”修改为“海域所有权”。

2. 海域使用权

关于海域使用权人可以对海域行使什么样的使用权利,是否包括勘探矿产权、开采矿产权和取水权,《海域使用管理法》没有规定。国家海洋局自2002年以来每年发布的《海域使用管理公报》,仅涉及海洋功能区划管理、海域使用权管理、海域使用金管理、围填海管理、海底电缆管道管理、海域海岸带整治修复、海域动态监视监测、海域使用论证评估、海域使用监督检查等方面。在“海域使用权管理”方面,仅涉及渔业用海、工业用海、交通运输用海、旅游娱乐用海、海底工程用海、排污倾倒用海、造地工程用海、特殊用海、其他用海等的审批、确权和管理。[2] 建议《海域使用管理法》明确规定海域探矿权、采矿权和取水权,将海洋矿产、能源和水资源的开发纳入其适用范围。相应地,国家海洋局有权依据《海域使用管理法》的规定,对海洋矿产、能源和水资源的开发进行管理,并与工信部、能源局、环保部等相关职能部门进行联合管理。

3. 海域使用权流转

《海域使用管理法》第27条对海域使用权流转制度的设计存在很大缺陷。首先,它只规定了海域使用权可以转让与继承,而没有规定可以出租、抵押和出资。可流转性是用益物权的鲜明特点,海域使用权作为用益

---

〔1〕《海域使用管理法》第3条规定,海域属于国家所有,国务院代表国家行使海域所有权。单位和个人可以依法取得海域使用权。2007年《物权法》也在“用益物权”编的第122条确认了海域使用权。《海域使用管理法》第27条规定,海域使用权可以依法转让和继承。

〔2〕参见国家海洋局发布的2002~2015年度《海域使用管理公报》,载国家海洋局:http://www.soa.gov.cn/zwgk/hygb/hysyglgb/,最后访问日期:2016年6月23日。

物权，应当允许权利人进行转让、出租、抵押和出资等，以为使用权人提供完整和系统的权利激励。[1] 虽然国家海洋局于2006年颁布了《海域使用权管理规定》，第六章专门规定了海域使用权转让、出租和抵押问题，实践中福建等沿海省份和地区出台和实施了海域使用权出租、抵押等制度，但是该部门规章缺乏上位法的依据，地方实践也无法可依，不符合法制精神和依法行政要求。其次，《海域使用管理法》仅是笼统地规定“海域使用权可以依法转让”，对转让条件、程序等未作进一步规定，而是授权由国务院制定具体的转让办法。但是国务院目前还没有出台这样的行政法规，只是在国家海洋局2006年颁布的《海域使用权管理规定》中规定了海域使用权转让的条件。因此，要么将《海域使用权管理规定》与《海域使用管理法》进行整合，要么维持现行“分散立法”模式，在《海域使用管理法》中明确规定海域使用权可以出租、抵押和出资，并且将《海域使用权管理规定》上升为行政法规。

（二）明确海域使用管理机构的权限

根据《海域使用管理法》第7条的规定，我国海域使用管理采取海洋行政部门、渔业行政部门、海事管理机构分工管理的体制。[2] 该法虽然专章规定了“监督检查”，但是内容很是粗疏、薄弱，缺乏可操作性。[3] 而且，该法没有相应规定，政府或其职能部门怠于履行相关职责的责任追究问题，缺乏必要的约束机制。这些问题应当在修法时予以解决。

（三）建立健全海域使用管理制度

海域使用管理制度是《海域使用管理法》规范的重点之一，具体包括

---

[1] 参见何艳梅：《环境法的激励机制》，中国法制出版社2014年版，第16页，第180~184页。

[2] 《海域使用管理法》第7条规定，国务院海洋行政主管部门负责全国海域使用的监督管理；沿海县级以上地方政府海洋行政主管部门根据授权，负责本行政区毗邻海域使用的监督管理；渔业行政主管部门依照《渔业法》，对海洋渔业实施监督管理；海事管理机构依照《海上交通安全法》，对海上交通安全实施监督管理。

[3] 比如《海域使用管理法》第37条规定，县级以上人民政府海洋行政主管部门应当加强对海域使用的监督检查；县级以上人民政府财政部门应当加强对海域使用金缴纳情况的监督检查。第41条规定，依照法律规定行使海洋监督管理权的有关部门在海上执法时应当密切配合，互相支持，共同维护国家海域所有权和海域使用权人的合法权益。

海洋功能区划制度、[1]海域使用监测制度、[2]海域使用审批制度、[3]海域使用权登记制度、[4]海域有偿使用制度[5]等。其中有的制度需要完善,同时也需要根据海域使用管理形势和中央政策,建立新的制度。

1. 完善海域使用审批制度

从《海域使用管理法》第18条的规定可以看出,用海项目的审批权限是根据用海类型和面积进行划分的。但是在实践中,许多用海项目为了规避国务院或上一级政府审批,更容易地获得海域使用权,往往采取化整为零的方法,把一个项目拆分为若干个小项目分别报批。如此行为往往受到当地政府的庇护,违规围填海,侵害原用海者的海域使用权,扰乱海域使用与管理秩序,甚至引发群体性维权事件。[6]

针对实践中化整为零报批用海项目的违规行为,为了维护海域使用和管理秩序,保护原用海者的海域使用权,《海域使用管理法》应当就其防范和制裁同时作出规定。在防范方面,应当明确规定"同一用海项目属于相同类型使用的,应当依据总体设计整体提出申请,不得化整为零,分散报批"。[7] 在制裁方面,应当明确规定"如有化整为零,分散报批的情形,审批部门不予受理和审批;如果申请人已获得该项目用海的使用权,则取消其使用权"。

---

[1] 《海域使用管理法》第10条规定,国务院海洋行政主管部门会同国务院有关部门和沿海省份政府,编制全国海洋功能区划。沿海县级以上地方政府海洋行政主管部门会同本级政府有关部门,依据上一级海洋功能区划,编制地方海洋功能区划。《海域使用管理法》第4条规定,海域使用必须符合海洋功能区划;国家严格管理填海、围海等改变海域自然属性的用海活动。

[2] 《海域使用管理法》第5条规定,国家建立海域使用管理信息系统,对海域使用状况实施监视、监测。

[3] 《海域使用管理法》第18条规定,下列项目用海,应当报国务院审批:(一)填海五十公顷以上的项目用海;(二)围海一百公顷以上的项目用海;(三)不改变海域自然属性的用海七百公顷以上的项目用海;(四)国家重大建设项目用海;(五)国务院规定的其他项目用海。其他项目用海的审批权限,由国务院授权省级政府规定。

[4] 《海域使用管理法》第6条规定,国家建立海域使用权登记制度,依法登记的海域使用权受法律保护。海域使用权最高期限,按照不同的用途确定。

[5] 《海域使用管理法》第33条规定,单位和个人使用海域,应当按照国务院的规定缴纳海域使用金;海域使用金应当按照国务院的规定上缴财政。

[6] 参见谭柏平:《〈海域使用管理法〉的修订与海域使用权制度的完善》,载《政法论丛》2011年第6期。

[7] 参见谭柏平:《〈海域使用管理法〉的修订与海域使用权制度的完善》,载《政法论丛》2011年第6期。

2. 建立围填海总量控制制度和自然岸线控制制度

《海域使用管理法》规定，"国家严格管理填海、围海等改变海域自然属性的用海活动"。然而综观该法全文，并未明确如何"严格管理"，使得该条款规定仅仅具有政策宣示性，而没有可操作性。"严格管理"填海、围海活动的切实措施是建立围填海总量控制制度和自然岸线控制制度。《十三五规划纲要》为了加强海洋资源环境保护，要求"严格控制围填海规模，加强海岸带保护与修复，自然岸线保有率不低于35%"。[1] 因此，建议《海域使用管理法》建立围填海总量控制制度和自然岸线控制制度。

3. 建立海域使用论证制度

为了维护海域使用和管理秩序，保护海洋环境免受污染损害，《海域使用管理法》的修订需建立海域使用论证制度。立法需授权海洋管理部门制定用海工程和围填海建设标准，明确海拔高度、污染排放、防灾减灾等要求，并按这些标准和要求实施海域使用论证制度。

(四)强化法律责任制度

《海域使用管理法》用专章规定了"法律责任"，而且在第51条规定了县级以上地方政府公务人员的行政责任和刑事责任，算是些许"亮点"。[2] 但是总体来看，也存在环境单行法的责任制度中明显的流弊——以追究行政相对人的行政责任为主，民事责任和刑事责任为辅，并且对行政相对人的行政制裁程度过于轻微，缺失对政府怠于履行职责的责任追究制度。因此，一方面，需强化对行政相对人的责任追究，提高行政制裁力度，加强民事责任和刑事责任追究；另一方面，需强化政府和职能部门不当行为和不作为的责任追究，包括建立行政责任人的引咎辞职制度。

(五)《海域使用管理法》与《海洋环境保护法》的衔接和配合

《海域使用管理法》的修订，相关法律制度的构建或完善，必须注意与

---

[1] 参见《十三五规划纲要》第四十一章("拓展蓝色经济空间")第二节("加强海洋资源环境保护")的规定。

[2] 《海域使用管理法》第51条规定，县级以上地方政府违反本法规定颁发海域使用权证书，或者颁发海域使用权证书后不进行监督管理，或者发现违法行为不予查处的，对直接负责的主管人员和其他直接责任人员，依法给予行政处分；徇私舞弊、滥用职权或者玩忽职守构成犯罪的，依法追究刑事责任。

《海洋环境保护法》的衔接和配合。下面以环境影响评价制度、用海项目审批制度为例。

1. 环境影响评价制度

《海域使用管理法》第16条规定,“单位和个人可以向县级以上政府海洋行政主管部门申请使用海域。申请使用海域的,申请人应当提交下列书面材料:(一)海域使用申请书;(二)海域使用论证材料;(三)相关的资信证明材料;(四)法律、法规规定的其他书面材料。”其中的“海域使用论证材料”或“法律、法规规定的其他书面材料”是否包括环境影响评价报告书(表)?根据我国2002年《环境影响评价法》的规定,建设项目包括各项海域使用工程或项目应当开展环境影响评价。而且《海洋环境保护法》第43条明确规定海岸建设工程必须开展环境影响评价。因此,《海域使用管理法》第16条应当明确规定,申请使用海域者应当向海洋主管部门提交环境影响报告书(表)。

2. 用海项目审批制度

《海域使用管理法》没有明确规定海域使用申请不予批准的情形。为了建立政务信息公开制度,实现申请人的知情权,以及实现与《海洋环境保护法》相衔接、保护海洋环境的需要,应当预设不予批准项目用海的情形,尤其是以下两类情形:一是不符合海洋功能区划和海域使用规划的;二是破坏海域资源、环境和生态系统的。[1]

二、《海洋环境保护法》的修订

《海洋环境保护法》于1982年由全国人大常委会通过,1999年、2013年、2016年三次修订(改)。该法包括总则、海洋环境监督管理、海洋生态保护、防治陆源污染物对海洋环境的污染损害、防治海岸工程建设项目对海洋环境的污染损害、防治海洋工程建设项目对海洋环境的污染损害、防治倾倒废弃物对海洋环境的污染损害、防治船舶及有关作业活动对海洋环境的污染损害、法律责任、附则十章,主要规定了立法

---

〔1〕 参见谭柏平:《〈海域使用管理法〉的修订与海域使用权制度的完善》,载《政法论丛》2011年第6期。

目的、[1]适用范围、[2]海洋环境监督管理体制和制度、法律责任制度等。

《海洋环境保护法》的很多规定和制度不能适应中国日益严峻的水安全形势和海洋环保执法实践，也不符合2013年中共十八届三中全会通过的《中共中央关于全面深化改革问题的决定》、国务院2015年《水污染防治行动计划》、中共中央、国务院2015年《关于加快推进生态文明建设的意见》、全国人大2016年《十三五规划纲要》等中央重大战略、政策和法律文件的规定和精神，需要进行再次修订。

海洋环境具有不可逆性、隐显性、持续反应性等特点，这些特点客观上要求海洋环境保护法具有预见性和适度超前性，[3]海洋环境污染应当转"治"为"防"。为此，《海洋环境保护法》应当作出以下方面的修订。

（一）理顺海洋环境监督管理体制

海洋是一个区域流动性强、相互影响比较大的综合体，其自身属性决定了海洋管理需要一个能协调多部门和区域的强有力管理机构。根据《海洋环境保护法》第5条的规定，我国海洋环境的监督管理机构多达6类，分别是：国家环境保护行政主管部门，国家海洋行政主管部门，国家海事行政主管部门，国家渔业行政主管部门，军队环境保护部门，沿海县级以上地方政府。具体职责分工是：(1)国务院环境保护行政主管部门作为对全国环境保护工作统一监督管理的部门，对全国海洋环境保护工作实施指导、协调和监督，并负责全国防治陆源污染物和海岸工程建设项目对海洋污染损害的环境保护工作。(2)国家海洋行政主管部门负责海洋环境的监督管理，组织海洋环境的调查、监测、监视、评价和科学研究，负责全国防治海洋工程建设项目和海洋倾倒废弃物对海洋污染损害的环境保护工作。(3)国家海事行政主管部门负责所辖港区水域内非军事船舶和港区水域外非渔业、非军事船舶污染海洋环境的监督管理，并负责污染事

[1] 《海洋环境保护法》第1条规定，其立法目的是"保护和改善海洋环境，保护海洋资源，防治污染损害，维护生态平衡，保障人体健康，促进经济和社会的可持续发展"。

[2] 《海洋环境保护法》第2条规定，其适用范围是"中国内水、领海、毗连区、专属经济区、大陆架以及中国管辖的其他海域"。"在中国管辖海域内从事航行、勘探、开发、生产、旅游、科学研究及其他活动，或者在沿海陆域内从事影响海洋环境活动的任何单位和个人，都必须遵守本法；在中国管辖海域以外造成中国管辖海域污染的，也适用本法"。

[3] 那力：《国际环境法》，科学出版社2005年版，第102~104页。

故的调查处理;对在中国管辖海域航行、停泊和作业的外国籍船舶造成的污染事故登轮检查处理。船舶污染事故给渔业造成损害的,应当吸收渔业行政主管部门参与调查处理。(4)国家渔业行政主管部门负责渔港水域内非军事船舶和渔港水域外渔业船舶污染海洋环境的监督管理,负责保护渔业水域生态环境工作,并调查处理前款规定的污染事故以外的渔业污染事故。(5)军队环境保护部门负责军事船舶污染海洋环境的监督管理及污染事故的调查处理。(6)沿海县级以上地方政府行使海洋环境监督管理权的部门的职责,由省份政府根据本法及国务院有关规定确定。

《海洋环境保护法》的上述规定和执法实践,使海洋环境监督管理形成了“六龙治海”的局面。尽管法律已经明确各部门职责分工,但是分散管理模式使得职能多有交叉、界限不清晰、追责不具体,遇到重大问题时相互推诿的现象时有发生,[1]从而降低了管理效率,影响了海洋环境保护的效果。《海洋环境保护法》第9条第3款规定,沿海地方各级政府根据国家和地方海洋环境质量标准的规定和本行政区近岸海域环境质量状况,确定海洋环境保护的目标和任务,并纳入政府工作计划,按相应的海洋环境质量标准实施管理。如此看来,似乎实行的是“海洋环境质量地方政府负责制”。这会造成国家环境保护行政主管部门、国家海洋行政主管部门、国家海事行政主管部门等国务院职能部门具有监督管理职权,却不承担责任的现象,产生责、权、利的不平衡。显然,在加强地方政府对海洋环境质量义务和责任的同时,也应当规定国务院职能部门的义务和责任,将海洋环境质量纳入职能部门考核评价体系和奖惩体系。对于发生重大海洋环境违法事件的地方政府分管领导、海洋主管部门分管领导及海洋环境监管机关的主要负责人,应当依据新修订的《环境保护法》的规定,建立引咎辞职制度,从而促使其有效履行法律规定的职责。

(二)建立健全海洋环境监督管理制度

海洋环境监督管理制度是《海洋环境保护法》规范的重点,主要包括

---

〔1〕 杨伦庆:《关于修订我国海洋环境保护法的若干思考》,载《海洋信息》2015年第1期。

以下制度：重点海域排污总量控制制度、[1]海洋功能区划制度、[2]海洋环境标准制度、[3]排污收费制度、[4]限期治理制度、[5]海洋环境监测制度、[6]环境影响评价制度、[7]三同时制度、[8]排污许可制度[9]等。总体而言，各项监督管理制度是相互联系，甚至是层层递进的，只有把它们有机地结合起来，才能有效地发挥各制度的功能。比如，总量控制制度是其他所有制度的基础，环境影响评价制度是三同时制度的前提和基础，排污收费制度以排污许可和排放标准制度为基础。然而，有些制度多有漏洞，不仅影响其自身的实施效果，也影响其他制度的实施效果，需要相应地或废或改。同

---

〔1〕《海洋环境保护法》第3条规定，国家建立并实施重点海域排污总量控制制度，确定主要污染物排海总量控制指标，并对主要污染源分配排放控制数量；具体办法由国务院制定。

〔2〕《海洋环境保护法》第6条规定，国家海洋行政主管部门会同国务院有关部门和沿海省份政府拟定全国海洋功能区划，报国务院批准；沿海地方各级政府应当根据全国和地方海洋功能区划，科学合理地使用海域。

〔3〕根据《海洋环境保护法》第9条的规定，"海洋环境质量标准"有两类：一是国家海洋环境质量标准，由"国家根据海洋环境质量状况和国家经济、技术条件"制定；二是地方海洋环境质量标准，沿海省份政府对国家海洋环境质量标准中未作规定的项目，可以制定地方海洋环境质量标准。沿海地方各级政府根据国家和地方海洋环境质量标准的规定和本行政区近岸海域环境质量状况，确定海洋环境保护的目标和任务，并纳入政府工作计划，按相应的海洋环境质量标准实施管理。《海洋环境保护法》第10条规定，国家和地方水污染物排放标准的制定，应当将国家和地方海洋环境质量标准作为重要依据之一。在国家建立并实施排污总量控制制度的重点海域，水污染物排放标准的制定，还应当将主要污染物排海总量控制指标作为重要依据。

〔4〕《海洋环境保护法》第11条规定，直接向海洋排放污染物的单位和个人，必须按照国家规定缴纳排污费。向海洋倾倒废弃物，必须按照国家规定缴纳倾倒费。根据本法规定征收的排污费、倾倒费，必须用于海洋环境污染的整治，不得挪作他用。具体办法由国务院规定。

〔5〕《海洋环境保护法》第12条规定，对超过污染物排放标准的，或者在规定的期限内未完成污染物排放削减任务的，或者造成海洋环境严重污染损害的，应当限期治理。

〔6〕《海洋环境保护法》第14条规定，国家海洋行政主管部门按照国家环境监测、监视规范和标准，管理全国海洋环境的调查、监测、监视，制定具体的实施办法，会同有关部门组织全国海洋环境监测、监视网络，定期评价海洋环境质量，发布海洋巡航监视通报。依照本法规定行使海洋环境监督管理权的部门分别负责各自所辖水域的监测、监视。其他有关部门根据全国海洋环境监测网的分工，分别负责对入海河口、主要排污口的监测。

〔7〕《海洋环境保护法》第43条规定，海岸工程建设项目的单位，必须在建设项目可行性研究阶段，对海洋环境进行科学调查，根据自然条件和社会条件，合理选址，编报环境影响报告书。环境影响报告书报环境保护行政主管部门审查批准。环境保护行政主管部门在批准环境影响报告书之前，必须征求海洋、海事、渔业行政主管部门和军队环境保护部门的意见。

〔8〕《海洋环境保护法》第44条规定，海岸工程建设项目的环境保护设施，必须与主体工程同时设计、同时施工、同时投产使用。环境保护设施未经环境保护行政主管部门检查批准，建设项目不得试运行；环境保护设施未经环境保护行政主管部门验收，或者经验收不合格的，建设项目不得投入生产或者使用。

〔9〕《海洋环境保护法》第55条规定，向海洋排放陆源污染物或倾倒废弃物的单位，需事先获得行政许可。

时,也需要根据海洋环保的新形势和中央战略政策,建立新的制度。

1. 调整现行制度

《海洋环境保护法》需要调整的现行制度包括两方面:一方面是“改”——完善重点海域排污总量控制制度、海洋排污许可制度和海洋环境监测制度;另一方面是“废”——废止限期治理制度。

(1)完善重点海域排污总量控制制度

《海洋环境保护法》第3条虽然建立了重点海域排污总量控制制度,但是“重点海域”“主要污染物”“主要污染源”等关键概念和术语未予界定和明确,国务院至今也未出台实施总量控制的“具体办法”。这与总量控制作为污染防治和生态保护的基础性制度的地位很不相符,也不能有效地保护海洋环境。

(2)全面建立海洋排污许可制度

《海洋环境保护法》虽然规定了重点海域排污总量控制制度,但是没有全面建立起配套的海洋排污许可制度,只是规定了向海洋排放陆源污染物或倾倒废弃物的单位事先获得行政许可。《海洋环境保护法》应当在重点海域排污总量控制制度的基础上,全面建立海洋排污许可制度。凡是通过各种途径,向重点海域排放主要污染物的生产经营性单位,一律应当事先获得行政许可。

(3)统一近海环境监测制度

根据《海洋环境保护法》第14条的规定,国家海洋行政主管部门被赋予组织全国海洋环境监测、监视网络,定期评价海洋环境质量,以及发布海洋巡航监视通报等职责,并在近海海域设立了很多环境监测点。但是,陆源入海污染物是海洋环境污染的主要来源,而陆地环境监测属于环保部门的职能,如入海排污口的选址、入海污染物监测等都由环保部门负责。环保部门在沿海水域建立了近海监测网,也定期发布近岸海域环境质量情况。两部门关于污染物监视、监测的方法和标准目前没有统一。因此,海陆统筹协调不够,这也对海洋环境保护带来了很多麻烦和难题。[1] 为了提高管理效率,防止重复监测导致人力、物力和财力的浪费,以及政出多门,建议建立

〔1〕 杨伦庆:《关于修订我国海洋环境保护法的若干思考》,载《海洋信息》2015年第1期。

统一的近海环境监测制度，制定监测规范和监测数据标准，统一规划建设监测网络，建立监测数据共享机制，以保障各部门、各地区监测数据和环境质量评价体系的统一。

(4)废止限期治理制度

前已述及，限期治理制度其实是对污染者的纵容，也不符合“保护优先”的环境法新理念。实践中也发现排污者利用限期治理作为超标排污“护身符”的现象，难以发挥督促企业治理的作用。2014 年修订、2015 年实施的《环境保护法》已经取消了限期治理制度，而代之以限制生产、停产整治、责令停业或关闭等制裁措施，而且赋予政府环境保护主管部门和其他负有环境保护监督管理职责的部门对违法排污，造成或者可能造成严重污染的企事业单位和其他生产经营者的强制执行权，即有权查封、扣押造成污染物排放的设施、设备。[1] 因此，建议《海洋环境保护法》废止限期治理制度。

2. 建立海陆统筹的管理制度

《海洋环境保护法》规定的制度多属于行政管制，而且以单纯地防治海洋污染为主，保护海洋环境缺乏海陆统筹。海洋环境污染的主因是陆源污染，因此应当以海陆统筹为指导思想，设计海洋环境保护的监督管理体制和制度。国务院 2015 年《水污染防治行动计划》也要求“强化源头控制，水陆统筹、河海兼顾……”到 2020 年，“近岸海域环境质量稳中趋好”。

(1)建立近岸海域污染防治和生态保护制度

我国近岸海域污染严重，且有进一步恶化的趋势，因此应当重点治理。治理的最有效方法是控制源头污染，主要是来自陆源的污染物排海总量。《十三五规划纲要》要求“实施陆源污染物达标排海和排污总量控

[1] 《环境保护法》第 60 条规定，企业事业单位和其他生产经营者超过污染物排放标准或者超过重点污染物排放总量控制指标排放污染物的，县级以上政府环境保护主管部门可以责令其采取限制生产、停产整治等措施；情节严重的，报经有批准权的政府批准，责令停业、关闭。第 25 条规定，企业事业单位和其他生产经营者违反法律法规规定排放污染物，造成或者可能造成严重污染的，县级以上政府环境保护主管部门和其他负有环境保护监督管理职责的部门，可以查封、扣押造成污染物排放的设施、设备。

制制度”。[1] 建议《海洋环境保护法》规定制定和实施近岸海域污染防治方案；建立水污染防治联动协作机制；建立陆源污染物排海总量控制制度；科学划定海水增养殖区域，控制近海养殖密度；严格控制河口行洪区、重点增养殖区域建设用海；沿海地区或海岛大规模风能建设要充分考虑对相关海域的影响；建立海陆统筹、区域联动的海洋生态环境保护修复机制。

(2)建立海岸带综合管理制度

海岸带是陆地与海洋的交界地带，是海岸线向陆、海两侧扩展一定宽度的带型区域，包括近岸海域、滨海陆地、沿海湿地、滩涂和海岛等。海岸带是海、陆、气相互作用的生态过渡带，对全球环境变化和人类干预表现得极为敏感和脆弱，被称为“资源环境敏感地区”。同时，海岸带作为一个整体，可以为人类提供供给服务、调节服务、文化服务、支持服务等各种生态系统服务，[2]需要进行综合管理。美国于1972年颁布了《海岸带管理法》，标志着海岸带综合管理正式成为国家实践。海岸带综合管理已被确定为解决海岸区域环境价值丧失、水质下降、水文循环中的变化、海岸资源枯竭、海平面上升等问题的有效办法，以及沿海国家实现可持续发展的一项重要手段。[3]

我国在海岸带的管理方面，还没有制定专门的法律法规，对海岸带的划分也没有国家统一的标准，主要是通过建立国家和地方级自然保护区，以及颁布和实施一般性海洋法规，来保护海洋生物多样性和防止海洋生态环境的恶化。这种管理现状不适应我国保护海洋环境免受各种污染包括陆源污染、保护和修复海洋生态系统的形势要求，以及中央战略政策。

我国应当尽快建立和实施海岸带综合管理制度，主要内容如下：统一

---

[1] 参见《十三五规划纲要》第四十一章(“拓展蓝色经济空间”)第二节(“加强海洋资源环境保护”)的规定。

[2] 其中供给服务是指提供食品、原材料、基因资源、医药资源、港航资源、滩涂和浅海等；调节服务是指气候调节、水调节、干扰调节、废物处理、生物控制等；文化服务是指审美、娱乐旅游、精神宗教、科学教育、文化艺术等；支持服务是指初级生产、土壤形成、养分循环、生物多样性维持等。参见王萱、陈伟琪：《因填海导致的海岸带生态系统服务损失的货币化评估》，载《中国环境科学学会年会论文集》(2010)，中国环境科学出版社2010年版。

[3] 1993年《世界海岸大会宣言》。转引自蒋帅：《海陆环境资源一体化开发利用法律制度研究——以浙江省为例进行考察》，海洋出版社2009年版，第157页。

划分海岸带的边界,明确海岸带的范围;设立有效的执行机构,负责制定政策和计划并加以实施,监督、协调海岸带的所有活动;将海岸带区域的陆地和海域在环境和管理上视为一个整体,对沿海陆地和海洋的资源利用、污染预防和控制、生态保护等经济、社会和环境事宜进行综合规划;建立海岸带功能区划制度,为海岸带进行区域功能界定和划分,在特定的区域只能进行与功能相适应的活动。[1]

3. 建立海洋生态保护制度

《海洋环境保护法》不仅缺乏海陆统筹,也缺乏海洋环境损害预防、海洋环境损害赔偿、海洋生态补偿、海洋生态修复等海洋生态保护的基本制度。2013 年中共十八届三中全会通过的《中共中央关于全面深化改革问题的决定》首次确定了生态文明制度体系,提出"实行最严格的源头保护制度、损害赔偿制度和责任追究制度",用制度保护生态环境。新《环境保护法》第 34 条规定,国务院和沿海地方各级政府应当加强对海洋环境的保护……《十三五规划纲要》为了加强海洋资源和环境的保护,要求"建立海洋资源环境承载力预警机制,建立海洋生态红线制度";[2] 为了健全生态安全保障机制,要求完善生态环境保护制度,包括"建立健全生态环境损害评估和赔偿制度"。[3] 为了贯彻这些文件、法律和规划的要求,保护海洋生态系统,保障海洋安全,《海洋环境保护法》应当系统地建立海洋生态保护的基本制度,包括海洋生态红线制度、海洋环境损害预防制度、海洋环境损害赔偿制度、海洋生态补偿制度、海洋生态修复制度等激励性和约束性制度,并应注意它们之间的相互配合。

(三)建立海洋排污权交易制度

前已述及,《海洋环境保护法》规定的制度多属于行政管制,缺乏排污权交易这一市场化的、激励性的机制和手段。修法时应当建立起海洋排污权交易制度,并注意处理好其与环境影响评价制度、三同时制度和排污

---

〔1〕 参见蒋帅:《海陆环境资源一体化开发利用法律制度研究——以浙江省为例进行考察》,海洋出版社 2009 年版,第 185 页。

〔2〕 参见《十三五规划纲要》第四十一章("拓展蓝色经济空间")第二节("加强海洋资源环境保护")的规定。

〔3〕 参见《十三五规划纲要》第四十七章("健全生态安全保障机制")第一节("完善生态环境保护制度")的相关规定。

许可制度的关系。实行排污权交易制度还需要建立有效的监督机制,尤其是公众参与,是排污权交易制度最主要且最有效的监督机制。排污权交易制度引入公众参与,一方面可以对政府寻租行为防微杜渐,推动排污者守法排放污染物;另一方面可以增加公众的环境保护意识,通过集思广益促进制度的进一步完善。

(四)强化法律责任制度

海洋环境保护的法律责任既有行政相对人的责任,也有政府和管理者的责任,这两方面的责任都需要强化,以建立起有效的海洋环保约束机制,保障海洋生态安全。中共十八届三中全会通过的《中共中央关于全面深化改革若干问题的决定》提出"实行最严格的……责任追究制度"。《十三五规划纲要》为了健全生态安全保障机制,要求完善生态环境保护制度,包括"落实损害责任终身追究制度"。[1]

1. 强化行政相对人的法律责任

《海洋环境保护法》的最大篇幅,是针对行政相对人的禁止性和义务性规定,并在"法律责任"专章较为详尽地规定了违反这些规定的行政相对人应当接受的法律制裁,但是以行政制裁为主,辅以少量的民事制裁和刑事制裁条款。2016 年 11 月刚刚修订的《海洋环境保护法》强化了行政责任制度,取消了污染事故处罚上限,从多方面加大了对环境违法行为的处罚力度。因此可以说,《海洋环境保护法》偏重于行政制裁,而民事责任和刑事责任追究制度明显不足。可以借鉴新修订的《环境保护法》的先进规定,对伪造海洋环境监测数据影响决策,违法排放污染物造成海洋污染,违规建设用海设施和用海活动造成环境污染等行为,在被责令改正、处罚、停建后拒不执行,但是尚不构成犯罪的,应当由海洋环境主管部门或者其他有关部门将案件移送公安机关,对其直接负责的主管人员和其他直接责任人员进行行政处罚。[2] 同时,增加民事赔偿责任制度,如果因人为的海洋环境污染对渔民的生产、生活和海洋生态造成直接或间接

---

〔1〕 参见《十三五规划纲要》第四十七章("健全生态安全保障机制")第一节("完善生态环境保护制度")的相关规定。

〔2〕 参见杨伦庆:《关于修订我国海洋环境保护法的若干思考》,载《海洋信息》2015 年第 1 期。

影响的，均需列入赔偿范围；对从事海洋环境影响评价、海洋环境监测等的技术服务机构，如果在海洋环境服务活动中弄虚作假，从而造成海洋环境污染和生态破坏的，应当与污染者承担连带赔偿责任。

2. 强化政府和管理者的法律责任

《海洋环境保护法》偏重于行政管制和追究行政相对人的责任，只有少量条款是规定政府或职能部门的职责的，但是这些规定多很笼统，而且缺失相应的责任追究制度。在法律责任专章中，只有第 91 条和第 94 条含糊地规定了管理者的行政责任和刑事责任。[1] 可以说，《海洋环境保护法》偏重于制裁生产者、开发者和污染者，而忽视对政府和管理者的约束、监督和责任追究，忽视对管理者自身行政不当行为和不作为的处罚，不能有效地防范和消除"政府失灵"问题。为了防范和制裁地方政府和职能部门在海洋环境保护方面的不当行为和不作为，保障法律的有效实施，应当在法律中明确规定追究其法律责任。

[1] 2016 年刚修订的《海洋环境保护法》第 91 条规定，对违反本法规定，造成海洋环境污染事故的单位，由依照本法规定行使海洋环境监督管理权的部门依照本条第二款的规定处以罚款；对直接负责的主管人员和其他直接责任人员可以处上一年度从本单位取得收入百分之五十以下的罚款；直接负责的主管人员和其他直接责任人员属于国家工作人员的，依法给予处分。第 94 条规定，海洋环境监督管理人员滥用职权、玩忽职守、徇私舞弊，造成海洋环境污染损害的，依法给予行政处分；构成犯罪的，依法追究刑事责任。

第五章　中国经济发展的水风险及其政策和法律规制

水与经济存在密切的联结，水安全决定经济安全。2006年《联合国世界水资源发展报告：水，共同的责任》指出，“经济发展需要能源资源和产业活动，而它们都依赖于水”。[1] 确保水安全和经济安全要求中国发展循环型工业、节水农业和生态农业，制定和实施推动循环型工业、节水农业和生态农业发展的政策和法律，并且《循环经济促进法》和《农业法》等相关法律法规也需要进行相应变革。

第一节　中国工业发展的水风险及其政策和法律规制

工业是国家经济的核心部门。在我国，根据《国民经济行业分类》，工业属于第二产业，具体包括以下三

[1] UNESCO. The United Nations World Water Development Report 2: *Water, a Shared responsibility*, Paris: UNESCO, 2006. 转引自胡德胜、许胜晴：《能—水关联及我国能源和水资源政策法律的完善》，载《西安交通大学学报》（社会科学版）2015年第4期。

类行业：采矿业，制造业，电力、热力、燃气及水生产和供应业。我国工业的发展会带来一定的水风险，需要进行适当的政策和法律规制。

一、中国工业发展面临的水风险

中国工业发展面临的水风险主要包括两个方面，即水短缺风险和水污染风险。

（一）中国工业发展面临的水短缺风险

水与工业存在密切的联结，我国工业用水占全国用水总量的近1/4（见表5-1）。注意这里的“工业用水”是指工矿企业在生产过程中用于制造、加工、冷却、空调、净化、洗涤等方面的用水，按新水取用量计，不包括企业内部的重复利用水量。

表5-1　2005~2014年全国工业用水总量和用水效率情况

年份	总用水量（亿m^3）	工业用水		万元工业增加值（当年价）用水量（m^3）
		比例（%）	用水量（亿m^3）	
2005	5633	22.8	1284.3	—
2006	5795	23.2	1344.4	—
2007	5819	24.1	1402.4	131
2008	5910	23.7	1400.7	108
2009	5965.2	23.3	1389.9	103
2010	6022	24.0	1445.3	90
2011	6107.2	23.9	1459.6	78
2012	6131.2	22.5	1379.5	69
2013	6183.4	22.8	1409.8	67
2014	6095	22.2	1353.1	59.5

注：上表系笔者根据水利部2005~2014年度《中国水资源公报》中的相关数据编制。

根据上表数据，工业用水至2011年一直呈持续增加态势，2012年开始呈下降趋势，但是有小幅波动。工业用水占总用水量的比例稳定在

22.2% ~24.1%,波动幅度很小。工业用水效率[1]明显提高,全国万元工业增加值用水量呈显著下降趋势,每年降幅均在5.6%以上。尽管如此,在粗放型的经济发展模式之下,中国工业的水耗仍然很高。

目前,中国万元工业增加值的用水量是美国的4倍,日本的7~8倍。[2]在我国工业取用水量中,火电(含直流冷却发电)、钢铁、纺织、造纸、石化和化工、食品和发酵等高用水行业取水量占工业取水量的50%左右。[3]在工业化、城镇化进程加快推动下,中国煤炭、钢铁等多种能源、矿产资源和原材料消费总量均居世界第一位。2012年,中国钢铁消费占全球43%,铜占40%,铝占41%,均居世界第一。专家预计未来20年,中国煤炭累计需求826亿吨,需求高峰将在2030~2035年到来;铜资源累计需求量2.5亿吨,是过去60年消费总和的3.3倍;铝资源需求量3.7亿吨,是过去60年的3.7倍。[4]如果"一切照旧",随着这些高用水行业的进一步发展,其对水资源的需求和利用会进一步增加,从而加大中国水短缺风险。

(二)中国工业发展面临的水污染风险

工业也是我国能耗和污染排放的"大户"。目前,我国单位GDP能耗过高,约为世界平均水平的2倍,不仅高于发达国家,也高于巴西、墨西哥等发展中国家。较低的能效水平与我国所处的发展阶段和国际产业分工格局有关,但是也反映了我国经济发展方式仍然相对粗放,能耗和污染排放缺乏约束。工业是我国最大的用电户,其用电量约占全社会用电量的70%,其中钢铁、建材、有色金属、化工四大高耗能产业用能又占工业用能的一半。[5]

---

〔1〕《工业用水节水—术语》(GB/T 21534—2008)中对用水效率的定义是:在特定的范围内,水资源有效投入和初始总的水资源投入量之比。在工业生产中,可用来体现用水效率的指标有很多,如单位产品取水量、单位产品用水量、单位产值取水量、单位增加值用水量、重复利用率、用水综合漏失率等。

〔2〕数据来源:2014年4月10日,中国工程院院士、中国水利水电科学研究院水资源所名誉所长王浩在博鳌亚洲论坛2014年年会分论坛"博鳌夜话:生态·新型城镇化"上的讲话。

〔3〕数据来源:工业和信息化部、水利部、国家统计局、全国节约用水办公室2013年9月发布的《重点工业行业用水效率指南》。

〔4〕王立彬:《中国能源钢铁等多项资源消费居世界第一》,载新华网:http://news.xinhuanet.com/fortune/2013-05/25/c_115907120.htm,最后访问日期:2015年9月16日。

〔5〕黄晓勇:《能耗持续下降,标志经济进入新阶段》,载《人民日报》2014年7月24日。

"真正的金矿是制造业"[1],我国制造业增加值约占 GDP 的 32.6%,但是能源消费却占全国能耗的 58%。[2] 钢铁、建材等行业单位产品能耗比国际先进水平高 10% ~20%。[3] 工业也是我国废水排放的主要来源——工业废水排放占全国废水排放总量的 2/3。[4] 因此,通过政策、法律、技术等各种手段降低工业企业能耗和污染排放,对于实现新型工业化,保障我国水安全及其支撑的经济安全、能源安全、生态安全和国民安全,都具有重要意义。

二、工业发展水风险的政策和法律规制

为了应对工业发展面临的水风险,需要进行适当的政策和法律规制。

(一)政策规制

为了规制工业发展带来的水短缺和水污染风险,中国政府正在大力推进循环经济,推动实施工业节能节水,并且制定了工业能耗和水耗的政策指标。然而,为了更有效地实现节能节水,需要将某些行政命令和控制式的政策指标调整为总量控制和市场机制的有机结合。

1. 现行工业节能节水的政策指标

在 2011 ~2015 年的"十二五"时期,中国先后通过不同的政策文件,出台了针对不同时期的工业能耗和水耗指标。

(1)"十二五"时期的工业节能节水指标

工业节能与节水是"十二五"期间的重点任务。《国民经济和社会发展十二五规划纲要》(以下简称《十二五规划纲要》)要求,与 2010 年相比,单位国内生产总值(GDP)的能耗到 2015 年下降 16% 左右,单位工业增加值用水量降低 30%,资源产出率提高 15%。

---

[1] [美]埃里克·S. 赖纳特:《富国为什么富,穷国为什么穷》,杨虎涛等译,中国人民大学出版社 2010 年版,第 66 页。

[2] 田川:《"中国制造 2025":从大国走向强国》,载《社会科学报》2015 年 6 月 18 日,第 1 版。

[3] 田川:《"中国制造 2025":从大国走向强国》,载《社会科学报》2015 年 6 月 18 日,第 1 版。

[4] 但是根据工业和信息化部、水利部、国家统计局、全国节约用水办公室 2013 年 9 月发布的《重点工业行业用水效率指南》,2006 年我国工业废水排放量是 240.2 亿立方米,占废水排放总量的 44.7%,2010 年为 237.5 亿立方米,占比 38.5%。

根据《十二五规划纲要》和2011年中央一号文件的要求，为了加强工业节水管理，提升工业用水效率，工业和信息化部会同水利部、国家统计局、全国节约用水办公室组织编制，并于2013年9月发布了《重点工业行业用水效率指南》，选取火电、钢铁、纺织、造纸、石化和化工、食品和发酵等高用水行业的单位产品取水量先进值、平均值、限定值和准入值，作为衡量和评价工业企业用水效率水平、指导工业企业开展节水对标达标的核心指标，并规定了提升工业行业用水效率的技术措施。

(2)2015年的循环型工业指标

发展包括循环型工业在内的循环经济，是解决水安全和经济高速发展之间矛盾的正确选择，因为它有助于工业企业节能节水，提高能源和水资源利用率，减少水污染。为了指导和推动循环经济加快发展，实现《十二五规划纲要》提出的资源产出率提高15%的目标，国务院2013年1月发布《循环经济发展战略及近期行动计划》(国发〔2013〕5号文件)。《行动计划》指出“构建循环型工业体系”——在工业领域全面推行循环型生产方式，实施清洁生产，促进源头减量；推进企业、行业、产业间共生耦合，形成循环链接的产业体系；鼓励产业集聚发展，实施园区循环化改造，实现能源梯级利用、水资源循环利用、废物交换利用、土地节约集约利用，促进企业循环式生产、园区循环式发展、产业循环式组合。《行动计划》提出的目标是，到2015年，单位工业增加值能耗、用水量分别比2010年降低21%、30%，工业固体废物综合利用率达到72%，50%以上的国家级园区和30%以上的省级园区实施循环化改造。

(3)2020年和2025年制造业“绿色发展”的方针和指标

国务院2015年5月通过的《中国制造2025》，是我国实施制造强国战略第一个十年的行动纲领。它不仅是中国版的“工业4.0”规划和一般性的行业发展规划，而是着眼于整个国际国内的经济社会发展、产业变革大趋势制定的长期战略性规划。《中国制造2025》指出中国建设制造强国的5个基本方针，其中第3个即是“绿色发展”，即“坚持把可持续发展作为建设制造强国的重要着力点，加强节能环保技术、工艺、装备推广应用，全面推行清洁生产；发展循环经济，提高资源回收利用效率，构建绿色制造体系，走生态文明的发展道路”。《中国制造2025》要求到2020年，重点行业单位工业增加值能耗、物耗及污染物排放明显下降；到2025年，重点行业单位工业增加值能耗、物耗及污染物排放达到世界先进水平。为了实现这些战略目标，《中国制造2025》还分别具体规定了2020年和2025年“绿色发展”的主要指标，包括规模以上单位工业增加值能耗下降幅度、单位工业增加值二氧化碳排放量下降幅度、单位工业增加值用水量下降幅度等(见表5-2)。

表5-2 2020年和2025年中国制造业“绿色发展”的指标

类别	指 标	2013年	2015年	2020年	2025年
绿色发展	规模以上单位工业增加值能耗下降幅度	—	—	比2015年下降18%	比2015年下降34%
	单位工业增加值二氧化碳排放量下降幅度	—	—	比2015年下降22%	比2015年下降40%
	单位工业增加值用水量下降幅度	—	—	比2015年下降23%	比2015年下降41%
	工业固体废物综合利用率(%)	62	65	73	79

2. 现行政策的调整方案——从效率指标到总量控制和市场机制

从上述政策的内容及其实施情况来看，现行政策的重点在于通过行政命令和控制，减少水耗、能耗和碳排放，提高水资源和能源利用效率。然而正如前述，行政命令和控制具有许多流弊，包括扭曲生产和消费模式、无法提供确定性的污染排放或资源能源利用削减、导致腐败和寻租行为，而且在一定程度上依赖于政策制定者和行政管理者对技术的详尽掌握和事先预见，从而超出了其能力范围，不可避免地会造成政策的失误。

科学的政策和制度杠杆可以有效地缓解水稀缺和水污染的状况。一方面，总量控制制度是在资源环境的负载能力范围内确定各类自然资源的可利用总量和环境容纳污染物的总量的、保护生态系统和维持生态平衡的基础性制度，政策制定者应当重视发挥这一制度的优势，将重点放在工业水耗、能耗和碳排放的总量控制上。如果“一切照旧”，到2030年，工业用水量至少会翻一番。为了有效地规制工业发展的水风险，中国需要设定工业用水总量控制指标，并且通过有效的政策杠杆指导和技术改进，将用水量减少到目前水平以下。[1] 同时，鉴于工业是最大的用能户和用电户，为了使工业企业充分和有效地节能节电，从而实现节水和减少水污染，还需要设立工业用能总量控制指标和工业用电总量控制指标。另一方面，只有通过市场配置资源，才能实现资源效率的最大化。在总量控制的基础上，政策制定者和行政管理者需要通过建立和实施相关的市场交易制度，如水权交易、排污权交易、节能量交易、碳排放权交易制度等，提高水资源和能源利用的效率，减少水耗、能耗、二氧化碳和污染物排放，而不宜规定资源产出率、单位工业增加值能耗、单位工业增加值二氧化碳排放量、单位工业增加值用水量等生硬的行政指标。

总量控制和市场机制的有机结合，也符合《中国制造 2025》等国家战略和政策的规定。《中国制造 2025》规定了中国建设制造强国的目标和路线图，规定了建设制造强国应当遵守的基本原则，第一个就是“市场主导，政府引导”。其中“市场主导”是指“全面深化改革，充分发挥市场在资源配置中的决定性作用，强化企业主体地位，激发企业活力和创造力”。“政府引导”是指“积极转变政府职能，加强战略研究和规划引导，完善相关支持政策，为企业发展创造良好环境”。《中国制造 2025》要求制造业进行“绿色发展”，并要求通过“推行节能量、碳排放权、排污权、水权交易制度改革”，以及深化其他方面的体制机制改革，为制造强国的建设提供支持与保障。

（二）法律规制

带有明显环境法特色的《循环经济促进法》，是为了确保水安全、经济安全和能源安全而必须与水法衔接和配合的重要法律，也是规制工业发展水风险的最重要的法律。《循环经济促进法》于 2009 年 1 月 1 日起施行，标志着我国循环经济发展进入法制化管理轨道。《循环经济促进法》的目的是“提高资源利用效率，保护和改善环境，实现可持续发展”，其中包括提高水资源和能源利用效率，保护和改善水环境。循环经济的核心内容是“三化”，即减量化、再利用和资源化。其中“减量化”包括对水资源和能源利用的减量化，即节约利用水资源和能源资源，以及减少污染物的排放；“再利用和资源化”包括对污水、废水、余热等的再利用和资源化，

---

〔1〕［美］魏爱伦：《水资源与能源生产》，载《能源》2013 年第 10 期。

其实质也是减少水耗和能耗，以及减少污染物的排放。“三化”中减量化优先，与国家政策中强调的节能节水，以及总量控制所能达到的节能节水效果相一致。[1]

为了实施“三化”原则，促进循环经济的发展，《循环经济促进法》规定了具体的制度和措施，包括循环经济的监督管理机制、重点单位能耗和水耗的重点监督管理制度、工业企业的节水措施、企业的循环用水措施，以及激励性的制度和措施。[2] 从这些法律规定及其实施情况来看，《循环经济促进法》存在很多缺陷，如管理体制的“碎片化”[3]；过于注重行政命令和控制，忽视市场手段和机制的作用；政策性和原则性过强，缺少可操作性等。因此，《循环经济促进法》的修订需要提上议事日程。事实上，中共中央、国务院2015年《关于加快推进生态文明建设的意见》已提出修订《循环经济促进法》。笔者认为，修订的重点应当是：首先，改革循环经济监督管理体制；其次，发挥市场的作用，建立产权交易制度；再次，协同节水、节能和减碳措施；最后，细化激励性制度。

1. 改革循环经济监督管理体制

循环经济有别于传统经济模式的基本特征是系统性、全面性及综合性，然而根据我国现行立法和实践，在政府强力推动下，循环经济治理呈现出了明显的“碎片化”特征。所谓“碎片化”，是指不同功能的机构之间缺乏协调一致，使政府服务和政府管理不到位、效率低下的现象。[4]《循环经济促进法》第5条规定“综合管理部门”（发改委）和“有关主管部门”（环保部门等）都有“监督管理”循环经济发展工作的职权，[5] 虽然一个是

---

〔1〕 该法第4条规定，发展循环经济应当在技术可行、经济合理和有利于节约资源、保护环境的前提下，按照减量化优先的原则实施。

〔2〕 参见《循环经济促进法》第5条、第16～17条、第20条、第31条、第44～47条的规定。

〔3〕 李玉基：《经济法视域下循环经济政府治理“碎片化”分析及化解》，载《兰州大学学报》（社会科学版）2014年第5期。

〔4〕 李玉基：《经济法视域下循环经济政府治理“碎片化”分析及化解》，载《兰州大学学报》（社会科学版）2014年第5期。

〔5〕 《循环经济促进法》第5条规定，国务院循环经济发展综合管理部门负责组织协调、监督管理全国循环经济发展工作；国务院环境保护等有关主管部门按照各自的职责负责有关循环经济的监督管理工作。县级以上地方人民政府循环经济发展综合管理部门负责组织协调、监督管理本行政区域的循环经济发展工作；县级以上地方人民政府环境保护等有关主管部门按照各自的职责负责有关循环经济的监督管理工作。

“综合管理”,另一个是分工负责,但是《循环经济促进法》对政府部门循环经济管理抽象责任的授权极为简陋,“综合”与“分工”的具体边界,“环保部门等有关主管部门”“各自的职责”到底是什么,都是一团浆糊。这种不同管理部门之间的职责重叠与不明,不符合行政法上的合法性原则和依法行政的要求,应当进行改革。中国应当借鉴循环经济发展成熟国家的经验,在相关授权规范中明确授权目的、授权重点、实施程序和实施期限。〔1〕

2. 建立产权交易制度

《循环经济促进法》第16条规定了十大高能耗、高污染工业行业能耗、水耗的重点监督管理制度。其中第1款规定,“国家对钢铁、有色金属、煤炭、电力、石油加工、化工、建材、建筑、造纸、印染等行业年综合能源消费量、用水量超过国家规定总量的重点企业,实行能耗、水耗的重点监督管理制度”。第2款规定,“重点能源消费单位的节能监督管理,依照《中华人民共和国节约能源法》的规定执行”。第3款规定,“重点用水单位的监督管理办法,由国务院循环经济发展综合管理部门会同国务院有关部门规定”。但是该监督管理办法目前还未出台。

肖国兴教授指出,由“三化”构成的循环经济的内涵表明,循环经济在本质上是效率经济,而效率的发挥有赖于市场。国际发展经验表明,循环经济是市场经济发展到一定阶段的产物,是在现有资源或资本得到充分利用,并进一步利用废物时提出的理论与方案。循环经济的发展是一个客观进程,必须经过市场经济的成熟运作,否则循环经济只能是“泡沫经济”。〔2〕 根据国际经验,在“三化”的初始,政府强势拉动与推动必不可少。〔3〕 但是“三化”要成为经济的形态,就必须成为有利可图的经济活动,成为市场主体自觉自愿显示和释放偏好的活动,从而成为经济内生的

〔1〕 李玉基:《经济法视域下循环经济政府治理“碎片化”分析及化解》,载《兰州大学学报》(社会科学版)2014年第5期。

〔2〕 肖国兴:《论能源法对循环经济的促进》,载《中山大学学报》(社会科学版)2007年第4期。

〔3〕 [德]魏伯乐、[美]奥兰·杨、[瑞士]马赛厄斯·芬格主编:《私有化的局限》,王小卫、马缨译,上海三联书店2006年版,第522页。转引自肖国兴:《论能源法对循环经济的促进》,载《中山大学学报》(社会科学版)2007年第4期。

变量。[1] 建立较完善的市场制度的核心,是确立产权及其交易制度,[2]为此需要进行产权交易制度改革。产权交易制度改革也是《中国制造2025》提出的明确要求。《中国制造2025》要求在制造业“推行节能量、碳排放权、排污权、水权交易制度改革”。

为了贯彻《中国制造2025》,促进循环经济的发展,《循环经济促进法》必须在政府引导和管制之外,建立市场交易制度或产权交易制度,使投资者有显示或释放偏好的空间与机会,通过市场力量提高资源能源利用效率。为此,应当修改《循环经济促进法》第16条的规定,对钢铁、有色金属、煤炭、电力、石化、化工、建材、建筑、造纸、印染10个重污染行业实行年度能源消费总量控制、用电总量控制、用水总量控制、主要污染物排放总量控制,并建立能源消费指标交易、用电指标交易、水权交易、排污权交易等相应的市场交易制度。同时,第20条规定的节水的三同时制度[3]应当考虑取消,因为它会与水权交易制度发生冲突。

3. 节水、节能和减碳措施的协同

《循环经济促进法》第20条专门规定了工业企业应当采取的节水措施。这些措施大体上有三种,除了节水的三同时制度之外,一是工业企业应当采用先进或者适用的节水技术、工艺和设备,制订并实施节水计划,加强节水管理,对生产用水进行全过程控制;二是工业企业应当加强用水计量管理,配备和使用合格的用水计量器具,建立水耗统计和用水状况分析制度。《循环经济促进法》第31条还规定,企业应当发展串联用水系统和循环用水系统,提高水的重复利用率;企业应当采用先进技术、工艺和设备,对生产过程中产生的废水进行再生利用。但是这些措施单方面强调工业节水,从生命周期评价来看可能是不科学和不适当的。

为了确保水安全,作为用水大户和污染大户的工业企业必须节水。

---

[1] [美]格雷琴·C.戴利、凯琴琳·艾利森:《新生态经济——使环境保护有利可图的探索》,郑晓光、刘晓朱译,上海科技教育出版社2005年版,第7页。转引自肖国兴:《论能源法对循环经济的促进》,载《中山大学学报》(社会科学版)2007年第4期。

[2] 肖国兴:《论能源法对循环经济的促进》,载《中山大学学报》(社会科学版)2007年第4期。

[3] 建设项目和节水设施的“三同时”制度,即新建、改建、扩建建设项目,应当配套建设节水设施,节水设施应当与主体工程同时设计、同时施工、同时投产使用。

但是工业企业作为能耗、煤耗和碳排放大户，也必须采取措施降低能耗、煤耗和减少碳排放。这两类措施如果不能协同，可能会顾此失彼。这是因为，对工业企业而言，单纯节水可能意味着增加能耗、煤耗，增加碳排放。比如，燃烧发电的干法冷却技术虽然节水，却以增加煤耗和二氧化碳排放为代价。[1] 所以政策和法律应当避免要求工业企业节水的生硬的规定，而是实施节水、节能和减碳政策和措施的协同，推进产品全生命周期绿色管理。《十三五规划纲要》已经要求"推进产品全生命周期绿色管理，构建绿色制造体系。"[2]因此，《循环经济促进法》第 20 条和第 31 条的规定应当修改或删除。

4. 细化激励性制度

发展循环经济需要政府的扶持和指导。在循环经济法律制度中，政府的宏观职能主要是通过激励性制度和措施鼓励各类社会主体积极主动地开展循环经济活动。这些激励性制度具体包括规划制度、财税制度、专项基金制度、信贷制度、价格制度、政府采购制度、产品的示范和推广制度等。这些制度使发展循环经济的正外部性损失得到补偿，并把循环经济变为有利可图的活动。"一个功效显著的市场经济乃是以国家采取某些行动为前提的；有些政府行动对于增进市场经济的作用而言极有助益；市场经济还能容受更多的政府行动，只要它们是那类符合有效市场的行动。"[3]《循环经济促进法》第 44 ~ 47 条虽然规定了对循环经济的税收优惠、投资优先、信贷支持、政府优先采购等经济激励制度和措施，但是这些制度和措施都很空泛笼统，其有效实施还有赖于更多可操作性的条款和规定，否则将难免束之高阁的命运。

---

[1] Debra Tan et al. , *TOWARDS A WATER & ENERGY SECURE CHINA*: *Tough choices ahead in power expansion with limited waterresources*, China Water Risk, 2015, p. 122. Available at http://chinawaterrisk. org/wp-content/uploads/2015/04/Towards-A-Water-Energy-Secure-China-CWR0415. pdf.

[2] 参见《十三五规划纲要》第二十二章（"实施制造强国战略"）第二节（"加快发展新型制造业"）的规定。

[3] [英]弗里德利希·冯·哈耶克：《自由秩序原理》（上册），邓正来译，三联书店 1997 年版，第 281 页。转引自董溯战：《循环经济法中的政府责任研究——基于自然资本安全的视角》，载《中州学刊》2009 年第 5 期。

第二节　中国农业发展的水风险及其政策和法律规制

粮食安全和水安全是中国社会经济和生态环境可持续发展的重要保障。水安全是粮食安全的资源基础之一，然而这两者之间却存在一定的矛盾，保障粮食安全客观上需要增加农业用水，而为了保障工业、生活和生态用水，则需要减少农业用水。为了平衡粮食安全和水安全，中国需要对农业发展的水风险进行政策和法律规制。

一、中国农业发展面临的水风险

粮食安全包括粮食供给的安全和粮食质量安全。粮食安全尤其是粮食自给是我国的基本战略，是城镇化的前提条件。《国家新型城镇化规划（2014～2020年）》指出，确保国家粮食安全是推进城镇化的重要保障。然而水与农业之间具有密切联结，中国农业发展面临着水短缺和水污染的双重风险。

（一）水短缺风险

在国民经济的所有产业中，工业最耗能，农业最耗水。农业生产需要大量用水，尤其是农田灌溉。农业是我国最大的用水户，用水总量占全国的近2/3（见表5－3）。农业用水包括农田灌溉和林、果、草地灌溉及鱼塘补水，其中农田灌溉用水占比在90%以上。我国之所以能以占世界6%的淡水资源和9%的耕地，解决了占世界21%人口的温饱问题，农田灌溉发挥了极其重要的作用——灌溉耕地生产了全国75%的粮食和90%以上的经济作物。

表5－3　2005～2014年全国农业用水总量和灌溉用水效率情况

年份	总用水量（亿 m^3）	农业用水		农田实灌面积亩均用水量（m^3）
		比例（%）	用水量（亿 m^3）	
2005	5633	63.6	3582.6	448
2006	5795	63.2	3662.4	449

续表

年份	总用水量（亿 m³）	农业用水		农田实灌面积亩均用水量（m³）
		比例（%）	用水量（亿 m³）	
2007	5819	61.9	3602.0	434
2008	5910	62.0	3664.2	435
2009	5965.2	62.4	3722.3	431
2010	6022	61.3	3691.5	421
2011	6107.2	61.3	3743.7	415
2012	6131.2	63.6	3899.4	404
2013	6183.4	63.4	3920.3	418
2014	6095	63.5	3870.3	402

注：上表系笔者根据水利部 2005～2014 年度《中国水资源公报》中的相关数据编制。

根据表 5－3 的数据，农业用水近些年来呈现出上下波动、总体上升趋势。但是农业用水占总用水量的比例稳定在 61.3%～63.6%，波动幅度很小。由于推行了节水灌溉，我国的灌溉用水效率总体在缓慢提高，农田灌溉亩均用水量总体呈现下降趋势。根据《全国农业可持续发展规划（2015～2030 年）》，2000 年以来，我国农田灌溉水有效利用系数由 0.43 提高到 0.52，农田灌溉用水量占全社会用水总量的比例从 63% 降低到 55%。截至 2013 年底，全国有效灌溉面积达到 9.52 亿亩（6347 万公顷），其中节水灌溉工程面积 4.07 亿亩（2711 万公顷），约占有效灌溉面积的 43%；高效节水灌溉面积 2.14 亿亩（1427 万公顷），约占有效灌溉面积的 22%。在地少水缺的条件下，水资源利用水平的提高，为保障粮食等主要农产品有效供给作出了重要贡献。[1]

然而，除了供养人口庞大以外，短缺与浪费是中国农业用水紧张的两大主因。一方面，随着水短缺问题日益凸显，各用水部门对水资源的争夺也将加剧，这不仅包括城市和工业部门对水资源的争夺，也包括农业部门内部的竞争，农田灌溉用水面临挑战，水供给日益影响国家粮食供给的安

〔1〕 参见《全国农业可持续发展规划（2015～2030 年）》。

全。随着人口的增加和生活水平的提高,我国粮食等主要农产品需求刚性增长,水土资源越绷越紧,确保国家粮食安全和主要农产品有效供给与资源约束的矛盾日益尖锐。此外,气候变化将使气温、降雨及江河流量等因素出现改变,而这些恰恰是农业赖以生存的基础。

"水利是农业的命脉",足够的农业用水是维护我国粮食供给安全的关键。尽管我国农业用水量整体趋于稳定,但是每年农业缺水300亿立方米,因干旱多年平均减少粮食产量300亿公斤左右。农业用水向非农转变的趋势明显加大,主要表现在经济发达地区和水资源紧缺地区。[1]在可开发的水资源量有限的背景下,影响灌溉用水的重要因素就是生态、工业、生活等用水部门对水的需求和使用状况。从中国灌溉用水的前景看,灌溉用水量不足的最大担心来自工业和居民生活用水的快速增长对灌溉用水构成了潜在的威胁,进而影响中国的粮食安全和国家安全。

以前,我国有9大国家级商品粮基地,即三江平原、松嫩平原、江淮地区、成都平原、江汉平原、太湖平原、鄱阳湖平原、洞庭湖平原和珠江三角洲,构成东北平原、华北平原和长江中下游平原三大粮仓。近年来国家加快建设了13片商品粮基地,新增的4个商品粮基地主要分布在干旱半干旱的西北地区,包括河套平原、银川平原、河西走廊和伊犁河谷等地,西北地区成为中国第四大粮仓。这些新粮仓的建设主要依靠高效利用黄河、石羊河、黑河、伊犁河等河流的水资源来实现。因此,未来中国的灌溉水危机可能就是黄淮海和内陆河流域片的水危机。华北地区是我国最重要的粮仓,但是近年来的粮食生产,如河北、河南等省份,主要依靠开采地下水,越采越深,以致形成大面积的漏斗区。深层地下水的形成需要上千万年的时间,如果华北地区地下水的过度开采不能得到有效遏制,主要依靠地下水维持的粮食生产将会严重影响中国的地下水质与水量安全,由不可持续的地下水资源所支撑的"粮食生产增长的泡沫"将会最终破裂,这在国际上被称为"粮食生产的次贷危机"。[2]

另一方面,农业用水浪费严重,这显示出农业节水的巨大潜力。中国

---

〔1〕 牛震:《逐步推进用水确权,打造"农业用水红线"——对话中国农业科学院农业资源与农业区划研究所研究员姜文来》,载《农村工作通讯》2014年第14期。

〔2〕 李保国、彭世琪:《农业用水与粮食生产》,载《中国农村科技》2010年第1期。

农业用水生物、粮食的转化效率是0.52,[1]以色列是0.8,美国是0.61~0.62。[2] 发展以节水和提高水分利用率为中心的节水型农业,将是中国解决农业缺水问题的关键。

(二)化肥和农药生产与施用带来的水土污染

在耕地面积大体不变——实际上还在减少——的情况下,我国粮食产量逐年增加,尤其是自2004年以来,我国粮食产量十一年连续增产,这主要是依靠化肥和农药等的高投入实现的。比如,1979~2013年,我国化肥使用总量由1086万吨增加到5912万吨,年均增加5.2%,亩均化肥用量高于发达国家水平。[3] 中国化肥、农药用量相当大,生产和使用量都是世界第一。然而,化肥生产是能源密集型行业,农药是持久性有机污染物,化肥和农药生产行业是污染大户,过度的、不恰当的化肥和农药使用会造成土壤和水污染。[4] 农药的水污染有以下几种途径:近水道粗心喷洒农药;下水道排水;来自使用农药区域的径流;随意处理农药容器;在田间渗水坑处理废农药不当;清洗喷洒和存储农药的设备或者被农药污染的设备;农药泄漏;农药污染的土壤淋溶;大气污染物的干湿沉降等。农业内源性污染严重,尽管高效节水灌溉实现了水肥药一体化,与传统灌溉方式相比,化肥和农药的利用率提高了5%~20%,但是化肥和农药的利用率仍然不足1/3,比世界发达国家低15%~20%。[5] 因此,化肥和农药的高投入在提高粮食产量的同时,也带来了高污染,并且直接影响了国家粮食质量安全和食品安全。据媒体报道,由化肥、农药等长期不合理过量使用,畜禽粪污、农作物秸秆和农田残膜等农业废弃物不合理处置等共同构成的农业面源污染,已经成为我国第一大污染源,占我国全部污染排放

---

〔1〕 农田灌溉用水有效利用系数只有0.52,意味着48%的水在灌溉的过程中被浪费,还有很大的节水空间。

〔2〕 数据来源:2014年4月10日,中国工程院院士、中国水利水电科学研究院水资源所名誉所长王浩在博鳌亚洲论坛2014年年会分论坛"博鳌夜话:生态·新型城镇化"上的讲话。

〔3〕 周云亨、向淼:《粮食安全要从源头抓起》,载《社会科学报》2015年6月11日,第4版。

〔4〕 周云亨、向淼:《粮食安全要从源头抓起》,载《社会科学报》2015年6月11日,第4版。

〔5〕 林晖、王宇、于文静、王博:《污染总量超工业,农业成我国最大面源污染产业》,载新华网:http://www.zj.xinhuanet.com/newscenter/InAndAbroad/2015-04/15/c_1114974927.htm,最后访问日期:2016年5月26日。

的半数以上。[1]

有学者以淮河流域172个县为研究单元，基于1990年、1995年、2000年、2005年和2010年分县粮食、化肥及2010年水环境数据，采用ESDA模型、重力模型、回归分析和GIS空间技术方法，分别对流域粮食生产与化肥消费的空间集聚程度及重心进行测定，在此基础上分析了流域粮食生产与化肥消费的动态时空变化规律、耦合关系及其对流域水环境的影响。回归分析表明，化肥消费是流域水污染的主要贡献因子和污染来源，也表明流域粮食生产过程中环境成本较高，呈现出外部不经济效应。[2]

二、中国农业发展水风险的政策和法律规制

中国农业发展面临的水短缺和水污染风险，威胁到水安全及其支撑的粮食安全、生态安全和国民安全，必须通过适当的政策和法律进行规制。为了规制农业发展的水风险，中国也通过了农业节水、节药、节肥的政策、规划和法律，但是不足以有效地确保水安全、粮食安全、生态安全和国民安全，必须进行调整和革新。

（一）政策规制

农田灌溉是最大的用水户。中国农业的传统灌溉方式是大水漫灌和渠道灌溉，既浪费水资源，也造成土壤盐碱化和退化。大水漫灌一亩地平均用水量是400立方米，喷灌是200立方米，滴灌是100立方米。因此，农田灌溉也成为节水最具潜力的行业。全国农田灌溉的用水量每年大约是3700亿立方米，能够提高10%的利用率，就能节约出300多亿立方米的水。大力发展节水灌溉，降低灌溉用水量占全社会的比例，成为我国缓解水资源供需矛盾的必然选择。2000年以来，连续十多个中央一号文件和中央水利工作会议，都要求把节水灌溉作为节水的重大战略举措。为了充分地实现农业节水，保护土壤和水源，确保粮食、食品安全和水

---

〔1〕 林晖、王宇、于文静、王博：《污染总量超工业，农业成我国最大面源污染产业》，载新华网：http://www.zj.xinhuanet.com/newscenter/InAndAbroad/2015-04/15/c_1114974927.htm，最后访问日期：2016年5月26日。

〔2〕 周亮、徐建刚、蔡北溟等：《淮河流域粮食生产与化肥消费时空变化及对水环境影响》，载《自然资源学报》2014年第6期。

安全,在农业节水的同时也要求节肥节药,农业生产应当逐步减少化肥和农药的使用,发展生态农业。然而,为了更有效地实现节能节水,需要将某些行政命令和控制式的政策指标调整为总量控制和市场机制的有机结合。

1. 农业节水节肥节药的现行政策和规划

为了应对农业生产带来的水短缺和水污染风险,国家发布了多个关于或涉及农业节水节肥节药、农业面源污染治理、农业可持续发展的政策文件,以及农田灌溉水质标准。

(1)《国家农业节水纲要(2012 ~ 2020 年)》

为了贯彻落实 2011 年中央一号文件和《国务院关于实行最严格水资源管理制度的意见》精神,促进节水灌溉,国务院制定并于 2012 年 11 月发布了《国家农业节水纲要(2012 ~ 2020 年)》(以下简称《纲要》),从宏观层面和空间布局上对大力推进农业节水作出了全面部署和统筹安排。《纲要》指出,大力发展农业节水,在农业用水量基本稳定的同时扩大灌溉面积、提高灌溉保证率,是促进水资源可持续利用、保障国家粮食安全的重要举措。《纲要》规定的发展目标是:到 2020 年,在全国初步建立农业生产布局与水土资源条件相匹配、农业用水规模与用水效率相协调、工程措施与非工程措施相结合的农业节水体系。全国农田有效灌溉面积达到 10 亿亩,新增节水灌溉工程面积 3 亿亩,其中新增高效节水灌溉工程面积 1.5 亿亩以上;全国农业用水量基本稳定,农田灌溉水有效利用系数达到 0.55 以上;全国旱作节水农业技术推广面积达到 5 亿亩以上,高效用水技术覆盖率达到 50% 以上。《纲要》规定的"建立农业节水体系",具体包括以下内容:优化配置农业用水;调整农业生产和用水结构;完善农业节水工程措施;推广农机、农艺和生物技术节水措施;健全农业节水管理措施;完善法规政策,包括积极推进农田水利立法工作,推行节水灌溉制度等。

(2)《水污染防治行动计划》

国务院 2015 年《水污染防治行动计划》(以下简称《行动计划》)涉及化肥和农药。关于化肥和农药的生产,《行动计划》要求,全面控制污染物排放,2016 年底前,按照水污染防治法律法规要求,全面取缔不符合国家产业政策的、包括农药在内的十个严重污染水环境的生产项目;[1]专项整治氮肥、农药等十大重点行业,[2]制定这十个行业的专项治理方案,实施清洁化改造;新建、改建、扩建上述行业建设项目,实行主要污染物排放等量或减量置换;2017 年底前,氮肥行业尿素生产完成工艺冷凝液水解析技术改造。

在控制农业面源污染方面,《行动计划》要求,制定和实施全国农业面源污染综合防治方案;推广低毒、低残留农药使用补助试点经验;开展农作物病虫害绿色防控和统防统治;实行测土配方施肥,推广精准施肥技术和机具。《行动计划》希望到 2020 年,测土配方施肥技术推广覆盖率达到 90% 以上,化肥利用率提高到 40% 以上,农作物病虫害统防统治覆盖率达到 40% 以上。

(3)《全国农业可持续发展规划(2015 ~ 2030 年)》

《全国农业可持续发展规划(2015 ~ 2030 年)》由国家农业部、发改委、科技部、财政部、国土资源部、环保部、水利部、林业局八部委联合制定,国务院批复,2015 年 5 月正式发布,是指导今后农业可持续发展的纲领性文件。[3] 该规划确定的涉水重点任务包括以下方面。

一是优化发展布局,稳定提升农业产能,具体包括以下内容:优化农业生产布局,逐步建立起农业生产力与资源环境承载力相匹配的农业生产新格局;推进生态循环农业发展,因地制宜推广节水、节肥、节药等节约型农业技术,到 2030 年全国基本实现农业废弃物趋零排放。

二是节约高效用水,保障农业用水安全。具体包括以下内容:

实施水资源红线管理。确立水资源开发利用控制红线,到 2020 年和 2030 年,全国农田灌溉用水量分别保持在 3720 亿立方米和 3730 亿立方米;确立用水效率控制红线,到 2020 年和 2030 年,农田灌溉水有效利用

---

〔1〕 除了农药以外,其他 9 个项目是小型造纸、制革、印染、染料、炼焦、炼硫、炼砷、炼油、电镀。

〔2〕 除了氮肥、农药以外,其他 8 个行业是造纸、焦化、有色金属、印染、农副食品加工、原料药制造、制革、电镀。

〔3〕《全国农业可持续发展规划》的指导思想是,牢固树立生态文明理念,加快发展资源节约型、环境友好型和生态保育型农业,切实转变农业发展方式,从依靠拼资源消耗、拼农资投入、拼生态环境的粗放经营,尽快转到注重提高质量和效益的集约经营上来,确保国家粮食安全、农产品质量安全、生态安全和农民持续增收。

系数分别达到0.55和0.6以上;推进地表水过度利用和地下水超采区综合治理,适度退减灌溉面积。

推广节水灌溉。分区域规模化推进高效节水灌溉,加快农业高效节水体系建设,到2020年和2030年,农田有效灌溉率分别达到55%和57%,节水灌溉率分别达到64%和75%;发展节水农业,加大粮食主产区、严重缺水区和生态脆弱地区的节水灌溉工程建设力度,推广渠道防渗、管道输水、喷灌、微灌等节水灌溉技术;完善灌溉用水计量设施,到2020年实现高效节水灌溉面积2.88亿亩。

发展雨养农业。在半干旱、半湿润偏旱区建设农田集雨、集雨窖等设施,推广地膜覆盖技术,开展粮草轮作、带状种植,推进种养结合;优化农作物种植结构,改良耕作制度,扩大优质耐旱高产品种种植面积,严格限制高耗水农作物种植面积,鼓励种植耗水少、附加值高的农作物;在水土流失易发地区,扩大保护性耕作面积。

三是治理环境污染,改善农业农村环境。在防治农田污染方面,全面加强农业面源污染防控,科学合理使用农业投入品,提高使用效率,减少农业内源性污染;普及和深化测土配方施肥,改进施肥方式,鼓励使用有机肥、生物肥料和绿肥种植,到2020年全国测土配方施肥技术推广覆盖率达到90%以上,化肥利用率提高到40%,努力实现化肥施用量零增长;推广高效、低毒、低残留农药、生物农药和先进施药机械,推进病虫害统防统治和绿色防控,到2020年全国农作物病虫害统防统治覆盖率达到40%,努力实现农药施用量零增长,京津冀、长三角、珠三角等区域应提前一年完成。

(4)农田灌溉水质标准

国家专门发布了农田灌溉水质标准,规定了十六个基本的、十一个选择性的水质控制指标要求。在发展农田灌溉、制定水利灌溉规划和扩大灌溉面积时,严格按照国家的农田灌溉水质标准进行发展。

根据以上政策文件和规划,中国2015~2030年的农业发展指标可以用表5-4显示。

表 5－4　中国 2015～2030 年的农业发展指标

年份	农业发展指标
2016	全部取缔不符合国家产业政策的、包括农药在内的十个严重污染水环境的生产项目
	专项整治氮肥、农药等十大重点行业，制定行业专项治理方案，实施清洁化改造
	新建、改建、扩建上述行业建设项目，实行主要污染物排放等量或减量置换
2017	氮肥行业尿素生产完成工艺冷凝液水解析技术改造
2020	全国农田灌溉用水量保持在 3720 亿立方米
	全国农田灌溉水有效利用系数达到 0.55 以上
	农田有效灌溉率达到 55%
	节水灌溉率达到 64%
	新增高效节水灌溉工程面积 1.5 亿亩以上
	全国农田有效灌溉面积达到 10 亿亩
	新增节水灌溉工程面积 3 亿亩
	全国旱作节水农业技术推广面积达到 5 亿亩以上
	高效用水技术覆盖率达到 50% 以上
	化肥和农药施用量零增长
	全国测土配方施肥技术推广覆盖率达到 90% 以上
	化肥利用率提高到 40%
	农作物病虫害统防统治覆盖率达到 40%。
2030	全国农田灌溉用水量保持在 3730 亿立方米
	全国农田灌溉水有效利用系数达到 0.6 以上
	农田有效灌溉率达到 57%
	节水灌溉率达到 75%
	农业废弃物趋零排放

从表 5－4 可知，接下来的"十三五"规划纲要时期（2016～2020 年），是农业发展的关键时期，具有承上启下的意义。我国必须依靠发展农业生产、提高粮食自给率来实现保障粮食安全的目标。然而，增加粮食生产

面临着巨大的挑战,用于生产粮食的灌溉用水不会有太大的增长,耕地在减少和退化,特别是人均耕地在显著减少。增加粮食产量、解决粮食安全问题必须依靠提高单位耕地面积的生产和资源效率。国家农业生产和粮食安全的决策重点应该是通过农业节水设施的建设、农业节水技术的研究和水污染的治理,构建长久、可持续的农业生产能力。[1] 中国农业发展的核心政策将是在农业用水总量基本不增加的情况下,通过采用法律、行政、工程、技术和管理等综合措施,不断提高农田灌溉用水效率和化肥、农药的使用率,在农田灌溉中节水节肥节药,发展节水绿色农业。节肥节药也是治理农业面源污染的最有效之道。

2. 现行政策的适当调整——总量控制和市场机制的有机结合

然而,从这些政策的内容及其实施情况来看,现行政策的重点仍在于通过行政命令和控制,减少农业水耗,减少化肥、农药的使用,提高水资源和化肥、农药的使用效率。然而正如前述,行政命令和控制具有许多流弊,包括扭曲生产和消费模式、无法提供确定性的污染排放或资源能源利用削减、导致腐败和寻租行为,而且在一定程度上依赖于政策制定者和行政管理者对技术的详尽掌握和事先预见,从而超出了其能力范围,不可避免地会造成政策的失误。

科学的政策和制度杠杆可以有效地缓解水稀缺和水污染的状况。一方面,政策制定者应当重视发挥总量控制制度的优势,将重点放在农业用水的总量控制上。特别是,鉴于农田灌溉是最大的用水户,化肥和农药的过量使用是农业面源污染的主要来源之一,为了有效地实现农业节水,减少农业面源污染,还需要设立农田灌溉用水总量控制指标、化肥生产的总量控制指标、农药生产的总量控制指标。另一方面,只有通过市场配置资源,才能实现资源效率的最大化。在总量控制的基础上,农业政策制定者和行政管理者需要通过建立和实施灌溉水权交易、排污权交易制度等,提高水资源、化肥和农药的生产和使用效率,减少灌溉水耗和面源污染物排放,而不宜规定节水灌溉率、节水灌溉工程面积、化肥利用率、测土配方施肥技术推广覆盖率等生硬的行政指标。这种总量控制和市场机制的有机

---

〔1〕 马晓河、方松海:《中国的水资源状况与农业生产》,载《中国农村经济》2006 年第 10 期。

结合，也符合现行国家政策和规划的精神。《全国农业可持续发展规划（2015～2030年）》提出，“坚持市场机制与政府引导相结合”。

（二）法律规制

为了实现上述政策目标和配合某些具体政策的适当调整，我国需要修订、制定和严格实施相关法律法规。《全国农业可持续发展规划（2015～2030年）》规定了农业可持续发展的保障措施，首先就是“强化法律法规”。一方面，我国需要修订《农业法》；另一方面，需要修订其他相关法律法规，完善农业资源环境与生态保护法律法规体系。

1.《农业法》的修订

《农业法》于1993年由全国人大常委会通过，2002年修订，2009年和2012年先后两次修正。《农业法》的个别条款涉及发展节水农业和生态农业的规定。其中第19条第1款规定，各级政府和农业生产经营组织应当加强农田水利设施建设，建立健全农田水利设施的管理制度，节约用水，发展节水型农业，严格依法控制非农业建设占用灌溉水源，禁止任何组织和个人非法占用或者毁损农田水利设施。第2款规定，国家对缺水地区发展节水型农业给予重点扶持。第八章专门规定了“农业资源与农业环境保护”，但是规定得较为粗糙、笼统，更多的是政策导向，缺乏有针对性的保护措施。比如，第57条笼统规定，“发展农业和农村经济必须合理利用和保护土地、水、森林、草原、野生动植物等自然资源，合理开发和利用水能、沼气、太阳能、风能等可再生能源和清洁能源，发展生态农业，保护和改善生态环境”。

为了在确保粮食供给安全的同时实现水安全和粮食质量安全，我国应当根据2011年中央一号文件、《新型城镇化发展规划（2014～2020年）》《水污染防治行动计划》《全国农业可持续发展规划》的有关规定和精神，考虑到具体政策的适当调整，修订《农业法》。修订的重点应当是完善监督管理制度，建立市场交易机制，具体包括以下方面：

（1）建立农田灌溉用水总量控制指标

一切农业用水都来源于天然降水。粮食生产的总耗水量由两个分量组成，即灌溉耗水量和降水耗水量。灌溉水量是天然降水进入天然水体形成肉眼可见的“蓝水”资源的一部分；降水耗水量是进入土壤储存并被粮食生产消耗的“绿水”部分。在全国主要粮食生产中，灌溉水贡献率多年平均在40%左右，降水贡献率在60%左右。耕地降水是粮食生产的基本保证，耕地也是吸纳粮食生产用水的重要载体。根据“蓝水”和“绿水”的概念计算，农田所吸收的降水量在广义农业水资源量中占有相当比例(57%)，这也从水资源的角度诠释了国家严格保护18亿亩耕地红线的重要意义，保证18亿亩耕地实际上是保证了“绿水”的红线。同时，由于降水和作物生长发育期需水的不完全匹配，灌溉“蓝水”是保证稳产高产的必要条件。可以这样说，“有产无产在‘绿水’，稳产高产靠‘蓝水’。”因此，为了确保国家安全和粮食安全，国家不仅应从政策和立法角度保证18亿亩耕地红线，还应该划定一个保障国家农产品安全所需要的农田灌溉“蓝水”的总量，即通常所说的农田灌溉用水红线。[1]

建立我国农田灌溉用水总量控制指标具有必要性和紧迫性。[2]《全国农业可持续发展规划》规定了农业可持续发展的基本原则，第一个就是“坚持生产发展与资源环境承载力相匹配”，具体是指“坚守耕地红线、水资源红线和生态保护红线，优化农业生产力布局，提高规模化集约化水平，确保国家粮食安全和主要农产品有效供给”。《规划》确立了水资源开发利用控制红线，到2020年和2030年，全国农田灌溉用水量分别保持在3720亿立方米和3730亿立方米。另外，为了确保实施农田灌溉用水红线，必须建立健全完善的水资源测量和监督体系，国家需要加大灌溉水计量的基础设施和技术设备建设力度，提高对灌溉“蓝水”的用水度量。[3]

(2)建立化肥生产总量控制和农药生产总量控制制度

为了在节水的同时节肥节药，实现《全国农业可持续发展规划》所提出的到2020年“努力实现”化肥施用量零增长、农药施用量零增长的目标，并且到2020年以后逐步降低化肥和农药的施用总量，《农业法》有必要建立化肥生产年度总量控制和农药生产年度总量控制制度。

---

〔1〕 李保国、彭世琪:《农业用水与粮食生产》，载《中国农村科技》2010年第1期。

〔2〕 牛震:《逐步推进用水确权，打造“农业用水红线”——对话中国农业科学院农业资源与农业区划研究所研究员姜文来》，载《农村工作通讯》2014年第14期。

〔3〕 李保国、彭世琪:《农业用水与粮食生产》，载《中国农村科技》2010年第1期。

(3)建立农业规划和建设项目的水资源论证制度

《农业法》需要建立农业规划和建设项目的水资源论证制度，比如在规划建设商品粮、棉、油、菜等基地时，要充分考虑当地水资源条件，对水资源可得性进行充分论证，避免加剧用水供需矛盾。

(4)建立灌溉节水市场交易和政府回购机制

节水交易机制和政府回购机制是总量控制和市场机制的有机结合，也是鼓励农田灌溉节约用水的一种激励机制。节水交易机制改变了以往"大锅水"的农业无限供水模式，在实行总量控制的前提下，把农田灌溉用水的水权从国家到地方，再到灌区，最后到用水户地逐级分配下去。建立农田灌溉用水权的交易机制，使得在节水灌溉的过程中不仅增加了粮食产量，而且节约出的水还可以从其他用水户或政府获得一笔新的收入，从经济上激励农业从业者采用节水灌溉技术。节水交易和政府回购在国内某些地区已开始推行，如在甘肃的黑河流域张掖地区，农民之间已经开始用水票进行交易，湖南一些灌区也建立了政府的回购机制，实践证明都收到了很好的效果。

另外，需要在灌溉用水总量控制之下实行定额管理，以及与之相适应的农业水价合理形成机制。建立和发展农业用水合作组织，建立农村水利工程专业化管理制度，鼓励和引导农民、农民用水合作组织和新型农业经营者成为节水灌溉工程建设和管理的主体。还可考虑在《农业法》中设立"节水农业"专章。

2. 完善农业资源环境与生态保护法律法规体系

在修订《农业法》的同时，我国需要完善农业资源环境与生态保护法律法规体系，研究制修订土壤污染防治法以及耕地质量保护、农药管理、化肥管理、农业环境监测、农田废旧地膜综合治理等法规规章，强化法制保障。完善农业和农村节能减排法规体系，健全农业各产业节能规范、节能减排标准体系。制修订耕地质量、土壤环境质量、农用地膜、饲料添加剂重金属含量等标准，为农村生态环境保护与建设提供依据。

第六章　中国能源发展的水风险及其政策和法律规制

不论是水量安全还是水质安全,都与能源安全存在高度密切的联结。能源作为现代社会发展的引擎,处于经济和社会发展的核心位置。在工业化、信息化、城镇化、农业现代化新型“四化”的带动下,特别是随着持续快速的城镇化,中国经济社会发展对能源和其他重要矿产资源的需求将持续保持增长。同时,中国的水危机要求我们从确保水安全的战略视野出发重新评估和调整能源发展战略和能源法律。可以说,能源领域是确保我国水安全的主战场。

第一节　中国能源发展及其面临的水风险

我国能源生产和消费将在长时期内保持增长态势,并且保持总体依赖传统能源、不断拓展新能源和可再生能源的动态格局。然而,不论是传统能源还是可再生能源的开发,均对水安全具有很大的挑战。

一、中国的能源生产与消费状况及发展趋势

能源消费与经济发展息息相关。根据经济学者的

实证分析,在粗放型的经济增长模式下,经济增长对能源消费具有刚性需求:经济增长1%,能源消费增加0.839%。[1] 中国经济发展具有较强的能源依赖,伴随着中国经济的持续高速粗放增长,能源消费也在持续增加。过去三十年来,中国能源消费以年均5.82%的增长,支撑了国民经济年均10%的增长。[2]

中国目前是世界最大的能源消费国。自2009年以来,中国每年能源消费总量均占世界的1/5。在工业化、城镇化进程加快推动下,中国油气煤炭能源以及钢铁等多种矿产资源消费总量均居世界第一位。2012年,中国钢铁消费占全球的43%,铜占40%,铝占41%,均居世界第一位。随着中国工业化、城镇化与现代化进程的加快,人民富裕水平的提高,客观上增加了对能源消费的刚性需求。专家预计未来20年,中国能源消费增速将保持年均4.5%,需求高峰期将在2030~2035年到来。[3] 国际能源署(IEA)的报告称,2005~2030年,中国能源消费将以年均3.2%的速度增加,中国和印度两个发展中国家的能源消费增量将占全球能源需求增量的45%。[4]

能源安全是中国的基本战略之一。能源安全是得到"可靠和连续供应免受内外威胁的一种保障状态",[5]表明一国能源供给比较稳定或相对满足。而为了确保能源供给的安全,中国能源自给率始终保持在90%左右。中国因此也成为世界最大的能源生产国。水电装机容量、核电在建规模、风电并网装机容量三项指标均居世界第一位。2011年,中国一次能源生产总量达到31.8亿吨标准煤,居世界第一位。中国强劲的资源能源消费需求为地质找矿提供了强大的动力,2011年国务院常务会议审议通过《找矿突破战略行动纲要(2011~2020年)》之后,中国掀起了新一轮

---

〔1〕 王振红、曹俊杰、王黎明:《中国金融发展、城镇化与能源消费——基于SYS-GMM估计的实证研究》,载《西南金融》2013年第12期。

〔2〕 参见国务院2012年10月发布的《中国的能源政策(2012)》白皮书。

〔3〕 王立彬:《中国能源钢铁等多项资源消费居世界第一》,载新华网:http://news.xinhuanet.com/fortune/2013-05/25/c_115907120.htm,最后访问日期:2015年9月16日。

〔4〕 王振红、曹俊杰、王黎明:《中国金融发展、城镇化与能源消费——基于SYS-GMM估计的实证研究》,载《西南金融》2013年第12期。

〔5〕 [俄]日兹宁:《国际能源政治与外交》,张晓云等译,华东师范大学出版社2005年版,第45页。转引自肖国兴:《论〈能源法〉的理性及其法律逻辑》,载《中州学刊》2007年第4期。

地质找矿高潮。发现石油、天然气、铀、钨等一批具有世界级储量的矿床。[1]

然而，中国的能源生产和消费结构不合理，70%的能源是靠煤炭，石油对外依存度目前达到57%，天然气在一次能源中的比例不到5%，而全世界的平均水平是25%左右。但大量煤炭的燃烧带来了一系列问题，而且使中国的能源利用效率非常低。中国的能源利用效率仅为36.8%，低于50%的世界平均值。[2] 中国人均能源消费与世界平均水平大体相当，但是人均GDP仅是世界平均水平的1/2。[3] 中国能源资源开采率低更是众所周知的事情。

尽管中国经济自2014年以来进入了"新常态"，GDP增速有所下降，但是依然保持远高于世界平均水平的高位增长，持续的城镇化更会不断地促进能源消费。城镇化与能源消费之间存在正相关关系，中国城镇化对能源消费有着高度依赖——能源消费总量的约85%在城市中消费，城镇化每增加1个百分点，平均需多消耗能源4940万吨标准煤。[4] 在我国城镇化进程中，伴随着大量的基础设施建设，拉动着能源消费。城镇化带动产业结构由农业向重工业转移，能耗系数变大，这加速能源消费。城镇化带动人均收入和消费水平的提高，城镇居民生活消费和生产活动而导致的能源消费，超过城镇化带来的技术升级所引起的能源节约。[5]

由于快速的经济增长和城镇化，以及粗放的经济社会发展模式而带来的不加节制的"敞口式"能源生产和消费，让我国能源资源和水资源紧张形势日益突出。如果不提高能源效率，中国日益增加的能源生产和消费将对中国水安全形成重大挑战，因为水与能源存在密切的联结，不论是传统能源还是新能源，是不可再生的化石能源还是可再生能源。

---

〔1〕 王立彬：《中国能源钢铁等多项资源消费居世界第一》，载新华网：http://news.xinhuanet.com/fortune/2013-05/25/c_115907120.htm，最后访问日期：2015年9月16日。

〔2〕 华贲：《城镇化与能源革命》，载《中外能源》2013年第4期。

〔3〕 参见国家统计局编：《中国统计年鉴》，中国统计出版社2011年版，第524页。

〔4〕 佚名：《新型城镇化与能源变革》，载《能源》2013年第7期。

〔5〕 王振红、曹俊杰、王黎明：《中国金融发展、城镇化与能源消费——基于SYS-GMM估计的实证研究》，载《西南金融》2013年第12期。

二、我国能源生产与消费扩张带来的水风险

几乎任何一种形式的能源生产都需要水。能源所需水资源主要包括能源矿产开采、加工、精炼，化石能源废弃物处理以及种植生物燃料作物所需的水资源。中国的“能源足迹”在不断增长，如果“一切照旧”，会带来“水足迹”的不断增长，由此引发不可忽视的水风险。

（一）煤炭生产和消费的水风险

煤炭曾经是、现在是，近期的将来仍然是中国能源的主体。我国近70%的能源消费都来自于煤炭，而电力行业消耗的煤炭约占全国总用量的50%。[1] 但是煤炭又以最“肮脏”的能源著称，与其他能源相比，它的开采、加工、发电等过程中度耗水，高碳排放，并且带来严重的水污染。从整个产业链来看，煤炭甚至可能是所有能源的生产中需水最多的——从供应链上游的煤炭开采和洗涤，到下游的发电厂冷却和煤灰控制。[2] 另外，我国仍在煤炭资源丰富但水资源匮乏的地区发展水资源密集型行业，如高耗水、高排污的煤化工项目，加剧了这些地区的水短缺和水污染形势。[3] 同时，采煤区域地下水位下降，破坏地下径流，造成矿区主要供水源枯竭、地表土壤沙化、土地肥力降低、农作物减产。[4] 如果中国不在“依法治水”的同时“依法治煤”，寻求改变以往的煤炭开采和煤电发展战略和思路，中国持续的煤炭开采和煤电发展将会加剧中国的水危机。详见下一章的专门论述。

（二）天然气开采的水风险

一般认为，天然气是相对低碳清洁的电力和能源资源，因为每个能源单位天然气排放的碳比煤少45%，而且燃气—蒸汽联合循环发电厂比煤

[1] 唐霞、曲建升：《我国能源生产与水资源供需矛盾分析和对策研究》，载《生态经济》2015年第10期。

[2] 詹贻琛、吴岚：《中美均面临水、能源、粮食三者冲突》，载《中国经济报告》2014年第1期。

[3] [美]魏爱伦：《水资源与能源生产》，载《能源》2013年第10期；唐霞、曲建升：《我国能源生产与水资源供需矛盾分析和对策研究》，载《生态经济》2015年第10期。

[4] 唐霞、曲建升：《我国能源生产与水资源供需矛盾分析和对策研究》，载《生态经济》2015年第10期。

电厂更有效率。但是天然气开采中度耗水,也会污染地下水,其最大发电能力虽然高达 87%,但是实际上只有 37%。因为它主要是作为调峰电站,在高峰负荷发电,仅用于当需求较高,或者间歇性能源没有产生足够电力时,偶然供给电力。如果天然气能够像核电、煤电一样以基底负荷发电运营,则实际发电能力将接近最大能力。[1] 然而,中国液化天然气依赖进口,能源来源的成本和可得性限制了中国增加其天然气发电份额的能力。根据中国电力理事会的数据,中国 2012 年天然气装机容量为 37 吉瓦,仅为当年总装机容量的 3%,远低于 25% 的世界平均水平。

尽管中国有着丰富的页岩气、煤岩气等非常规天然气储备,眼看美国页岩气革命成功,中国出台了鼓励页岩气和煤岩气地质调查研究、勘探开发的规划和政策,[2]然而由于页岩气和煤岩气开采伴随着水风险和地震隐患等,对这些资源还不能大规模开发。

页岩气和煤层气储存在页岩石、煤层等很难达到的地下深岩中。页岩石很普通,页岩气是利用岩石碎裂法或水力碎裂法从其中提取的——将以百万升计的水、沙子和化学药剂一起注入页岩井下,压裂岩层,使页岩气溢出;煤层气是在有煤储备的地下天然形成的,可以利用各种技术提取。但是与页岩气比较,煤层气中所含天然气的数量相对较小,而且煤层气的开采也会释放大量二氧化碳,并可能污染地下水。因此,中国着力促进页岩气的勘探和推动其商业开采。

中国有全球最大的页岩气储备。世界资源研究所(WRI)[3]的一项最新研究表明,中国页岩气储量高达 30 万亿立方米以上,约占全球储量的 19%,几乎是美国的两倍。尽管储备巨大,中国页岩气实现像美国一样

---

〔1〕 Debra Tan et al., *TOWARDS A WATER & ENERGY SECURE CHINA: Tough choices ahead in power expansion with limited waterresources*, China Water Risk, 2015, p. 45. Available at http://chinawaterrisk.org/wp-content/uploads/2015/04/Towards-A-Water-Energy-Secure-China-CWR0415.pdf.

〔2〕 《能源发展十二五规划》提出,"大力开发非常规天然气资源","根据资源前景和发展基础,重点加大煤层气和页岩气勘探开发力度";《能源发展战略行动计划(2014~2020 年)》指出"大力发展天然气",包括"重点突破页岩气和煤层气开发"。李克强在 2015 年全国人大政府工作报告中说:"……开发利用页岩气、煤层气"。

〔3〕 世界资源研究所成立于 1982 年,总部位于美国华盛顿特区,2008 年始在中国北京设立第一个长期国别办公室。世界资源研究所是致力于环境与发展的非政府研究机构,在气候、粮食、森林、能源、水、可持续城市等领域设立了六大关键目标并开展工作。

的大规模商业化开采却还只是个模糊的前景,是个美梦,目前还处于页岩气储备调查和评价阶段。这是由以下多种原因造成的。

一是页岩气开采需要用水,而中国大部分的页岩气储备——超过3/5,位于水短缺的西部地区。中国页岩气储备主要集中在四川盆地和塔里木盆地,这两个区域水资源供应均已非常紧张,油气开采面临巨大挑战。雪上加霜的是,页岩气资源储量大的地区大部分都是人口密集的区域,这意味着开采页岩气资源除了要挤占灌溉水源外,还要和工业用水及生活用水竞争。

二是水力碎裂法这一开采技术带来的水污染和甲烷排放风险。WRI的最新研究表明,在美国,仅钻井就需要20万~250万升水,水力压裂环节对水的需求量则高达700万~2300万升。在钻井和水力压裂过程中,有1/10至3/4的水会回流到地表,而这些回流水中都包含有毒化学药品。开采公司可以将这些水回收,用于下次水力压裂,也可以将其储存在废水池内,还可以将其直接排入地表水。如果回流水没有被妥当处理,就可能会污染当地地下水,进一步增加当地水资源供应风险,造成水资源短缺和水污染的双重灾难。事实上,因为污染水质,释放甲烷,页岩气开发在美国也有重大争议,并不是一般认为的清洁、安全、环境友好的能源。法国甚至在2014年出台规章,成为禁止将水力碎裂法作为天然气开采方法的第一个国家。[1]

此外,中国页岩气位于山区,埋藏过深——中国页岩气储备的深度是美国的两倍,会产生地震风险;页岩气开采的投资额巨大;中国目前的管道网络、加工和储存设施、公路和桥梁等基础设施不足以应对页岩气以碎裂法被大量开发后可能释放大量甲烷到空气的意外情况……

由于上述许多原因,中国大幅度调低了2020年的页岩气开采目标。2012年,中国主要的规划部门国家发改委宣布,到2020年,中国每年将开采600亿~1000亿立方米页岩气。但是《能源发展战略行动计划(2014~2020年)》只规定"到2020年,页岩气产量力争超过300亿立方米",仅为

---

〔1〕 Debra Tan et al., *TOWARDS A WATER & ENERGY SECURE CHINA: Tough choices ahead in power expansion with limited waterresources*, China Water Risk, 2015, p. 49. Available at http://chinawaterrisk.org/wp-content/uploads/2015/04/Towards-A-Water-Energy-Secure-China-CWR0415.pdf.

原最低目标的一半。然而,《十三五规划纲要》为了推动能源结构优化升级,又提出"积极开发天然气、煤层气、页岩油(气)"。[1]

(三)核电发展的水风险

中国是全球核电发展最快的国家,2014 年核电装机容量达到 20 吉瓦,是总装机容量的 1.5%,但是产生的电量占总电量的 2.4%。[2] 根据《能源发展十二五规划》,到 2015 年,运行核电装机达到 4000 万千瓦(40 吉瓦),在建规模 1800 万千瓦(18 吉瓦)。《能源发展战略行动计划(2014~2020 年)》规划"到 2020 年,核电装机容量达到 5800 万千瓦(58 吉瓦),在建容量达到 3000 万千瓦(30 吉瓦)以上"。不过,即使中国能够在 2020 年实现 5800 万千瓦的核电装机容量目标,核电装机容量也仅占总装机容量的 2.9%,发电量也仅占电力总产量的 5.4%。[3] 而且 2020 年之后的核电发展蓝图还不清楚,因为没有官方目标发布,这预示着核电的不确定的未来。

中国核电的快速发展有很多驱动因素:一是核电的发电能力值很高,[4]可以补充煤电作为基底负荷发电;二是核电相对清洁,发展核电有助于减少对煤电的依赖,减少燃煤产生的烟尘、二氧化硫等,以在一定程度上改善空气污染状况;三是核电较低的碳足迹,有助于中国实现其碳减排承诺。考虑到中国煤炭和煤电基地日益面临的淡水压力,核电在中国发电行业将发挥一定的作用。

但是中国核电的进一步发展也存在很多制约因素,使其是中国能源安全的补充而不是基本能源,不可能替代煤炭成为能源的领导者。这些制约因素包括水安全因素,也包括其他因素。

第一,燃料供应有限。中国铀的储量很有限,我国铀探明储量居世界

---

[1] 参见《十三五规划纲要》第三十章("建设现代能源体系")第一节("推动能源结构优化升级")的相关内容。

[2] Debra Tan et al., *TOWARDS A WATER & ENERGY SECURE CHINA*: *Tough choices ahead in power expansion with limited waterresources*, China Water Risk, 2015, p. 149. Available at http://chinawaterrisk.org/wp-content/uploads/2015/04/Towards-A-Water-Energy-Secure-China-CWR0415.pdf.

[3] Debra Tan et al., *TOWARDS A WATER & ENERGY SECURE CHINA*: *Tough choices ahead in power expansion with limited water resources*, China Water Risk, 2015, p. 152. Available at http://chinawaterrisk.org/wp-content/uploads/2015/04/Towards-A-Water-Energy-Secure-China-CWR0415.pdf.

[4] 核电的最大发电能力为 90%,2014 年实际平均发电能力 85%,因为它是中国仅用于基底负荷发电的唯一的电力类型。换言之,为了满足最小电力需求,它几乎是持续不断地运营,因此实际发电值接近于最大能力值。

第十位之后,而且多是中小矿床,品位偏低,不能适应核电长远发展的需要。目前国产铀供给中国的核燃料需求不到1/4,因此大规模发展核电将使中国高度依赖进口铀,可能影响其能源供给的安全。中央机构也在考虑开发非常规来源的铀,如黑页岩、煤灰等,在中国的储量都很丰富,但是成本更高昂,而且仍在实验阶段。

第二,水短缺构成对核安全的重大威胁。核电厂在运营时,为了发电,需要相当量的、连续的冷却用水;而且如果要产生同样的电量,核电厂不论是水抽取还是水消耗,都远多于煤或天然气发电厂,不论是怎样的冷却技术。即使在核反应堆关闭后,也需要用水冷却反应堆以预防对(核反应堆)活性区的损害。众所周知,核电的最大隐忧是安全问题,《能源发展十二五规划》规定"把安全第一方针落实到核电规划、建设、运行、退役全过程及所有相关产业",李克强总理在2015年全国人大政府工作报告中还强调"安全发展核电",而冷却用水的可得性可能是核安全的一个主要威胁。因为有此顾虑,中国目前所有已建和在建的核电站都位于沿海地区。但是沿海地区有限的面积制约中国核电发展。

中国也曾考虑和规划在长江流域的内陆地区建设28吉瓦的核电站,因为存在水供给和水污染风险而暂停建设。这一建设计划将拟建核电站坐落于安徽、江西等内陆省份,计划抽取长江和鄱阳湖的水。然而,由于气候变化和地质风险而带来的河流季节多变性,可能造成为冷却和安全目的的供水的中断。核电站的运营生命周期大约有60年,时间长得足够使其暴露于气候变化的影响中。我们已经经历了长江流量干扰和鄱阳湖水量枯竭。在日本福岛核事故之后,中国政府重新审视核安全和水的可得性问题,决定暂停内陆的核电站扩张计划。《能源发展十二五规划》要求"对新建厂址进行全面复核,'十二五'时期只安排沿海厂址"。但是根据最新的政策和规划,"十三五"时期可能会安排建设内陆核电站。《能源发展战略行动计划(2014~2020年)》提出,"安全发展核电。在采用国际最高安全标准、确保安全的前提下,适时在东部沿海地区启动新的核电项目建设,研究论证内陆核电建设"。《十三五规划纲要》要求"以沿海核电带为重点,安全建设自主核电示范工程和项目"。[1]

第三,水污染和放射性污染的风险。如果在人口密集的内陆地区建设和运营核电站,也存在饮用水源受污染的风险。28 吉瓦计划建设的内陆核电站中超过 70% 位于长江流域,引起公众对水污染的担忧,以及对处于人口高度密集地区的主要饮用水源地的放射性污染的关注。根据世界野生生物基金会的数据,该流域是 4 亿人口的家乡,生产超过 70% 的中国大米,50% 的谷物和 70% 的淡水鱼类。上游工厂的污染也将影响下游的省份,这些下游省份贡献了中国 1/3 的 GDP。[2] 为了减轻内陆核电站面临的为冷却和安全目的的供水中断的风险,中国支持内陆核电站采取 Westing house AP1000 模式,它装置的是被动冷却系统。在这种构造中,大量的水贮存在反应堆之上的水塔内,可以在需要时用来冷却反应堆。然而这虽然解决了水供给的问题,却并没有降低水污染和放射性污染的风险。

四是其他替代性能源的发展挤压核电的发展空间。核电需要高昂的投资和运转费用,运转和养护的技术要求很高;更严格的环境要求进一步增加了发展核电的成本,使其与水电等其他能源相比,竞争力降低。风能和太阳能的开发成本这些年来也已大幅降低,投资额显著增加。如果风能和太阳能继续快速增长,核电发展的空间会更小。另外,清洁煤炭的开发利用也会挤压核电的发展空间。

可以说,中国的核电发展已经具备了一定的规模,但是主要由于水安全问题而处于十字路口。有中外学者提出,可以考虑用 60 吉瓦装机容量的水电,或者 106 吉瓦的风电,或者 161 吉瓦的太阳能光伏发电替代 28 吉瓦装机容量的内陆核电站扩张。[3] 但是水电、风能、太阳能等这些可再生能源不是连续性的,需要煤或天然气发电来平衡,而且它们本身也有多

---

〔1〕 参见《十三五规划纲要》第三十章("建设现代能源体系")第一节("推动能源结构优化升级")的相关内容。

〔2〕 Wong, C. M. et al., *World's top 10 rivers at risk*, 2007. WWF International. Gland, Switzerland.

〔3〕 Debra Tan et al., *TOWARDS A WATER & ENERGY SECURE CHINA: Tough choices ahead in power expansion with limited waterresources*, China Water Risk, 2015, p. 155. Available at http://chinawaterrisk.org/wp-content/uploads/2015/04/Towards-A-Water-Energy-Secure-China-CWR0415.pdf.

重相关的水风险。[1] 因此，平衡中国能源安全和水安全的根本办法还是削减能源需求和水需求，提高能源效率和水效率。

（四）可再生能源扩张的水风险

可再生能源是指"风能、太阳能、水能、生物质能、地热能、海洋能等非化石能源"，[2]以风能、太阳能为主体。与化石能源相比，风能、太阳能总体上清洁、低碳、用水量一般较小，但是生产这些能源的设备却需要开采和使用很多矿产资源，尤其是稀土矿产，其开采、加工、冶炼等带来了严重的水污染和有毒物质污染。随着中国风能和太阳能产业的扩张，如果不采取有效的应对措施，这些污染可能加剧，进一步威胁中国的水安全，其他可再生能源的开发也会产生一定的水风险和环境风险。详见本书第八章的专门论述。

第二节　中国能源发展水风险的政策和法律规制

可能会有学者认为，中国政府对能源结构的调整和中国企业能源效率的提高，客观上会有助于降低能源开发带来的水供给压力和水生态风险。然而事实是，中国能源生产和消费的绝对值仍在不断增加，而且中国已经先后出台了雄心勃勃的能源扩张计划，包括《能源发展十二五规划》《可再生能源发展十二五规划》《能源发展战略行动计划（2014～2020年）》《国务院关于促进光伏产业健康发展的意见》等。为了防范和减轻能源扩张对水安全的挑战，我国必须进一步采取适当和有效的政策和法律措施。

一、中国能源发展水风险的政策规制

为了确保能源安全，中国实施和采取了一些能源政策和措施。由于水与能源的密切联结，它们在客观上也有利于防范和应对中国能源扩张

[1] 关于水电、风能、太阳能开发的水风险，详见本书第八章的相关内容。

[2] 参见《可再生能源法》第2条的规定。

带来的水风险。这些能源政策和措施主要包括以下方面。

一是设定能源生产总量控制目标。《能源发展十二五规划》宣布了2015年39亿吨的煤炭生产总量控制目标;《能源发展战略行动计划(2014~2020年)》规定国内一次能源生产总量达到42亿吨标准煤,能源自给率85%左右。

二是设定能源消费总量控制目标。《能源发展十二五规划》宣布了2015年40亿吨标准煤的全国能源消费总量控制目标;《能源发展战略行动计划(2014~2020年)》设定了2020年42亿吨的煤炭消费总量控制目标和48亿吨标准煤的一次能源消费总量控制目标。李克强总理在2015年全国人大政府工作报告中说,"能源生产和消费革命,关乎发展与民生……控制能源消费总量,加强工业、交通、建筑等重点领域节能"。

三是控制矿物燃料消费比例。《能源发展战略行动计划(2014~2020年)》要求2020年矿物燃料消费占比控制在85%以内,其中煤炭消费占比控制在62%以内,天然气占比10%以上。根据2014年《中美气候变化协议》,到2030年,矿物燃料消费占比控制在80%以内。

从上述可以看出,我国的能源政策主要以确保能源供应安全和能源开发利用为核心,对于能源开采、生产、加工以及消费等领域的水资源节约及其保护则缺乏考虑,需要进行较大的调整。

(一)加强能源的需求侧管理

与主要发达国家不同,正处在工业化、城镇化发展阶段的我国,同时遭遇能源安全、水安全、生态安全以及气候变化问题。作为负责任的大国,中国政府承诺,到2020年单位国内生产总值二氧化碳排放比2005年下降40%~45%。为了履行国际承诺,在能源的供应端,中国投入了大量的资金和技术,但是加强能源需求侧的管理,强调能源节约,减少能源消费,将会起到事半功倍的效果。在宣传节能必要性和重要性的同时,中央政府可以制定节能标准和行动准则,以及相应的激励和约束政策。同时,应当加强水与"能源—经济—环境—气候"链条上各项政策的衔接,以合理控制能源消费总量作为战略支点,衔接好产业结构调整与布局优化、能源结构调整、能源强度降低、环境治理、应对气候变化政策等,以在各相关领域相互促进,形成合力,共同推动经济社会、能源、环境可持续发展。[1]

(二)建立能源和水资源协调管理机制

在能源和水资源分部门管理的体制下,协调机制是确保能源和水资源事项得到一体化考虑的重要保障。能源政策的制定需要有水部门的参与,反之亦然。为了防止各职能部门仅从其部门视角或利益出发制定出相互矛盾的政策,我国需要建立"事权清晰、分工明确、行为规范、运转协调"的协商或协调机制。正如有学者所指出的,建立这种协调不仅应该包括数据共享,还应该包括联合计划和讨论,从而了解如何最好地在一个领域内以对另一个领域最小的影响计划相关项目,同时机构协调机制也可以成为未来政策的来源,因为这些机构是最了解情况的利益相关者,可以预测所拟定政策法律的潜在影响。[2] 由于国家机构改革的要求,在我国设立新的实体性协调机构并不现实,但是可以利用政务管理工作平台和非实体性的协调机构的形式,如领导小组,定期的协商、协调会议或机制,进行部门间沟通和协调。[3]

(三)建立能源政策与水政策的联结

由于水与能源的密切联结,为了同时实现水安全和能源安全,必须在能源政策和水政策之间建立有效的联结。国家和政府在制定能源开发、生产、运输和消费政策与法律时,需要充分考虑和避免其对水资源产生的影响,以确保水安全及其支撑的能源安全。一方面,建立能源规划和项目的水资源论证制度,将区域水资源承载力作为能源基地和项目布局的重要前提,根据我国不同地区的能源和水资源匹配情况,因地制宜地制订能源生产政策和发展规划,避免或者减少在干旱缺水地区进行需水量和耗水量过大的能源生产或开采活动;另一方面,建立能源生产和消费生命周期的水环境影响评价制度,尤其是在新能源产业政策方面,需要充分评估新能源生产对水资源产生的影响,鼓励和支持耗水量较少或者基本不消

---

〔1〕 参见张有生:《能源消费革命是必由之路》,载《经济日报》2014年7月1日。

〔2〕 Hardberger A. ,Powering the Tap Dry:*Regulatory Alternatives for the Energy-Water Nexus*. U. Colo. L. Rev. ,2013,84:529 - 861. 转引自胡德胜、许胜晴:《能—水关联及我国能源和水资源政策法律的完善》,载《西安交通大学学报》(社会科学版)2015年第4期。

〔3〕 胡德胜、潘怀平、许胜晴:《创新流域治理机制应以流域管理政务平台为抓手》,载《环境保护》2012年第13期。

耗和不污染水资源的新能源发展。[1] 新能源产业因具有较高的关注度，其负面影响往往会被有意或无意地忽视，埋下产业发展的隐患。我国需要根据新能源开发全生命周期的水资源和环境影响，科学规划新能源基地的发展布局，确保新能源产业按照清洁能源的道路可持续发展，并成功接替传统能源。[2]

（四）建立能源效率的市场促进机制

确保能源安全的基本路径是提高能源效率。能源效率包括节能、投资效率、生产效率、技术效率、结构效率等一切能够表征能源开发利用的效率及其制度效率。[3] 提高能源效率将直接减少水耗、能耗和污染物排放，从而可以从源头上实现环境保护，同时促进水安全、能源安全和生态安全。为了提高能源效率，在能源领域引入市场机制至关重要。我国需要淡化行政管理，强化市场调节，淡化或取消能源效率指标要求，通过法律的制定和修改，建立市场调节机制，实现能源效率的提高。政策和法律应当允许民营企业、地方的国有企业和其他企业都能进入到能源市场，因为只有多元竞争的格局出现，才能促进在能源特别是清洁能源方面的投资，而这些投资也会不断降低成本，提高效率。

二、中国能源发展水风险的法律规制

中国的涉水能源法律主要有《节约能源法》《电力法》《煤炭法》《可再生能源法》《矿产资源法》等。这些法律没有从能源安全和水安全的战略高度进行制度构建，更不足以规制中国能源发展带来的水风险，必须进行修订。同时，也需要制定一部统一的《能源法》以统领各单行能源法律法规。《煤炭法》的修订将在第七章讨论，《可再生能源法》和《矿产资源法》的修订将在第八章讨论，这里只讨论《节约能源法》和《电力法》的修订，以及《能源法》的制定。

---

〔1〕 胡德胜、许胜晴：《能—水关联及我国能源和水资源政策法律的完善》，载《西安交通大学学报》（社会科学版）2015 年第 4 期。

〔2〕 唐霞、曲建升：《我国能源生产与水资源供需矛盾分析和对策研究》，载《生态经济》2015 年第 10 期。

〔3〕 肖国兴：《能源发展转型与〈能源法〉的制度抉择》，载《法学》2011 年第 12 期。

（一）《节约能源法》的修订

《节约能源法》是提高能源效率的基本法律，也可以说是《循环经济促进法》的特别法，是能源利用领域"减量化"的专门法。《节约能源法》于1997年由全国人大常委会通过，2007年修订。该法的主要内容是节能管理、合理使用与节约能源、节能技术进步和激励措施等。其中"合理使用与节约能源"专章是重点，该章在作了一般规定之后，分别具体规定了工业节能、建筑节能、交通运输节能、公共机构节能、重点用能单位节能措施。但是该法的很多规定已不能适应我国能源政策与发展形势，需要进行新的修订。《节约能源法》的修改已纳入全国人大常委会2015年立法工作计划中的预备项目，[1]中共中央、国务院2015年《关于加快推进生态文明建设的意见》也要求修订《节约能源法》。

从保障水安全和能源安全的双重视野出发，笔者建议《节约能源法》作以下修订：

1. 修订适用范围

《节约能源法》第1条规定，其立法目的是"推动全社会节约能源，提高能源利用效率，保护和改善环境，促进经济社会全面协调可持续发展"。根据第3条的规定，所谓"节约能源"（以下简称节能），是指加强用能管理，采取技术上可行、经济上合理以及环境和社会可以承受的措施，从能源生产到消费的各个环节，降低消耗、减少损失和污染物排放、制止浪费，有效、合理地利用能源。这一定义较为科学合理，突出了节能措施应当贯穿于能源从生产到消费的整个生命周期，但是其中"加强用能管理"与"从能源生产到消费的各个环节，降低消耗……"的措辞有些前后矛盾，应当将前者修改为"加强产能和用能管理"。

2. 建立能源节约的基本政策和制度

《节约能源法》第4条规定，节约资源是我国的基本国策，国家实施节约与开发并举、把节约放在首位的能源发展战略。由于我国能源发展日益面临矿产资源和水资源短缺的双重"瓶颈"，确定这一战略是很有必要

[1] 所谓"预备项目"是指由有关方面抓紧调研和起草工作，视情在2015年或者以后年度安排全国人大常委会审议。

的。然而,如何促进能源节约,也需要结合政策和形势作出具体规定。建议建立能源生产和消费总量控制制度,并在其基础上建立能源消费指标或节能量的市场交易制度;修订重点行业单位产品能耗限额国家标准;建立工业产品的能耗标识制度;对主要行业实行能耗总量控制等。

3. 删除鼓励、支持开发和利用新能源、可再生能源的条款

《节约能源法》规定了政府和职能部门的职责。其中第 7 条第 1 款规定,国家实行有利于节能和环境保护的产业政策,限制发展高耗能、高污染行业,发展节能环保型产业;第 2 款规定,国务院和省级政府应当加强节能工作,合理调整产业结构、企业结构、产品结构和能源消费结构,推动企业降低单位产值能耗和单位产品能耗,淘汰落后的生产能力,改进能源的开发、加工、转换、输送、储存和供应,提高能源利用效率;第 3 款规定,"国家鼓励、支持开发和利用新能源、可再生能源"。这些规定都很笼统,是典型的政策性条款,而且第 3 款的规定有诸多不妥:一是背离了《节约能源法》的立法目的;二是有些新能源和可再生能源也存在水耗高等缺点,不能一律采取鼓励和支持的政策。

因此,建议删除第 7 条第 3 款"国家鼓励、支持开发和利用新能源、可再生能源"的规定。首先是因为,这项规定不符合《节约能源法》"节约能源"的立法宗旨,"节约能源"应是节约所有的能源,因为无论何种能源,从其生产到消费的整个生命周期来看,都要消耗一定的水、电和矿产资源,并带来一定程度的水污染和其他污染;其次正如上述,不是所有的新能源和可再生能源都是节水、减碳、环保的,不能一律都采取"鼓励和支持"的政策。比如,并不是所有类型的太阳能发电都既是气候友好,也是水友好的,而且还存在占用土地、影响植物生长等负面影响。以集中式太阳能为例,它的发展可以替代煤等常规能源,减少温室气体排放、空气污染和废物。然而集中式太阳能工厂因许多原因需要用水,如蒸汽生产以运转涡轮机、冷却用水、在干旱和半干旱情况下清洗反应器镜子上的灰尘等。不同类型的太阳能技术的水抽取和消耗量是不同的,最耗水的是集中式太阳能发电,每一百万瓦时的耗水量最小是 0.02 立方米,最大可达到 4.2 立方米,比燃煤电厂还要耗水,当然具体消耗的水量取决于适用的

技术和冷却类型。[1] 而且,集中式太阳能的装置和运营需要大面积阳光充足的土地。在集中式太阳能工厂建设期间,冷却对植被的损害,交通设施建设和地基挖掘都将增加对土壤的侵蚀。集中式太阳能结构在春夏使土壤温度降低0.5~4度,而在冬天使土壤温度增加0.5~4度,这对于对土壤温度特别敏感的植物的生长将产生不良影响。

(二)《电力法》的修订

《电力法》于1995年由全国人大会常委会通过,2009年修正。但是该法的很多规定已不能适应我国能源政策与发展形势,需要进行新的修订。《电力法》的进一步修改已纳入全国人大常委会2015年立法工作计划中的预备项目。根据上述有关分析,笔者建议《电力法》作如下修订:

1. 修订立法目的

《电力法》第1条规定,其立法目的是"保障和促进电力事业的发展,维护电力投资者、经营者和使用者的合法权益,保障电力安全运行"。众所周知,电力事业尤其是火电的粗放式发展已经威胁到中国的水量和水质安全,增加温室气体排放。为了在促进电力发展的同时确保水安全、生态安全和气候友好,建议将《电力法》第1条的"保障和促进电力事业的发展"修改为"保障和促进电力事业的清洁绿色低碳发展"。

2. 调整电力发展的原则

《电力法》第3条规定,"电力事业应当适应国民经济和社会发展的需要,适当超前发展"。然而,"适当超前发展"的原则既不符合规制能源发展水风险的形势要求,也不符合中央设定的能源生产和消费总量控制目标,为此建议将《电力法》第3条修改为,"国家建立用电总量控制制度和用电指标的市场交易制度"。

3. 细化节约用水和节约用电的规定

自然资源保护协会与清华大学能源环境经济研究所的报告《中国节能政策的节水效果评估》,着重分析了作为用水大户的工业部门的用水状

---

〔1〕 Debra Tan et al., *TOWARDS A WATER & ENERGY SECURE CHINA*: *Tough choices ahead in power expansion with limited waterresources*, China Water Risk, 2015, p. 159. Available at http://chinawaterrisk.org/wp-content/uploads/2015/04/Towards-A-Water-Energy-Secure-China-CWR0415.pdf.

况，其中电力热力生产供应业用水量最大。虽然火力发电单位发电量的耗水量、排污量呈现逐年递减现象，但是与发达国家相比，还存在一定差距。据报告中模型测算，预计未来十年中国电力供应仍以火电为主，因此确保水资源供应对中国未来电力发展至关重要，必须采取措施以最大限度地降低电力部门用水量。《电力法》第17条规定，"地方人民政府应当支持电力企业为发电工程建设勘探水源和依法取水、用水。电力企业应当节约用水。"第24条规定，"国家对电力供应和使用，实行安全用电、节约用电、计划用电的管理原则"。确立节约用水、安全用电、节约用电、计划用电的义务和管理原则是很有必要的，但是如何履行和贯彻这些义务和原则，法律没有具体规定，使这些义务和原则难以得到履行和贯彻。建议根据第17条的规定，设立"节约用水"专章；根据第24条的规定，设立"节约用电"专章。节约用电既是节约用煤等不可再生的矿产资源的需要，也是节约用水和保护水质的需要。

4. 建立新制度

为了预防电力事业发展带来水污染和其他环境损害，《电力法》第5条规定，电力建设、生产、供应和使用应当依法保护环境，采用新技术减少有害物质排放，防治污染和其他公害；第15条规定，输变电工程、调度通信自动化工程等电网配套工程和环境保护工程，应当与发电工程项目同时设计、同时建设、同时验收、同时投入使用。但是这些规定都很笼统，缺乏具体制度的支撑。应当建立电力企业建设项目的水资源论证制度和水环境影响评价制度，甚至气候影响评价制度和土地影响评价制度，或者考虑建立电力企业的电力—水—土地—气候联结的整体评价制度。

5. 删除鼓励和支持利用可再生能源和清洁能源发电的条款

《电力法》第5条第2款规定，"国家鼓励和支持利用可再生能源和清洁能源发电"。这一条款应当删除，理由已如上述——不是所有类型的可再生能源和清洁能源都是水友好、气候友好、土地友好的，不能在中国所有地区一律采取"鼓励和支持"的政策，而应当具体能源具体分析、具体地区具体分析。

(三)《能源法》的制定

《能源法》的制定早已列入全国人大常委会立法规划，专家建议稿也已出炉多年，但是因涉及重大利益调整，以及存在对立法目标、能源管理体制等的重大分歧，迟迟未能出台。因此，《能源法》的制定既要打破利益藩篱，又要厘清诸如立法目标等重大问题。

法律目标是法律的追求，也是法律安身立命的基础。从现代社会能源法的功能来看，《能源法》的目标经常是多元的，包括能源安全、能源效率、资源与环境保护、经济与社会可持续发展、公共参与、技术进步与技术创新，公平竞争与反垄断、能源结构优化、对外能源合作等。这种多元目标的表述固然可以全面地反映《能源法》的功能及其调整范围，但是失于空泛。实际上，在上述所有目标中，最能体现能源法本质的是能源安全与能源效率，其他目标都是以能源安全与能源效率作为前提或归属的。[1]

从各国能源政策的历史演进来看，能源效率多是在能源安全的基础上或在追逐能源安全的过程中发生的。能源效率将是能源供给的未来与希望。另外，能源效率往往是生态环境保护、经济与社会可持续发展、技术进步与创新、公平竞争与反垄断、能源结构优化的集中表现。中国的生态环境问题大部分是因能源不合理开发利用而造成的，80%的污染源因能源消费而起，提高能源效率、降低能耗与减少污染也具有直接的因果关系。[2] 能源安全与能源效率既是两个有层级的目标，又是互为一体的目标。能源安全是能源效率的基础，能源效率是能源安全的保障，也是环境保护的前提。能源效率代表了现代能源法目标值的未来。[3]

因此，《能源法》应当以确保能源安全、提高能源效率为主要目标，进行法律制度的逻辑演绎。水安全决定了能源安全，提高能源效率可以同时促进水安全和能源安全，因此，不论是从水安全的视野来看，还是从能源安全的视野来看，能源法制度演绎的核心都是提高能源效率。如此一来，《能源法》又与作为效率经济法的《循环经济促进法》建立起了密切的

---

〔1〕 肖国兴：《论〈能源法〉的理性及其法律逻辑》，载《中州学刊》2007年第4期。

〔2〕 肖国兴：《论能源法对循环经济的促进》，载《中山大学学报》（社会科学版）2007年第4期。

〔3〕 肖国兴：《论〈能源法〉的理性及其法律逻辑》，载《中州学刊》2007年第4期。

衔接关系。[1] 提高能源效率的路径依赖有很多，包括国家、政府、市场与技术。其中"市场制度和政府制度是《能源法》制度设计的根本性路径依赖"[2]，因为"政府能源管理制度在任何一部能源法律的制度安排中都处于核心地位"，而"市场是能源效率的动力源泉"。[3]

依据上述，能源法最核心的制度应当是两方面：一方面是建立政府能源管理制度，首要的是能源生产和消费总量控制制度，国家能源规划已作出规定。在2015年3月召开的第十二届全国人大第三次会议上，国家发改委受国务院委托，将2014年国民经济和社会发展计划执行情况与2015年国民经济和社会发展计划草案提请十二届全国人大三次会议审议时指出，统筹实施核电、水电、大型煤炭和煤电基地等重大项目建设。这种统筹很有必要，也应当纳入《能源法》。另一方面是建立和扩大能源市场。能源资源的市场化转型关系到我国能源结构转型、能源生产与消费总量双控、提高能源效率的绩效。"以能源结构转型、能源消费强度与消费总量双控、提高能源效率与能源清洁利用率等为内容的能源发展转型的绩效，归根结底取决于资源的市场化转型"。[4] 而"《能源法》要推动能源竞争性市场就必须设计有效率的投资产权、资产产权及其交易结构，如包括民营企业投资权利在内的多元产权竞争性交易规则及其保护"。[5] 我国《十二五规划》、党的十八大报告、《能源发展十二五规划》等明确提出，要形成各类市场主体平等使用生产要素、平等受到法律保护的制度环境，要深化垄断行业改革。

（四）《石油天然气法》和《原子能法》的制定

《石油天然气法》和《原子能法》属于能源资源特别法，它们的制定要考虑和消除石油、天然气和原子能开采、发电等带来的水风险，为此应当建立相关规划和建设项目的水资源论证制度、水环境影响评价制度等。

---

[1] 肖国兴教授指出，《能源法》以保证能源安全、提高能源效率与环境保护（3E）为宗旨，《循环经济促进法》以促进资源的减量化、再利用、再循环（3R）为目标，二者具有归一性。3R是3E的上位目标，应在实现"3E"中促进"3R"。促进"3R"需要政府制度，更需要市场或产权交易制度的支持。关于这再者之间的关系的论述，参见肖国兴：《论能源法对循环经济的促进》，载《中山大学学报》（社会科学版）2007年第4期。

[2] 肖国兴：《〈能源法〉与中国能源法律制度结构》，载《中州学刊》2010年第6期。

[3] 肖国兴：《论〈能源法〉的理性及其法律逻辑》，载《中州学刊》2007年第4期。

[4] 肖国兴：《能源发展转型的法律路径：从资源优势走向竞争优势》，载《中州学刊》2013年第11期。

[5] 肖国兴：《〈能源法〉制度设计的困惑与出路》，载《法学》2012年第8期。

第七章　涉煤产业链发展的水风险及其政策和法律规制

涉煤产业链包括以下产业：煤炭开采；煤炭提取和洗选；煤炭加工、运输和储存；污染物和废物的处理；燃煤发电；焦化；煤化工等。涉煤产业链是我国确保水安全和能源安全的首要战场，因为我国富煤、缺油、少气，[1]而可再生能源的大幅扩张也尚需时日，为了确保能源供应的安全，以煤炭为主的能源结构短期内无法改变。以往我国决策层、管理部门、产业界和学界多把注意力集中于煤炭和涉煤产业链的“节能减排”，强调为了应对气候变化和大气污染而减少二氧化碳和二氧化硫的排放，忽视了煤炭和涉煤产业链对我国水安全造成的巨大挑战和压力。为了确保水安全及其支撑的能源安全、生态安全等，我国需要通过适当的政策和法律，对涉煤产业链的水风险进行规制。

〔1〕　我国煤炭储量占能源储量的94.11%，天然气占3.07%，而需求量巨大的石油却仅占2.82%，目前石油的对外依存度已达57%。参见华贲：《城镇化与能源革命》，载《中外能源》2013年第4期。

第一节　中国涉煤产业链面临的水风险

一、中国的煤炭生产和消费状况及发展趋势

中国的能源生产和消费由矿物燃料主导。矿物燃料的生产和消费占主要能源生产和消费约90%,其中煤的生产和消费占比约75%。因为中国丰富的煤炭储量,为了确保能源供应的安全,确保90%左右的能源自给率,煤炭和煤电一直是,在将来数十年内也仍然是中国能源的主力。尽管由于公众对空气质量的关注,以及节能减排的需要,中国近年来在努力降低煤炭和煤电生产和消费的比重,提高煤炭的资源、能源产出效率,但是这种比重的降低和效率的提高很是缓慢,而且煤炭和煤电生产和消费的绝对量仍呈现不断增加态势。[1]

中国是世界第一大煤炭生产国、消费国和进口国。2013年煤炭生产量为39.7亿吨,占全球产量的49%,消费量为36.1亿吨;同时中国也进口3.27亿吨煤,但是仅出口750万吨煤。2014年,由于工业需求的疲软和雄心勃勃的节能减排战略,煤炭产量降至38.7亿吨,消费量降至35.1亿吨。[2] 由于同样的原因,预计2015年煤炭消费会持续平稳,或者进一步降低,使煤炭生产和消费达到峰值成为可能。国务院《能源发展战略行动计划(2014～2020年)》宣布了2020年42亿吨的煤炭消费总量控制目标,允许在2014年基础上绝对增加6.9亿吨的煤炭消费。然而,这种增加值已经超过了印度2013年整个煤炭的产量,[3]而且煤炭消费占比仍将达到62%。因此短期来看,在中国大幅度削减煤炭生产和消费并不现实。而且根据《能源发展十二五规划》《能源发展战略行动计划(2014～2020年)》和《中美气候变化协议》,虽然2005年以来煤炭消费比重降低,但是煤炭消费的绝对值

---

〔1〕 参见第二章第一、二节的相关表格(见表2－19、表2－20、表2－22、表2－23)。

〔2〕 Debra Tan et al., *TOWARDS A WATER & ENERGY SECURE CHINA: Tough choices ahead in power expansion with limited waterresources*, China Water Risk, 2015, p. 97. Available at http://chinawaterrisk.org/wp-content/uploads/2015/04/Towards-A-Water-Energy-Secure-China-CWR0415.pdf.

〔3〕 印度2013年的煤炭产量是6.05亿吨,是世界第三大煤炭生产国。

仍会增加。习近平主席多次提到,煤炭现在是,将来也仍然是中国的主要能源。因此,我们应打破可再生能源主导我国能源发展的幻想。

最新统计表明,中国煤炭消费量的3/4用于转换,1/4被工业和家庭直接消费。在转换用煤中,67.2%用于发电,20.4%用于焦化,7.6%用于供热,煤化工等其他中间使用者占比4.8%。[1] 因此,燃煤发电占中国煤炭消费总量的1/2强,中国煤炭需求主要由发电驱动,其次是焦化。预计燃煤发电会继续驱动煤炭生产和消费。《能源发展十二五规划》提出,"十二五"期间,全国新增煤电机组3亿千瓦(300吉瓦)。

煤电具有明显的优点:发电能力较高,[2] 而且在中国用于多种目的——基底负荷,高峰负荷,以及平衡水电、风电、太阳能发电等间歇性电力。在中国,煤电不仅是基底负荷电力的主要提供者,也是平衡间歇性电力的主导者。然而,煤电生产是高碳排放和中度耗水的,煤的开采会污染水源(主要是地下水,因为中国的煤炭主要储存于地下),煤炭的洗选、加工、发电过程会造成水污染。因此,在继续以往对大气质量、碳排放的关注和应对以外,我国需要将更多的注意力和应对策略转向涉煤产业链的水风险,以及煤炭的更清洁高效利用。

二、中国涉煤产业链面临的水风险

涉煤产业链对中国经济和能源发展的重要性是不言而喻的。对中国GDP贡献最大的省份高度依赖燃煤发电,其中广东的依赖度是73.6%,浙江近80%,江苏、山东、河南为93.2%。[3] 然而由于涉煤产业链对水供给的巨大需求和对水污染的"贡献",其对中国的水安全也形成了重大挑

---

〔1〕 Debra Tan et al., *TOWARDS A WATER & ENERGY SECURE CHINA: Tough choices ahead in power expansion with limited waterresources*, China Water Risk, 2015, p. 98. Available at http://chinawaterrisk.org/wp-content/uploads/2015/04/Towards-A-Water-Energy-Secure-China-CWR0415.pdf.

〔2〕 煤电的最大发电能力为90%,但是2014年中国煤电厂的实际平均发电能力只有54%,然而这并不意味着这种低发电能力是效率问题。美国2009年煤电厂的实际平均发电能力是64%,英国2012年是57%。因为有很多原因会降低煤电的发电能力,包括发电机是作为基底负荷——在一定时期内的最小负荷,还是作为高峰负荷发挥作用,电网的限制,电力供需的不平衡等。

〔3〕 Debra Tan et al., *TOWARDS A WATER & ENERGY SECURE CHINA: Tough choices ahead in power expansion with limited waterresources*, China Water Risk, 2015, p. 98. Available at http://chinawaterrisk.org/wp-content/uploads/2015/04/Towards-A-Water-Energy-Secure-China-CWR0415.pdf.

战。涉煤产业链的每个产业和环节都要用水，出于设备冷却、清洗或集中处理等不同目的。这些用水或者抽取自地表或地下水，或者是从其他阶段循环和再利用。每吨煤炭开采和加工用水约1.73立方米，如果中国能够实现在2020年生产42亿吨煤炭的目标，需要消耗74亿立方米的水。[1] 煤矿开采会造成地下水污染；为安全原因而进行的排水也会造成诸如地下水位下降、地表下陷、土壤盐碱化和土地荒漠化等重大问题。焦化行业是国务院2015年《水污染防治行动计划》确立的因严重水污染而需要专项整治的十大重点行业之一。因此，政府官员、研究者和非政府组织意识到，涉煤产业链因以下多种原因而暴露于水风险之中。

（一）绝大部分的煤炭储量和产量位于水短缺地区

虽然中国具有丰富的煤炭储量，然而水供给状况对煤和涉煤产业是一个严重威胁，使煤作为中国能源政策基石的可行性成为问题。因为我国的煤炭资源与水资源呈逆向分布，84%的煤炭储量位于水挑战地区，其中山西储量占比38.4%，内蒙古储量占比19.4%。[2] 煤炭资源储量西多东少、北丰南贫，多煤的地方缺水，多水的地方缺煤。中科院兰州文献情报中心的数据是，水资源和煤炭资源分布均以昆仑山—秦岭—大别山一线为界，该线以北地区的煤炭资源占全国的90.3%，以南地区只占9.7%；该线以南水资源丰富，占全国水资源总量的78.6%，以北水短缺，仅占21.4%。[3]

相应地，84%的煤炭产量也来自水挑战地区。[4] 原煤生产量占全国90%以上的矿区均位于严重干旱缺水的西北、东北、山西、内蒙古以及豫西地区，国内86个重点矿区有71%缺水，其中40%严重缺水。[5] 中国近

---

〔1〕 See Debra Tan et al., *TOWARDS A WATER & ENERGY SECURE CHINA: Tough choices ahead in power expansion with limited water resources*, China Water Risk, 2015, p. 119. Available at http://chinawaterrisk.org/wp-content/uploads/2015/04/Towards-A-Water-Energy-Secure-China-CWR0415.pdf.

〔2〕 中国科学院地理科学与资源研究所、陆地水循环与地表过程重点实验室编著：《噬水之煤：煤电基地开发与水资源研究》，中国环境科学出版社2012年版，第92～93页。

〔3〕 刘晓倩：《布局能源项目先考虑水问题》，载《中国科学报》2015年11月18日。

〔4〕 不过到2015年，这一比例预计降至78%。See Debra Tan, Feng Hu et al., *TOWARDS A WATER & ENERGY SECURE CHINA: Tough choices ahead in power expansion with limited water resources*, China Water Risk, 2015, p. 109. Available at http://chinawaterrisk.org/wp-content/uploads/2015/04/Towards-A-Water-Energy-Secure-China-CWR0415.pdf.

〔5〕 刘晓倩：《布局能源项目先考虑水问题》，载《中国科学报》2015年11月18日。

年来调整了煤矿产业布局，合并和关闭小煤矿，将煤炭生产集中于14个大型煤炭基地。根据《煤炭工业发展"十二五"规划》和《能源发展战略行动计划（2014～2020年）》，中国在重点建设晋北、晋中、晋东、神东、陕北、黄陇、宁东、鲁西、两淮、云贵、冀中、河南、内蒙古东部、新疆14个亿吨级大型煤炭基地，分布于12个省份。2010年，14个煤炭基地生产了中国煤炭总产量的87%，2012年的生产量为33亿吨煤，占全国生产量的94%，2013年生产36亿吨煤，占比为91%。[1] 根据《能源发展战略行动计划（2014～2020年）》，中央政府希望到2020年，这14个基地的煤炭产量占全国的95%。然而，大部分重点煤炭基地处于水资源供需矛盾较为突出的西北和华北地区，水资源已经对煤炭基地的生产建设产生了严重制约。这14个大型煤炭基地，除了云贵基地、两准基地、蒙东基地水资源相对丰富外，其余基地都存在不同程度的缺水。其中，晋陕蒙宁甘等省区，原煤产量超过全国总产量的60%，而水资源占有量仅占全国总量的4.8%，水资源供需矛盾十分突出；部分地区煤炭开采洗选用水量超过了区域工业用水总量的50%，这对缺水地区水资源供需形势产生了重大影响。[2]

中国前四大煤炭生产省份是山西、内蒙古、陕西和河南，都是水资源短缺或相对贫乏的省份。这四省2010年的煤炭产量占中国总产量的66%，2012年占比72%。其中山西、内蒙古是两个最大的生产省份，其产煤量在2012年占中国总产量的54%。然而山西的人均可更新水资源比安曼等中东国家还要少，河南则出现了水赤字。[3] 因此对这些地区而言，水安全比能源安全重要。中央政府2015年开始中断北京、天津、广东和浙江的煤矿开采，这给四大产煤省份的煤炭生产带来了更多的压力。

---

〔1〕 See Debra Tan et al., *TOWARDS A WATER & ENERGY SECURE CHINA*: *Tough choices ahead in power expansion with limited water resources*, China Water Risk, 2015, p. 106. Available at http://chinawaterrisk.org/wp-content/uploads/2015/04/Towards-A-Water-Energy-Secure-China-CWR0415.pdf.

〔2〕 齐添：《水资源对煤炭开发利用的约束将越来越紧——专访中国水利水电科学研究院仇亚琴教授》，载《中国经济导报》2014年12月27日。

〔3〕 See Debra Tan et al., *TOWARDS A WATER & ENERGY SECURE CHINA*: *Tough choices ahead in power expansion with limited water resources*, China Water Risk, 2015, p. 111. Available at http://chinawaterrisk.org/wp-content/uploads/2015/04/Towards-A-Water-Energy-Secure-China-CWR0415.pdf.

国际能源署(IEA)预测,与2010年相比,2035年中国由能源生产导致的水消耗将增长83%,主要是煤炭的生产和消费,并多发生在干旱缺水的地区。〔1〕 因此,若不对煤炭开采加以严格的数量和环境限制,在水资源已经非常匮乏的产煤地区其水短缺危机和水污染威胁将严重加剧,从而危及水安全、粮食安全和生态安全,可能引发尖锐、复杂的社会经济和环境问题。

尤其是我国的煤炭基地规划,与水资源现状存在尖锐矛盾,如果不依据水资源承载力的现状进行调整,将会带来严重的环境恶果并危及国家能源安全。《能源发展十二五规划》提出"按照控制东部、稳定中部、发展西部的原则,稳步推进大型煤炭基地建设……"其实是将部分煤炭产量转向更丰水的煤基省份,主要是新疆。在2010~2015年计划增加的来自丰水地区的3.35亿吨的煤炭产量中,超过90%是来自新疆。〔2〕 这也意味着中国的煤炭开发日益面临水短缺风险。因此,为了推动能源结构优化升级,减轻煤炭资源开发的水压力和环境影响,《十三五规划纲要》要求,"限制东部、控制中部和东北、优化西部地区煤炭资源开发,推进大型煤炭基地绿色化开采和改造……"〔3〕

(二)绝大部分煤电基地位于水挑战地区

依托上述煤炭基地资源优势,因规模经济和运输的原因,"十二五"期间中国将在蒙、新、晋、陕、甘、宁、黔等位于或靠近煤炭基地的省份建设16个大型煤电基地。《能源发展战略行动计划(2014~2020年)》要求"重点建设锡林郭勒、鄂尔多斯、晋北、晋中、晋东、陕北、哈密、准东、宁东9个千万千瓦级大型煤电基地。"另有7个计划开发的新基地,即彬长、准格尔、呼伦贝尔、霍林河、宝清、淮南和陇东。"十二五"期间,全国规划煤电开工规模3亿千瓦,其中煤电基地开工1.97亿千瓦,占66%;投产规模2.9亿

---

〔1〕 唐霞、曲建升:《我国能源生产与水资源供需矛盾分析和对策研究》,载《生态经济》2015年第10期。

〔2〕 See Debra Tan et al., *TOWARDS A WATER & ENERGY SECURE CHINA: Tough choices ahead in power expansion with limited water resources*, China Water Risk, 2015, p. 110. Available at http://chinawaterrisk.org/wp-content/uploads/2015/04/Towards -A-Water-Energy-Secure-China-CWR0415.pdf.

〔3〕 参见《十三五规划纲要》第三十章("建设现代能源体系")第一节("推动能源结构优化升级")的相关内容。

千瓦，其中煤电基地投产1.5亿千瓦，占52%。[1]

位于煤电基地的煤电及煤化工等高耗水行业，尤其是煤电行业持续发展，其对水资源的需求难以满足，往往只能挤占生态环境用水和农业用水，相应的取排水过程也对区域水资源和水环境形势带来了严重挑战。[2] 世界资源研究所指出，未来中国煤电开发加剧水资源紧张——中国拟建的燃煤电厂有51%将建在水资源紧缺指数较高或极高的地区，拟建的电厂每年耗水多达100亿立方米。[3] 以宁东煤电基地的用水状况为例。宁东煤电基地缺水严重，煤电工业本身就是高耗水产业，而宁夏地区这些年的发展已经几乎将当地可用的地表水耗尽，下一步只能向黄河取水。随着各省对黄河支流水量的过度消耗，各支流频繁断流，黄河不可避免地出现断流风险。目前，作为煤电基地发展的主要供水水源——黄河水是以挤占生态用水为前提实现的。由于输沙用水大量减少，黄河河槽不断淤积抬高，出现历史罕见的"二级悬河"，即使发生中小洪水，主槽也难以容纳，必然造成重大河势变化，易出现横河、斜河，增大了决口的危险。目前，黄河下游几乎全部是"二级悬河"。[4]

中国科学院地理科学与资源研究所、陆地水循环与地表过程重点实验室对采煤、燃煤火力发电、煤化工产业等用水环节进行了研究，按照能够搜集到的"十二五"各大基地煤炭开采、火电规划数字以及各省市煤炭、火电行业用水定额值、水耗率等指标，进行了煤电基地耗水量的估算；将煤电基地产业链涉及的采煤行业、火电行业、煤化工行业的需水量预测结果，按照煤电基地归属进行整合，结果显示："十二五"末耗水量最大的省区是内蒙古（蒙东、神东）、山西（晋北、晋中、晋东）和陕西（黄陇、陕北）。这三个省区以及宁夏，2015年规划煤电基地整个产业链的需水量均大大

---

〔1〕 中国科学院地理科学与资源研究所、陆地水循环与地表过程重点实验室编著：《噬水之煤：煤电基地开发与水资源研究》，中国环境科学出版社2012年版，第96页。

〔2〕 齐添：《水资源对煤炭开发利用的约束将越来越紧—专访中国水利水电科学研究院仇亚琴教授》，载《中国经济导报》2014年12月27日。

〔3〕 唐霞、曲建升：《我国能源生产与水资源供需矛盾分析和对策研究》，载《生态经济》2015年第10期。

〔4〕 中国科学院地理科学与资源研究所、陆地水循环与地表过程重点实验室编著：《噬水之煤：煤电基地开发与水资源研究》，中国环境科学出版社2012年版，第93～94页。

超过现状工业总用水量，说明这四个省份大型煤电基地的规划规模与现状供水能力存在很大矛盾，急需根据当地实际的水资源承载能力，重新对煤电基地规划进行评估和调整。[1]

（三）涉煤产业链带来的严重水污染和生态问题

煤炭抽取和煤电生产都是水密集型的，而且也是污染型的。诸如火电、煤炭、钢铁、水泥、化工、采矿业等煤和涉煤产业已经被环保部点名纳入16个最污染的产业。[2] 由于16个行业中有6个是涉及煤炭的，不难明白为什么"对污染宣战"意味着对水和空气质量更友好的洁净煤的生产和利用。而且污染的代价很昂贵。环保部的一项研究揭示，2010年中国煤炭生产的外部环境成本是5555.4亿元人民币，这是同年用于环保支出总费用的2.3倍，或者煤炭产值的1/4。[3]

中国科学院地理科学与资源研究所、陆地水循环与地表过程重点实验室在观察和分析了煤炭开采和煤电基地发展可能引起的环境问题[4]之后，得出结论：煤矿开采和煤电基地建设中的水问题是最为突出的。煤炭开采中比较突出的生态问题主要有：植被受损，水土流失，土地荒漠化加重，井泉干枯，居民饮水受到威胁，使原本脆弱的生态环境进一步恶化。我国绝大多数煤矿区环境污染严重，生态环境遭到了难以恢复的破坏。在煤炭开采过程中，采煤区域地下水位下降，破坏了地下含水层原始径流，降低原有水源的供水能力，导致含水系统的边界外移，矿区主要供水源枯竭，地表植被干枯，引起地表土壤严重沙化，土地肥力降低，农作物减产等。同时，矸石露天堆放，遇到雨天雨水冲淋，可形成酸性水，酸性水及其他有害物质流渗入地下水，对地下水造成污染。煤矿开采及其相随的矿区生产、生产设施以及相关产业的发展，使大量耕地、林地、草地

---

〔1〕 中国科学院地理科学与资源研究所、陆地水循环与地表过程重点实验室编著：《噬水之煤：煤电基地开发与水资源研究》，中国环境科学出版社2012年版，第1～68页。

〔2〕 其他行业是电解铝、冶金、石化、建材、造纸、酿造、制药、发酵、纺织、制革。

〔3〕 See Debra Tanet al., *TOWARDS A WATER & ENERGY SECURE CHINA*: *Tough Choices ahead in Power Expansion with Limited Water Resources*, published by China Water Risk, 2015, p. 113. Available at http://chinawaterrisk.org/wp-content/uploads/2015/04/ Towards -A-Water-Energy-Secure-China-CWR0415.pdf.

〔4〕 这些问题包括：煤电基地发展引起的水环境问题（地下水超采与水质污染）、对黄河流域生态环境的影响（工业污染和生态破坏）、对国土安全的影响、对下游用水及周边环境的影响等。

变为矿区及建设用地，造成大面积水土流失，破坏了水资源赖以涵养的环境。煤炭行业的排水是造成地表水污染的严重隐患。[1] 我国煤炭生产以井工开采为主，其产量占煤炭总量的95%左右，这种开采方式必然破坏煤层覆岩的应力平衡状态，造成了地面变形，导致公路、房屋裂缝、农田弃耕等发生。2008年年底环境保护部统计数据显示，全国采煤沉陷区面积达到84.2万平方公里，造成大量土地破坏和移民搬迁。煤电基地建设发展的同时，区域水环境情势面临严峻的挑战。煤电的开采、运输、转化、利用过程中产生了大量废水和废渣，工业区集中了高密度的人口，工矿企业及生活废水直接排入河道，废渣就近堆放于河谷，造成地表水严重污染。[2]

（四）涉煤产业链对粮食安全的挑战

贡献了中国绝大部分煤炭和煤电的中国大型煤炭基地和煤电基地，绝大多数位于干旱的北方地区，也与引发粮食安全关注的主要农业省份——粮食基地省份相重叠。因此，涉煤产业链因其水供给的巨大需求和水污染的"贡献"而对中国粮食安全也带来挑战。长期来看，随着中国民众和企业对粮食、煤炭和电力需求的日益增长，农业和工业对水的竞争将白热化，尤其是在北方地区。

北方地区的粮食生产依赖地下水，山西、内蒙古、陕西和河南四大产煤省份清楚地面临着水压力：它们依赖地下水提供38%～58%的水供给，已经利用了超过35%的总水量，均远超国家平均水平。[3] 2013年有7个省份出现水赤字（是指所消耗的水量大于可得的水资源），其中有3个是煤基省份和农业省份河北、河南、宁夏，宁夏同时也是煤电基地省份。河南和河北还高度依赖地下水，河南58%的水供给来自地下水，水消耗与水资源的比例为113%。[4] 如果不采取有力措施，煤炭将与农业为水而竞

---

[1] 中国科学院地理科学与资源研究所、陆地水循环与地表过程重点实验室编著：《噬水之煤：煤电基地开发与水资源研究》，中国环境科学出版社2012年版，第93页。

[2] 中国科学院地理科学与资源研究所、陆地水循环与地表过程重点实验室编著：《噬水之煤：煤电基地开发与水资源研究》，中国环境科学出版社2012年版，第93页。

[3] 地下水供给2013年的国家平均水平是18%，地下水利用率的国家平均水平是22%。

[4] See Debra Tan et al., *TOWARDS A WATER & ENERGY SECURE CHINA: Tough choices ahead in power expansion with limited water resources*, China Water Risk, 2015, p. 113. Available at http://chinawaterrisk.org/wp-content/uploads/2015/04/Towards-A-Water-Energy-Secure-China-CWR0415.pdf.

争，也将使地下水污染恶化。因此对水安全及其支撑的粮食安全和能源安全而言，粮食生产和能源发展不仅要考虑其水消耗，还要考察其水供给的来源，依赖地下水的粮食和能源供给会对水安全带来更严峻的挑战。

第二节　煤链水风险的政策和法律规制

为了应对涉煤产业链发展的水风险，中国政府陆续实施和采取了一些战略和政策措施，但是需要根据水安全形势进行适度调整。《煤炭法》等法律法规严重滞后，需要结合相关政策和确保水安全的现实需要，进行修订和重构。

一、煤链水风险的政策规制

为了确保煤链所涉及的水安全、能源安全、粮食安全和生态安全，中国政府和水利部、农业部等已经或正在采取一些"节水"和"控煤"的战略和政策措施，在节约用水和控制煤炭产量的双重路径下把煤炭行业的用水总量控制在红线之内。这对落实最严格的水资源管理制度，缓解北方地区煤炭基地和煤电基地的水短缺和水污染，确保能源安全和水安全具有一定作用。然而，有些政策措施也存在缺陷和问题，不能适应确保水安全、能源安全、粮食安全和生态安全的多重需要，必须进行适度调整。

（一）节水的政策措施

1. 发布《清洁生产标准》

环保部为了贯彻《环境保护法》和《清洁生产促进法》，保护环境，提高企业清洁生产水平，于 2008 年发布《清洁生产标准——煤炭采选业（HJ446 - 2008）》，为煤炭开采和洗选的每级生产工艺规定了资源能源利用指标（电耗、油耗、水耗等）、产品指标、污染物产生指标、废物回收利用指标、矿山生态保护指标等。其中一级（国际清洁生产先进水平）的井工煤矿开采用水配额为 0.1 立方米每吨，洗选用水配额为 0.1 立方米每吨，二级（国内清洁生产先进水平）分别为 0.2 立方米每吨和 0.1 立方米每吨，三级（国内清洁生产基本水平）分别为 0.3 立方米每吨和 0.15 立方米每吨。

2. 推动发展循环经济

《循环经济促进法》第16条规定,对钢铁、煤炭、电力等十个重点行业的重点能源消费单位、用水单位实行能耗、水耗的重点监督管理。国务院2013年制定了《循环经济发展战略及近期发展规划》,推动煤炭工业、电力工业、钢铁工业等构建循环型工业体系。

3. 煤炭基地和农业之间的水权交易

河南和宁夏既是粮食大省,也是煤炭基地省份,宁夏还是煤电基地省份,被选作进行水权交易的试点省份,正在实践将农田灌溉节水的水量转移给煤炭基地项目。

(二)煤电基地开发规划的水资源论证政策及其调整

中国的水短缺倒逼煤电基地建设必须充分考虑水环境容量和水资源长期承载能力。在目前严峻的水资源形势下,涉煤产业链必须坚持与水资源水环境承载能力相称的协调发展。为了贯彻落实最严格水资源管理制度,2013年12月,水利部专门发布了《关于做好大型煤电基地开发规划水资源论证的意见》(以下简称《煤电基地水资源论证意见》),对大型煤电基地开发规划实施水资源论证的政策,未来煤炭资源开发利用将受到水资源条件的影响和制约。[1] 大型煤电基地开发规划的水资源论证政策是解决中国煤电产业领域水—能源联结的关键政策,暗示着中国地区水的可得性将决定将来的煤电开发规划。简言之,它透露出水安全重于能源安全的信号。

大型煤电基地开发规划的水资源论证政策的主要内容体现了最严格的水资源管理政策——三条红线,或者说,是将三条红线政策在煤电基地建设方面进行贯彻。《煤电基地水资源论证意见》要求"认真落实取用水总量控制、用水效率控制和水功能区纳污总量管理政策要求,不得突破区域水资源管理三条红线控制指标"。《煤电基地水资源论证意见》同时较详细地规定了具体的措施要求。

---

〔1〕《煤电基地水资源论证意见》指出"大型煤电基地建设应全面贯彻落实最严格水资源管理制度,根据区域水资源条件,合理确定建设布局和建设规模,实现经济社会发展与水资源可持续利用与保护的双赢"。

1. 用水总量控制

用水总量控制主要包括三方面的政策措施。一是在水量分配和利用方面，实施以下严格政策：水利用或分配适用省级配额；[1]煤炭基地水权转让的限制；[2]煤和燃煤电厂必须协调水利用；[3]大型煤电基地空气冷却的水消耗限制。[4] “缺水地区应采用空冷机组和干除灰技术，设计耗水指标不得大于0.1立方米/(秒·百万千瓦)，百万机组年耗水总量不超过252万立方米”。二是严格地下水管理和保护。“北方燃煤电厂严禁使用除矿坑排水以外的地下水”。三是新项目必须进行水资源论证。“专项规划涉及大型煤矿建设的，应提供矿区规划水资源论证报告或矿区建设项目水资源论证报告”。

2. 用水效率控制

《煤电基地水资源论证意见》要求实施用水效率控制，一是规划电厂项目应坚持“先节水、后用水”；二是水短缺地区的燃煤电厂优先取用矿坑排水和再生水，即“北方燃煤电厂建设生产用水水源应优先取用矿坑排水和再生水，严格控制使用地表水，严禁使用除矿坑排水以外的地下水。矿坑排水处理达标后，没有全部回用的，不得申请地表水。”

3. 水污染控制

《煤电基地水资源论证意见》要求通过矿坑排水处理回用和废水处理回用进行水污染控制。“矿坑排水处理达标后，没有全部回用的，不得申请地表水；项目建设要切实加强水资源保护，污废水经处理达标后应全部回用。”

笔者认为，《煤电基地水资源论证意见》行政干预过多且缺乏科学性。诸如对燃煤电厂所提出的“缺水地区应采用空冷机组和干除灰技术，设计

---

[1] 取用水总量达到或超过控制指标的行政区，不得新增取水；省级水行政主管部门应制定用水总量控制或压减方案，明确削减用水总量的实施计划与具体措施，通过提高水资源利用效率、水权转换等措施内部挖潜，解决煤电基地建设所需水源。

[2] 煤电基地建设利用水权转让方式获得取水指标的，应提出水权转让相关方案，并对其可行性和可靠性进行分析，流域机构或省级水行政主管部门应按管理权限对相关方案提出的意见。

[3] 煤电基地燃煤电厂建设与煤矿开采等项目用水应统筹安排、综合利用。

[4] 缺水地区应采用空冷机组和干除灰技术，设计耗水指标不得大于0.1立方米/(秒·百万千瓦)，百万机组年耗水总量不超过252万立方米。

耗水指标不得大于0.1立方米/(秒·百万千瓦),百万机组年耗水总量不超过252万立方米"等过多的行政强制措施,缺乏科学的生命周期分析和节水、节煤、减碳的统筹考虑和综合平衡。因为涉煤产业链的单纯节水技术和措施,可能与节煤、减碳存在矛盾。比如,煤电生产的节水技术,就可能以增加煤耗和二氧化碳的排放为代价。

人类对水资源的利用有两种,水消耗或水抽取,前者是指人类从水源取走所需的水量,满足人们生产和生活的需要以后,水资源被消耗;水抽取则指水被利用以后,在另一地点回归水源。煤电厂的技术选择通常从热效率以及因此而来的煤消耗的角度考虑。然而,不同的技术选择也会产生不同的水耗,发电厂冷却用水的抽取和消耗量高度取决于所选择的技术类型。如果水短缺地区响应《大型煤电基地水资源论证意见》要求,采取干法冷却技术,根据中国燃煤发电行业的平均水消耗(MWh1.35立方米),可以在2020年实现每年节水12.2亿立方米。但是,干法冷却虽然节水,却以增加煤耗和二氧化碳排放为代价。节水12.2亿立方米,将以增加4170万吨二氧化碳的排放为代价。[1] 因为干法冷却降低了热效率,为了产生同样的电量,就需要增加煤的消耗。由于中国煤炭基本上自给自足,如果"一切照旧",煤耗增加意味着煤炭产量增加,煤炭产量增加意味着地下水污染增加……所以煤电行业节煤、节水、减碳并行或平衡的唯一方法或最有效方法只能是减少煤电生产,控制煤电产量。

因此,应从每个产业的整个生命周期,分析和解决水—能源—生态—气候的复杂联结。中国涉煤产业链面临的水风险,以及节能减排的刚性约束,要求我们建立煤炭开采、煤电生产、钢铁、水泥、焦化、煤化工等行业全生命周期水—能源—生态—气候联结的管理政策和制度。

(三)跨流域调水方案及其调整

为了确保煤炭和煤电基地用水,中国将尽一切努力,包括计划中的南水北调西线工程。南水北调西线有大渡河、雅砻江、通天河三个水源和相对应的进入黄河的输水线路。大渡河在海拔2900米附近,雅砻江、通天

[1] Debra Tan et al., *TOWARDS A WATER & ENERGY SECURE CHINA*: *Tough choices ahead in power expansion with limited waterresources*, China Water Risk, Apr. 2015, p. 122. Available at http://chinawaterrisk.org/wp-content/uploads/2015/04/Towards-A-Water-Energy-Secure-China-CWR0415.pdf.

河在海拔 3500 ~ 3600 米附近，三条河的径流总量约 221 亿立方米。初步规划三条河年平均可调水量为 120 亿 ~ 170 亿立方米，其中大渡河 30 亿 ~ 50 亿立方米，雅砻江 35 亿 ~ 40 亿立方米，通天河为 55 亿 ~ 80 亿立方米。[1] 170 亿立方米大约等于煤基省份工业用水总量的一半。

然而，决策者和管理者在制定和实施跨流域调水方案时，必须注意规制其生态环境风险。跨流域调水的水短缺解决方案或许在经济上是可行的，但是这些方案是电力、能源密集型的，是既没有能源效率，也非气候友好的，而且可能扰乱水生态系统，甚至引起水源地的水短缺。南水北调西线工程尽管将减轻给煤炭和煤电基地供水的黄河上游的水压力，供应工业和市政用水，但是存在很大风险。因为大渡河、雅砻江、通天河这三条河流是长江的主要源头，从长江源头调水将扰动长江上游水系的脆弱平衡，对水生态系统有长期影响。长江上游是生态保护区域，应当避免建设大规模调水工程。过去我们常用跨流域调水满足水需求，但是作用很有限，甚至有明显的负面作用。“我们曾经引滦入津，后来滦河断流了；然后我们发起引黄入津，之后黄河遭遇大约一年的断流；我们现在实施南水北调中线工程，从丹江口水库调水到黄河。2014 年，丹江口水库自身经历了可怕的水位下降”。[2] 在气候变化造成极端天气增加，河流水量更为变化无常的情况下，跨流域调水的破坏性更是显而易见。这种“拆东墙补西墙”的调水也不是解决水短缺的可行办法，而且调水也需要额外的电力，还产生移民等社会问题。因此，为了长期地、有效地应对煤链的水风险，首先应当提高采煤效率，减少煤炭生产，节约煤炭消费量；其次是清洁受污染的水，修复水生态系统。而调水应当是最后的求助手段。

（四）总量控制之下的市场主导

中国煤炭产量不断增加，储备却在急剧下降。中国当前的煤炭产量增长难以为继。世界能源理事会根据 2011 年数据做出预测，以当前年产

---

〔1〕 贾绍凤：《能源基地真会喝干黄河水吗》，载《中国经济报告》2014 年第 11 期。

〔2〕 国家发改委能源研究所副所长李俊峰在接受“中国水风险”采访时的谈话。See Debra Tan et al., *TOWARDS A WATER & ENERGY SECURE CHINA: Tough choices ahead in power expansion with limited waterresources*, China Water Risk, Apr. 2015, p. 73. Available at http://chinawaterrisk.org/wp-content/uploads/2015/04/Towards-A-Water-Energy-Secure-China-CWR0415.pdf.

量增幅计算，中国已探明煤炭储量仅够支持 34 年，即中国煤炭储备将在 2049 年左右耗尽；而仅在短短十年前，有关方面预测储量仍可开采一百年。对煤炭生产和消费实施总量控制，可以减少整个涉煤产业链，包括煤电、焦化煤、水泥和钢铁等部门对煤炭的需求，以及相应的水需求和水污染，从而有效地规制涉煤产业链的水风险。减少燃煤发电既可以节约用水和保护水环境，也可以减少煤炭消费，这也是间接地节水和保护水环境。减少焦化煤生产和消费（投入到水泥、钢铁等能源密集型行业）同样也可以节水、节煤、保护水环境。控制既是煤炭大用户，也是电力大用户的水泥和钢铁部门的产量会产生节煤、节电也是间接节水、保护水环境的四倍效益，因为节煤、节电也意味着节水，减少水污染风险。

"十二五"期间的煤炭生产总量控制等节能减排政策，一方面抑制了能源消耗增长过快的趋势；另一方面也缓解了用水紧张的局面，这有助于整个社会的可持续发展。《能源发展十二五规划》宣布了 2015 年 39 亿吨的煤炭生产总量控制目标；《能源发展战略行动计划（2014 ~ 2020 年）》设定了 2020 年 42 亿吨的煤炭消费总量控制目标，并要求 2020 年煤炭消费在一次能源消费中的占比控制在 62% 以内。《能源发展战略行动计划（2014 ~ 2020 年）》一方面要求"按照安全、绿色、集约、高效的原则，加快发展煤炭清洁开发利用技术，不断提高煤炭清洁高效开发利用水平"，另一方面要求"加快清洁能源供应，控制重点地区、重点领域煤炭消费总量，推进减量替代，压减煤炭消费，到 2020 年，全国煤炭消费比重降至 62% 以内"。《能源发展战略行动计划（2014 ~ 2020 年）》所设定的 2020 年 42 亿吨的煤炭消费总量控制目标，可以减轻水短缺地区大型煤炭基地面临的水压力。因为如果没有这一控制目标，而是充分开发煤炭产能，2020 年煤炭消费将是 49 亿吨。而通过控制可以节水 12.5 亿立方米。

2011 年中央一号文件、国务院《关于实施最严格水资源管理制度的意见》、国务院《水污染防治行动计划》都要求"加强相关规划和项目建设布局水资源论证工作"，前两个政策文件还进一步要求"国民经济和社会发展规划以及城市总体规划的编制、重大建设项目的布局，应当与当地水资源条件和防洪要求相适应""严格执行建设项目水资源论证制度，对擅自开工建设或投产的一律责令停止"。2011 年中央一号文件、国务院《关于实施最严格水资源管理制度的意见》、国务院《水污染防治行动计划》都要求建设项目的节水设施与主体工程同时设计、同时施工、同时投产使用。

笔者建议，涉煤政策应当减少对涉煤产业链的行政干预，更多采用市场手段节煤、节水、减碳。涉煤政策应当遵循“总量控制之下的市场主导”的思路。为了充分发挥总量控制和市场交易的作用，应当建立煤炭行业用水总量控制制度，以代替煤炭开采和煤电生产规划和建设项目的水资源论证政策，以及节水设施与主体工程的三同时制度，同时建立采煤权和煤炭行业用水权交易制度。在煤炭生产和消费总量控制以及煤炭行业用水总量控制的要求之下，应当允许市场主体对煤炭开采权、煤炭行业用水权进行市场交易，以发挥市场配置资源的决定性作用，最大限度地提高资源能源的利用效率。

二、煤链水风险的法律规制

重政（策）轻法（律）的现象在涉煤产业链表现得很明显。与涉煤产业链最为相关的《煤炭法》，1996 年全国人大常委会通过，2009 年、2011 年两次修正，共八章：总则；煤炭生产开发规划与煤矿建设；煤炭生产与煤矿安全；煤炭经营；煤矿矿区保护；监督检查；法律责任；附则。但是《煤炭法》未从防范和应对水风险的战略高度进行法律规制，严重滞后于涉煤产业链面临的水安全形势，以及应对水风险的现行科学合理的政策，需要进行修订甚至重构，以实现“依法治煤”和“依法治水”。

（一）修订立法目的

《煤炭法》第 1 条规定，“为了合理开发利用和保护煤炭资源，规范煤炭生产、经营活动，促进和保障煤炭行业的发展，制定本法。”然而，这些立法目的是有冲突的，不可能同时实现。“合理开发利用和保护煤炭资源”以及严峻的水安全形势，意味着需要对煤炭开采和消费实施总量控制，中央政策和规划也已经实施了这样的总量控制。然而，总量控制会限制而不是“促进和保障”煤炭行业的发展，或者说，“合理开发利用和保护煤炭资源”要求煤炭行业走清洁高效的可持续发展之路，中央战略、政策和规划也多次强调，“加快发展煤炭清洁开发利用技术，不断提高煤炭清洁高效开发利用水平”“清洁高效发展煤电”“提高煤炭清洁利用水平”“加快清洁能源供应”“大力推进煤炭清洁高效利用”。[1] 因此，建议将《煤炭法》的立法目的修改为“为了合理开发利用和保护煤炭资源，规范煤炭生产、经营活动，促进和保障煤炭行业走清洁高效的可持续发展之路，制定本法”。

（二）调整煤炭工业发展政策

《煤炭法》第 17 条规定，“国家制定优惠政策，支持煤炭工业发展，促进煤矿建设”。这一条款严重不适应涉煤产业链的水安全形势，也与已有的国家规划相矛盾。降低煤耗、控制煤炭生产和消费既是为了保护煤炭这种不可再生的资源，也是出于履行减排承诺和节约水资源、保护水环境的需要，因为煤炭开采和加工是水密集型的和污染型的。《能源发展战略行动计划（2014～2020 年）》要求控制煤炭消费总量，降低煤炭消费比重，控制重点用煤领域煤炭消费。这是应对涉煤产业链水风险的最关键的政策措施，应当将其纳入《煤炭法》。为此应当调整煤炭工业发展政策，修改第 17 条的规定，将“国家制定优惠政策，支持煤炭工业发展，促进煤矿建设”改为“国家建立煤炭生产和消费总量控制制度，以及煤炭行业用水总量控制制度”。建立煤炭行业用水总量控制制度，可以代替《煤炭法》第 21 条规定的三同时制度。[2]

（三）建立煤炭水循环利用及其激励制度

《煤炭法》还要控制煤炭开采对地下水的利用和污染。《煤炭法》第 11 条只是笼统地规定，“开发利用煤炭资源，应当遵守有关环境保护的法律、法规，防治污染和其他公害，保护生态环境。”建立煤炭水循环利用制度可以有效地控制煤炭开采对地下水的利用和污染。国务院 2013 年《循环经济发展战略及近期行动计划》要求“推动矿井水用于矿区补充水源和周边地区生产、生活和生态用水”；“实施系统节能降耗……加强洗煤废水循环利用，减少电耗、水耗和介质消耗”。国务院 2015 年《水污染防治行

---

〔1〕 参见《能源发展战略行动计划（2014～2020 年）》和《十三五规划纲要》第三十章（“建设现代能源体系”）第一节（“推动能源结构优化升级”）的相关内容。

〔2〕 《煤炭法》第 21 条规定，煤矿建设应当坚持煤炭开发与环境治理同步进行；煤矿建设项目的环境保护设施必须与主体工程同时设计、同时施工、同时验收、同时投入使用。

动计划》也要求推进循环发展,推进矿井水综合利用,煤炭矿区的补充用水、周边地区生产和生态用水应优先使用矿井水,加强洗煤废水循环利用。煤炭开采中水资源的循环利用以及电厂节水冷却系统的应用,是显而易见的解决之道。"能源可持续性研究"也表明,洗煤过程中水的使用,能够提高燃煤效率,节约电厂环节的用水。另外,也要建立相应的激励制度,因为只有通过政策激励抵销运营成本的增加,才有可能实现使用精洗煤带来的更高能效。[1]

[1] [美]魏爱伦:《水资源与能源生产》,载《能源》2013 年第 10 期。

第八章　可再生能源扩张的水风险及其政策和法律规制

根据我国《可再生能源法》第2条的规定，可再生能源是指"风能、太阳能、水能、生物质能、地热能、海洋能等非化石能源"。根据政府间气候变化专家组的报告，可再生能源对于减缓气候变化有很大潜力，也可以提供其他许多利益，诸如经济和社会发展、能源获得、安全的能源供给，以及减少对环境和健康的消极影响。[1] 事实上，正是对矿物燃料生产和消费带来的气候变化和消极环境影响的关切，推动了全球可再生能源的发展。作为最大的温室气体排放者，中国也在雄心勃勃地促进可再生能源的开发。然而，可再生能源扩张可能会带来水风险，中国必须通过适当的政策和法律进行规制。

第一节　中国可再生能源扩张及其带来的水风险

中国目前和未来的可再生能源扩张，尤其是水电、

---

〔1〕 IPCC Special Report on Renewable Energy Sources and Climate Change Mitigation, prepared by Working Group Ⅲ of the IPCC, 2011, available at http://srren. ipcc-wg3. de/report.

风能和太阳能的扩张,可能会带来相当的水风险,主要是水污染和生态风险。

一、水电的水风险

水电被认为是清洁低碳的、技术成熟的、最便宜的可再生能源,有助于中国实现碳减排承诺。然而,中国水电扩张将会带来不可避免的水风险。

(一)水电在能源结构中的地位与发展趋势

水电大坝和水库不仅用来发电,也用于促进农村电气化,提供灌溉用水、防洪抗旱等水量管理。随着气候变化带来的极端天气增加,洪水和干旱的频率和强度不断增加,可能会削弱水电的发电能力,但是大坝和水库水量管理的角色将更为重要。因此,由于服务于多种目的,水电是中国的主要能源,地位仅次于煤炭。

长期以来,中国水电实现了稳步快速发展。中国是全球头号大坝建设者,其水电装机容量自2005年以来,已经成倍增加到2013年的280吉瓦,其中常规水电258吉瓦(包括大型水电192吉瓦,小型水电66吉瓦),抽水蓄能22吉瓦。根据国家雄心勃勃的能源发展规划,预期“十二五”和“十三五”期间,水电会有进一步的扩张,特别是大型水电建设的扩张。《能源发展十二五规划》和《能源发展战略行动计划(2014~2020年)》都指出“积极发展水电”。《能源发展十二五规划》设计的目标是,“十二五”时期,开工建设常规水电1.2亿千瓦(120吉瓦)、抽水蓄能电站4000万千瓦(40吉瓦)。到2015年,全国常规水电、抽水蓄能电站装机分别达到2.6亿千瓦(260吉瓦)和3000万千瓦(30吉瓦)。《能源发展战略行动计划(2014~2020年)》要求“到2020年,力争常规水电装机达到3.5亿千瓦(350吉瓦)左右”。李克强总理在2015年全国人大政府工作报告中强调,“积极发展水电”。

(二)水电扩张带来的水风险

中国水电扩张将会带来不可避免的水风险,因为水电具有很多弊端:它是水密集型的(很大程度上是由于水库中水的大量蒸发),而且易受气候变化影响;它是间歇性电力,需要煤电等非核热电平衡;它的发电能力偏低，最大能力是 42%；水电对水生态系统和生物多样性也有不利影响，尤其是大型水电。

1. 大型水电扩张带来的水生态安全风险

水电高度依赖于气候。季节变化、降水变化引起的水可得性的变化，意味着水电不能全年生产（总体上，水电生产在雨季较高而干季偏低）。季节性变化影响河流流量（水电中的季节变化高达 30%，而且会随着气候变化增长），导致水电发电能力的降低或中断，因此需要非核热电平衡。而气候变化会降低水电的发电能力，意味着需要更多的非核热电平衡。中国社科院的《气候变化绿皮书》根据监测结果指出，中国的干旱范围已经由传统的干旱和半干旱地区向湿润地区扩展。预估结果表明，未来 10 年南方地区降水、气温变化引起的干旱、高温、热浪，会增大居民生活和工农业生产的用水量，一定程度上会造成水资源的紧缺。[1] "十二五"期间中国的水电扩张主要集中在云南、四川、湖北等丰水省份，[2] 云南和四川就占了 80% 的扩张比例。然而，近年来我们见证了云南、四川、湖北、湖南等曾经湿润地区的干旱，曾经烟波浩渺的鄱阳湖竟然干涸。

由于南方地区持续的干旱，南方的许多水电站持续低负荷运营。而且，云南、四川、湖北等省份的河流多发源于青藏高原，生态环境脆弱，水电大坝和水库因对地震很敏感而暴露于地质风险，引起了社会对进一步扩张的担忧。从长期来看，中国将面临水电不能成为可依赖的电力来源的事实。建立大坝可能不是为了发电，而是在干旱时分配和提供水量，以确保大米等主粮的安全供给。为了解决日益严重的干旱，中国未来可能建立多年调节水库，以更好地调节水量或长距离调水。水库为减轻干旱、缓和洪水而控制或调节水量，这意味着发电能力进一步降低，因此需要更多的非核热电平衡水电降低的发电能力。

由于燃煤发电在平衡间歇性电力中的主导地位，中国的水电生产与

---

〔1〕 参见王伟光、郑国光主编：《气候变化绿皮书：应对气候变化报告（2014）》，社会科学文献出版社 2014 年版，第 211～223 页。

〔2〕 2013 年这三个省份的水电生产占全国的 56%，2014 年增加到 59%。See Debra Tan et al., *TOWARDS A WATER & ENERGY SECURE CHINA: Tough choices ahead in power expansion with limited water resources*, China Water Risk, 2015, pp. 131 – 132. Available at http://chinawaterrisk.org/wp-content/uploads/2015/04/Towards-A-Water-Energy-Secure-China-CWR0415.pdf.

煤电生产强烈关联。一个有趣的论据是,中国西南地区所建设的每个大型水电站,都会建立一座燃煤电站以平衡水力发电。因此,实现有效的燃煤发电是水电发展的关键。而由于燃煤发电生产过程和上游产业链煤矿开采的高碳排放、中度耗水,空气污染,以及对地表水和地下水的污染,因此从整个生命周期来看,大型水电既称不上"清洁",也不是真正"低碳"的能源。

"十一五"和"十二五"时期见证了中国由中小型水电向大型水电的转向。《能源发展十二五规划》确定在金沙江、澜沧江、雅砻江、大渡河、黄河、雅鲁藏布江、怒江等10条大河上建立水电基地,进行大规模水电开发。然而,这种转向将对中国乃至亚洲地区的水生态安全和气候变化产生不利影响,因为水电大坝建设和运营有很多副作用。《水利发展十二五规划》指出,"整治河道、加固堤防、筑坝建库和大规模引水等水利工程建设将改变河流、湖泊的水文情势及水生态环境;水库蓄水可能改变岩体的应力状态,产生局部的应力集中,可能产生滑坡塌岸,诱发水库地震;可能对自然景观和文物、水生生物栖息繁衍环境、生物多样性等产生影响,拦河建筑物可能阻断鱼类洄游通道……同时,水库建设具有淹没及占地多、移民数量大的特点,库区人地矛盾突出,移民安置难度大,带来一些社会问题"。以三峡工程为例,在三峡大坝建设之前,上海会经历年度洪水,给周围的农耕地带来肥沃的泥沙,也有助于维持水位。由于大坝建设,这种洪水不再发生,导致水位降低。结果,土地不再肥沃,盐水入侵上海的饮用水源。[1]

2. 国际河流的水电开发问题

《能源发展十二五规划》和《能源发展战略行动计划(2014~2020年)》都指出要积极开发西南地区国际河流的水电。《能源发展十二五规划》要求"全面推进金沙江中下游、澜沧江中下游、雅砻江、大渡河、黄河上游、雅鲁藏布江中游水电基地建设,有序启动金沙江上游、澜沧江上游、怒江水电基地建设……"《能源发展战略行动计划(2014~2020年)》要求

〔1〕 ABC News Agency, "Three Gorges Dam brings great benefit, but at great cost", 25 October, 2014.

“在做好生态环境保护和移民安置的前提下,以西南地区金沙江、雅砻江、大渡河、澜沧江等河流为重点,积极有序推进大型水电基地建设”。《能源发展十二五规划》确定在 10 条大河上建立水电基地,进行大规模水电开发,其中有 3 条(澜沧江、雅鲁藏布江、怒江)是发源于青藏高原、引起地缘政治风险、生态环境风险、地质风险和地区社会风险的跨国大河。中国 2010 年的跨界水电装机容量是全国常规水电装机容量的 4.4%,2015 年将是 6.5%,[1]但是到 2050 年会增长到 28%,因为中国将要在澜沧江、雅鲁藏布江、怒江增加 124 吉瓦的水电装机容量。[2] 这引起了下游沿岸国的担忧。比如在湄公河流域,中国上游水坝的运营可以调节季节流量,对下游国家的水电、灌溉和航行有益,然而对沉积物的供给、渔业和沿岸农业有不利影响,因此在管理河流水量的季节变化上需要更大的地区合作。

中国是境内绝大多数跨国河流的上游国,如果中国在跨国河流上建设大坝,它在水量管理中的角色可能引发地缘政治关系紧张,也会产生生态环境问题和地质风险,而且由于气候变化带来的极端天气的增加,将来发电能力会萎缩。事实上,中国在西南地区国际河流已建和规划建设的水电项目已经遭受到下游国家的质疑和反对。由于气候变化的影响,青藏高原的冰川已经萎缩了 15%。因此,中国水电的将来不仅影响中国自身,也对亚洲地区产生影响,并有全球气候影响。中国作为上游沿岸国,无疑将在亚洲地区水安全和水—能源—气候的联结中发挥核心作用。而且中国西南地区未来可能更为干旱,如果中国要在跨国河流和国际水法方面发挥核心作用,中国显然也具有发挥这一作用的客观条件、能力和必要性,就必须调整其能源发展战略,限制国际河流的大坝建设和水电开发。《十三五规划纲要》已经要求“统筹水电开发与生态保护,坚持生态优先,以重要流域龙头水电站建设为重点,科学开发西南水

---

〔1〕 共 17 吉瓦,其中 96% 即 16.4 吉瓦位于澜沧江,余下的 600 兆瓦,即 0.6 吉瓦是雅鲁藏布江上的大坝。

〔2〕 Debra Tan et al., *TOWARDS A WATER & ENERGY SECURE CHINA: Tough choices ahead in power expansion with limited waterresources*, China Water Risk, 2015, p. 134. Available at http://chinawaterrisk.org/wp-content/uploads/2015/04/Towards-A-Water-Energy-Secure-China-CWR0415.pdf.

电资源”[1]；“科学实施跨界河流开发治理，深化与周边国家跨界水合作”。[2]

3. 抽水蓄能的水环境影响

抽水蓄能电站是利用电力负荷低谷时的电能抽水至上水库，在电力负荷高峰期再放水至下水库发电的水电站，又称为蓄能式水电站。抽水蓄能可将电网负荷低时的多余电能，转变为电网高峰时期的高价值电能，还适于调频、调相，稳定电力系统的周波和电压，可以提高系统中火电站和核电站的效率，且宜为事故备用。国家发改委 2014 年 1 月发布的《关于促进抽水蓄能电站健康有序发展有关问题的意见》指出，“抽水蓄能电站运行灵活、反应快速，是电力系统中具有调峰、填谷、调频、调相、备用和黑启动等多种功能的特殊电源，是目前最具经济性的大规模储能设施”。由于具有许多优点，中国正在推动发展抽水蓄能以补充常规水电。《能源发展战略行动计划（2014～2020 年）》指出，“积极开发水电……开展抽水蓄能电站规划和建设，加强水资源综合利用”。

我国抽水蓄能电站的建设起步较晚，但是由于后发效应，起点却较高，近年建设的几座大型抽水蓄能电站技术已处于世界先进水平。2013 年抽水蓄能是 22 吉瓦，大约等于三峡大坝的装机容量（22.5 吉瓦），但是仅占水电总装机容量的 8%。国家能源发展规划已经设定了抽水蓄能的发展目标。《能源发展十二五规划》指出“合理布局抽水蓄能电站；‘十二五’时期，开工建设抽水蓄能电站 4000 万千瓦（40 吉瓦）；到 2015 年，全国抽水蓄能电站装机达到 3000 万千瓦（30 吉瓦）”。国家发改委《关于促进抽水蓄能电站健康有序发展有关问题的意见》制定的发展目标是：到 2025 年，全国抽水蓄能电站总装机容量达到约 1 亿千瓦（100 吉瓦），占全国电力总装机的比重达到 4% 左右。

然而需要注意的是，抽水蓄能电站也会产生与常规水电类似的环境影响，包括土地占用、淡水系统改变、鱼类营养物质减少等。抽水蓄能涉

---

〔1〕 参见《十三五规划纲要》第三十章（“建设现代能源体系”）第一节（“推动能源结构优化升级”）的相关规定。

〔2〕 参见《十三五规划纲要》第三十一章（“强化水安全保障”）第一节“优化水资源配置格局”的相关内容。

及两个水库,因此不良影响可能加倍。减少这些影响的方法之一是建立与河流系统分离的蓄能水库,这样不会影响到河流系统。这可称为"封闭环抽水蓄能"。

中国到底需要开发多少水电?国家能源局提出,到2050年达到500吉瓦的水电开发峰值。国内外组织和专家也提出许多观点。"国际河流"组织的专家2014年11月发布的新报告《水电的真实成本》,设想了"既不会无可挽回地损害中国西南地区有价值的河流,同时又满足中国碳减排目标的能源发展路径":水电装机容量到2020年达到270吉瓦的峰值,到2050年,太阳能、风能、燃气发电分别构成电力来源的33%、30%、30%(三电鼎立)。"中国水风险"组织提出可以通过最大限度地开发小水电的潜力,以及增加抽水蓄能装机容量,实现国家能源局提出的2050年达到500吉瓦的水电开发峰值,而不必增加开发跨界河流上124吉瓦的大型水电,也不必增加开发金沙江上59吉瓦的水电。[1] 然而无论是太阳能、风能、燃气发电,还是小水电和抽水蓄能,从整个生命周期和产业链来看,都会消耗一定的水资源和矿产资源,也会污染水质,还会因煤电平衡间歇性电力而产生碳排放、空气污染等。因此,确保能源发展不威胁水安全的最佳措施还是节能、节电、节水。

二、风能和太阳能扩张的水风险

风能和太阳能是最有发展空间的可再生能源,它们也主导着中国可再生能源的扩张,同时也会产生相当的水风险。

(一)风能和太阳能的开发及其扩张趋势

1. 风能的开发潜力与现状

中国风能资源丰富,有巨大的开发潜力。根据国家可再生能源中心[2]的研究,中国有超过3000吉瓦的风电潜力,主要是在"三北"地区。

---

〔1〕 Debra Tan et al., *TOWARDS A WATER & ENERGY SECURE CHINA*: *Tough choices ahead in power expansion with limited waterresources*, China Water Risk, 2015, pp. 143 – 144. Available at http://chinawaterrisk.org/wp-content/uploads/2015/04/Towards-A-Water-Energy-Secure-China-CWR0415.pdf.

〔2〕 2011年12月,国家能源局依托国家发展和改革委能源研究所设立国家可再生能源中心,协助能源主管部门开展政策研究和行业组织管理工作。

其中岸上风电潜力超过2600吉瓦，占比85%强，水深不到50米的离岸近岸风电能力可达到500吉瓦。风能扩张也是我国目前和未来能源扩张的重点之一。《能源发展十二五规划》提出，“加快发展风能等其他可再生能源……”《能源发展战略行动计划(2014～2020年)》指出，“大力发展风电……”《十三五规划纲要》要求“继续推进风电发展”。[1]

中国政府2007年发布了《可再生能源中长期发展规划》，提出2020年风电装机目标3000万千瓦，但这一目标在2010年就提前实现，比规划时间提前了整整十年。[2] 根据最新官方统计，2014年风能发电装机规模为96吉瓦，接近《能源发展十二五规划》设定的100吉瓦的目标。依据目前的风力涡轮机技术，风电能力可以实现超过2000吉瓦，[3]是《能源发展战略行动计划(2014～2020年)》设定的2020年风电装机容量的十倍。《中国风能发展路线图2050》估计，中国陆上3级及以上风能技术开发量(70米高度)在26亿千瓦(2600吉瓦)以上，现有技术条件下实际可装机容量可以达到10亿千瓦(1000吉瓦)以上。

我国风能开发的重点是陆上风电，海上风电产业尚处于发展初期。因为相对于陆上风电，海上风电项目综合成本要高出近一倍。此外，海上项目后期维护运行成本高，风机对于防腐性要求也高，开发商对于投资海上风电很谨慎。[4] 根据中国风能协会的统计，2013年我国海上风电已建成的项目容量为42.86万千瓦，仅占全国风电装机总容量的约0.5%，其中近海项目12.81万千瓦，而这离风电发展十二五规划提出的500万千瓦目标相去甚远。我国规划到2020年，海上风电装机将达到3000万千瓦(30吉瓦)。

类似于燃煤发电，中国的风能开发也转向大型的、集中的风能基地。这种战略也是在很大程度上考虑到中国风力资源的分布状况。这些大型

---

〔1〕 参见《十三五规划纲要》第三十章(“建设现代能源体系”)第一节(“推动能源结构优化升级”)的相关规定。

〔2〕 国家发改委能源研究所与国际能源机构2012年2月发布的报告《中国风电发展路线图2050》，载国家可再生能源中心：http://www.cnrec.org.cn/yjcg/，最后访问日期：2016年4月24日。

〔3〕 Debra Tan et al., *TOWARDS A WATER & ENERGY SECURE CHINA: Tough choices ahead in power expansion with limited waterresources*, China Water Risk, 2015, p. 179. Available at http://chinawaterrisk.org/wp-content/uploads/2015/04/Towards-A-Water-Energy-Secure-China-CWR0415.pdf.

〔4〕 安蓓、郑晓奕：《“标杆”电价出台，海上风电有望提速》，载《广西电业》2014年第6期。

风能基地建立在拥有大型煤炭基地和能源基地的中国北部地区。《能源发展十二五规划》提出,“优化风电开发布局,有序推进华北、东北和西北等资源丰富地区风电建设……”《能源发展战略行动计划(2014～2020年)》指出,“重点规划建设酒泉、内蒙古西部、内蒙古东部、冀北、吉林、黑龙江、山东、哈密、江苏9个大型现代风电基地以及配套送出工程”。煤炭基地省份大部分都是水短缺地区,风电发展可以补充甚至取代这些地区的燃煤发电,减轻对煤炭的依赖。据统计,到2014年底,全国经批准的风电装机规模达到173吉瓦,已装机运营96吉瓦,其中12个煤炭基地省份占73%;78吉瓦正在建设,其中12个煤炭基地省份占71%。

2. 太阳能的开发潜力与现状

我国属于太阳能资源丰富的国家之一,理论储量达每年17,000亿吨标准煤。其中西藏、青海、新疆、甘肃、宁夏、内蒙古高原的总辐射量和日照时数均为全国最高。太阳能的利用形式有两种,即热利用和光电利用,前者如太阳能热水器、太阳房等,后者如太阳能光伏电池、太阳能路灯等。我国太阳能产业发展迅速,以太阳能光伏电池为例,2008年的年产量达200万千瓦,2010年的年产量就达1000万千瓦。根据最新官方统计,2014年太阳能发电装机规模为28吉瓦,提前完成并超过了《能源发展十二五规划》设定的目标。[1] 我国也有雄心勃勃的太阳能扩张计划。《能源发展战略行动计划(2014～2020年)》设定目标是,到2020年,光伏装机达到1亿千瓦(100吉瓦)左右,是2014年的3.5倍。《十三五规划纲要》为了推动能源结构优化升级,要求“继续推进光伏发电发展”。[2]

3. 中国风能和太阳能的发展前景

2014年中美气候变化协议的签署,李克强总理在2015年3月第12届全国人大第三次会议上所作的政府工作报告,[3]2015年气候变化大会

〔1〕《能源发展十二五规划》设定的目标是,到2015年,风能发电装机规模达到1亿千瓦,即100吉瓦;太阳能发电装机规模达到2100万千瓦,即21吉瓦。

〔2〕参见《十三五规划纲要》第三十章(“建设现代能源体系”)第一节(“推动能源结构优化升级”)的相关规定。

〔3〕李克强在2015年全国人大政府工作报告中说,“要大力发展风电、光伏发电、生物质能,积极发展水电,安全发展核电,开发利用页岩气、煤层气……”

《巴黎协议》的签署和中国所作的碳减排承诺,[1]2016 年全国人大通过的《十三五规划纲要》[2]都表明,为了在 2030 年将非矿物燃料的份额提高到占一次能源消费的 20%,以及令其温室气体排放量达到峰值,中国将继续大力推动可再生能源的发展。可以说,中国的风能和太阳能发展驶入快车道。

政府职能部门的附属研究机构也预测了中国风能和太阳能的近中期和长远发展图景。国家发改委能源研究所与国际能源机构 2012 年发布报告《中国风电发展路线图 2050》,其中预测的中国风电发展目标是:到 2020 年、2030 年和 2050 年,风电装机容量将分别达到 2 亿千瓦、4 亿千瓦和 10 亿千瓦(200 吉瓦、400 吉瓦和 1000 吉瓦),成为中国的五大电源之一,到 2050 年满足 17% 的电力需求。国家发改委能源研究所与国际能源机构 2014 年发布报告《中国风能、太阳能和生物质能路线图 2050》,预测中国 2030 年风能装机达到 400 ~ 1200 吉瓦,太阳能装机规模在 2030 年达到 400 ~ 600 吉瓦,2050 年达到 1000 ~ 2000 吉瓦。[3]

(二)风能和太阳能扩张隐藏的水风险

总体而言,在所有类型的能源中,风能和太阳能既是最为低碳清洁的,也是最为水友好的。因此,中国风能和太阳能的扩张,在总体上将比其他能源的扩张有助于减少中国的水风险,应对和减缓气候变化。然而这只是相对而言,风能和太阳能绝非一般人认为的十全十美,也有以下明显缺点和弊端。

第一,风能和太阳能是间歇性电力,发电能力值也最低,其中风能最大发电能力为 23.7%,太阳能为 16%,因此需要非核热电来平衡。由于

---

〔1〕《巴黎协议》的目标是将温度上升严格控制在 2℃以内,并且追逐 1.5℃的目标。根据之前各国提交的文件,到 2030 年,全球预计排放 550 亿吨温室气体,温度仍将升高到 2.7℃,不能满足 2℃的目标,如果要达到 2℃以内的目标,全球在 2030 年排放水平应为 400 亿吨温室气体,需要减少 150 亿吨温室气体的排放。中国在 2013 年全球排放量占比约为 29%,如果按此比例,未来 15 年中国在 60% ~65% 的基础上需要大幅提高减排任务。

〔2〕《十三五规划纲要》第三十章第一节规定,"继续推进风电、光伏发电发展,积极支持光热发电……加快发展生物质能、地热能,积极开发沿海潮汐能资源。完善风能、太阳能、生物质能发电扶持政策"。

〔3〕 NDRC-ERI, the report of "China Wind, Solar and Bioenergy Roadmap 2050", December 2014, http://www.cnrec.org.cn/cbw/fn/2014-12-29-459.htm, accessed June 25, 2015.

煤电在平衡中起主导作用,而煤电生产高碳排放、中度耗水,并会产生水污染、大气污染和固体废物等,风能和太阳能在技术上并不是100%绿色的。

第二,从整个生命周期或产业链来看,所有的风能和太阳能设备的生产都需要稀土、钢铁、铜、铝、焦化煤等,而这些矿产资源的开采和加工会消耗水和电,并引起有毒和放射性水污染。以风能设备为例,风力涡轮机的生产需要开采和加工稀土,而其带来的酸性废水和放射性废物会污染水系,也会消耗大量钢铁,每1兆瓦的风电涡轮机平均消耗钢铁是126.67吨。如果不改变现有的环境标准和生产做法,规划中的2020年风电比2014年扩张1倍意味着废水排放是2014年的2倍,2030年风电比2014年扩张3~11倍,意味着废水排放将是2014年的4~12倍。[1]

稀土(rare earth)有"工业维生素"的美称,现在已成为极其重要的战略资源。稀土是元素周期表中镧系元素镧(La)、铈(Ce)、镨(Pr)、钕(Nd)、钷(Pm)、钐(Sm)、铕(Eu)、钆(Gd)、铽(Tb)、镝(Dy)、钬(Ho)、铒(Er)、铥(Tm)、镱(Yb)、镥(Lu),加上与其同族的钪(Sc)和钇(Y),共17种元素的总称。按元素原子量及物理化学性质,分为轻、中、重稀土元素,前5种元素为轻稀土,其余为中重稀土。稀土因其独特的物理化学性质,广泛应用于新能源、新材料、节能环保、航空航天、电子信息等领域,是现代工业中不可或缺的重要元素。[2]

中国的稀土资源赋存分布"北轻南重"。轻稀土矿主要分布在内蒙古包头等北方地区和四川凉山,离子型中重稀土矿主要分布在江西赣州、福建龙岩等南方地区。自20世纪70年代末实行改革开放以来,中国稀土工业迅速发展,目前是世界上最大的稀土生产、消费和出口国。

然而,中国稀土工业目前面临两大问题。一是资源过度开采。国务院2012年发布的《中国的稀土状况与政策》白皮书指出,经过半个多世纪的超强度开采,中国稀土资源保有储量及保障年限不断下降,主要矿区资

---

[1] Debra Tan et al., *TOWARDS A WATER & ENERGY SECURE CHINA: Tough choices ahead in power expansion with limited waterresources*, China Water Risk, 2015, p. 180. Available at http://chinawaterrisk.org/wp-content/uploads/2015/04/Towards-A-Water-Energy-Secure-China-CWR0415.pdf.

[2] 参见国务院2012年发布的《中国的稀土状况与政策》白皮书。

源加速衰减,原有矿山资源大多枯竭。包头稀土矿主要矿区资源仅剩1/3,南方离子型稀土矿储采比已由二十年前的50降至目前的15。南方离子型稀土大多位于偏远山区,山高林密,矿区分散,矿点众多,监管成本高、难度大,非法开采使资源遭到了严重破坏。采富弃贫、采易弃难现象严重,资源回收率较低,南方离子型稀土资源开采回收率不到50%,包头稀土矿采选利用率仅10%。

二是生态环境破坏严重。像其他许多矿石的开采一样,稀土开采和加工属于重污染行业,稀土矿开采和稀土元素的分离、冶炼和提取将消耗大量水和电,也导致对环境的不利影响,产生有毒废水、空气污染和放射性废物。[1] 有研究报告指出,一吨稀土元素可产生6000立方米含盐酸的废气,200立方米的含酸废水,1～1.4吨的放射性废物。[2] 《中国的稀土状况与政策》白皮书指出,"稀土开采、选冶、分离存在的落后生产工艺和技术,严重破坏地表植被,造成水土流失和土壤污染、酸化,使得农作物减产甚至绝收。离子型中重稀土矿过去采用落后的堆浸、池浸工艺,每生产1吨稀土氧化物产生约2000吨尾砂,目前虽已采用较为先进的原地浸矿工艺,但仍不可避免地产生大量的氨氮、重金属等污染物,破坏植被,严重污染地表水、地下水和农田。轻稀土矿多为多金属共伴生矿,在冶炼、分离过程中会产生大量有毒有害气体、高浓度氨氮废水、放射性废渣等污染物。一些地方因为稀土的过度开采,还造成山体滑坡、河道堵塞、突发性环境污染事件,甚至造成重大事故灾难,给公众的生命健康和生态环境带来重大损失。而生态环境的恢复与治理,也成为一些稀土产区的沉重负担。"仅在稀土资源丰富的赣南地区,如果要对开采稀土等矿产破坏的土地进行生态修复,初步预计资金投入将高达380亿元以上。[3]

雪上加霜的是,中国的稀土不仅用于国内消费,也大量出口用于风能和太阳能设备生产和节能产业,因为稀土元素也是节能产业的关键投入

---

〔1〕 Stefania Massari and Marcello Ruberti, Rare earth elements as critical raw materials: Focus on international markets and future strategies, *Energy Policy*, 2013, 38, pp. 36 – 43.

〔2〕 L. Hayes-Labruto et al., Contrasting perspectives on China's rare earths policies: Reframing the debate through a stakeholder lens. *Energy Policy*, 2013, 63, pp. 55 – 68.

〔3〕 雷敏、游苏杭:《WTO稀土争端案中国一审败诉》,载新华网 http://news.xinhuanet.com,最后访问日期:2015年6月20日。

品。长期以来,中国供应着全球90%以上的稀土市场。“中国生产的稀土永磁材料、发光材料、储氢材料、抛光材料等均占世界产量的70%以上。中国的稀土材料、器件以及节能灯、微特电机、镍氢电池等终端产品,满足了世界各国特别是发达国家高技术产业发展的需求。”[1]拥有丰富稀土资源的西方国家,并不开采自己的稀土,而是大量进口来自中国的稀土和稀土产品。以太阳能光伏电池为例:2014年全球十大生产商中有六个来自中国,其生产量的68%用于出口。根据联合国贸易与发展会议2014年的报告,中国2012年的稀土生产占全球产量的近87%。由于多年持续无节制地开采和出口,中国的稀土储备已从占全球份额的85%以上降至2012年的23%。[2]因此,中国及全球风能和太阳能的扩张将增加能源生产过程中中国及全球对稀土、钢铁、铜、铝、焦化煤等的依赖,从而隐藏着矿产资源开发带来的水供给和水污染风险,以及这些不可再生资源枯竭的危险。

从水安全的视野来看,产生最大威胁、需要引起严重关切的事实是:中国的许多稀土矿和稀土元素生产设施邻近重要的水系。2009年,中国80%的稀土元素生产地位于长江流域的江西(42%)和黄河流域的内蒙古(38%)。许多稀土矿物的开采和生产没有依据工业标准,并且不经适当处理,直接向水体和土壤排放有毒废水和放射性废物,污染水源和土壤,破坏水系。中国1998~2014年实施的稀土元素出口配额制促成了稀土黑市的诞生和繁荣,加剧了这些非法排放和污染。风能和太阳能将来的大幅度扩张将推动对稀土元素的需求,相应增加对稀土矿的开采和稀土元素的生产,这会加剧来自稀土矿开采和稀土元素生产的水污染、大气污染等。如果不限制矿产开采总量,提高开采工艺水平,严格环境管理,中国雄心勃勃的风能和太阳能扩张计划将加剧水污染和其他环境污染。

三、其他可再生能源开发隐藏的水风险和环境风险

诸如地热能、生物质能、海洋能等其他可再生能源,也是中国政府鼓

〔1〕 参见国务院2012年发布的《中国的稀土状况与政策》白皮书。
〔2〕 参见国务院2012年发布的《中国的稀土状况与政策》白皮书。

励开发的。《能源发展十二五规划》指出，“以风能、太阳能、生物质能利用为重点，大力发展可再生能源……稳步推进地热能、海洋能等可再生能源开发利用”。《能源发展战略行动计划(2014～2020年)》指出，“积极发展地热能、生物质能和海洋能……”[1]《十三五规划纲要》提出，“加快发展生物质能、地热能，积极开发沿海潮汐能资源”。[2] 然而，这些可再生能源的开发利用也会产生一定的水风险和环境风险。

(一) 地热能开发的水风险和环境风险

地热主要用于供热的目的。中国有世界上1/6的地热能储备，并且在积极发展地热能。根据《可再生能源发展十二五规划》，地热能利用规模2015年将达到1500万吨标准煤。《能源发展战略行动计划(2014～2020年)》希望“到2020年，地热能利用规模达到5000万吨标准煤”。到2020年，中国地热能在主要能源消费中的份额将达到1%。地热能源取决于非常合适的地理条件，通常与火山活动有关，但是很多可以开发地热能的地点内保护生物多样性同样重要，即地热能的开发经常会影响生物多样性。[3] 而且，由于地热能的冷却要求，也会产生水风险，如果采用湿法冷却，甚至会成为像煤电一样的肮脏能源。

(二) 生物质能开发的水风险和环境风险

生物质是指大气、水、土地等通过光合作用而产生的各种有机体，即一切有生命的可以生长的有机物质。《能源发展十二五规划》指出，“有序开发生物质能……到2015年，生物质能发电装机规模达到1300万千瓦”。《能源发展战略行动计划(2014～2020年)》指出“积极发展生物质能”“制订生物质能开发利用规划，积极推动生物质能清洁高效利用，推广生物质能供热”。李克强总理在2015年全国人大政府工作报告中强调，“大力发展生物质能”。

---

〔1〕 尽管官方努力促进这三种能源的发展，但是由于技术限制和成本因素，以及传统能源的强势地位，其装机规模到2020年仍很有限，只有30吉瓦。

〔2〕 参见《十三五规划纲要》第三十一章(“强化水安全保障”)第一节(“优化水资源配置格局”)的相关内容。

〔3〕 [世界自然保护联盟]杰夫瑞·A.麦克尼利:《能源和生物多样性:理解多种复杂的关系》，载[澳]艾德里安·J.布拉德布鲁克、[美]理查德·L.奥汀格主编:《能源法与可持续发展》，曹明德、邵方、王圣礼译，法律出版社2005年版，第50页。

生物质燃料已经由第一代发展到第二代,第一代生物质燃料的生产主要取自于玉米、水稻、甘蔗、大豆等粮食作物,不仅占用大量土地,也会引发对粮食安全的担忧,因为用来发电的生物质庄稼将与食物庄稼为水和土地而竞争。国际能源机构(IEA)的研究表明,甘蔗乙醇加工生产的耗水量和取水量都高达106~107升/吨油当量。[1] 第二代生物质燃料技术是指以麦秆、稻草和木屑等农林废弃物或藻类、纸浆废液为主要原料,使用纤维素酶或其他发酵手段将其转化为生物乙醇或生物柴油的模式,这种技术更先进,使用的是废弃物或其他不影响粮食供应的原料。考虑到水安全、土地安全与粮食安全,第一代生物质能对中国不是可行的选择,不与粮食竞争的第二代生物质能相对应当得到支持。所以,《能源发展十二五规划》指出重点开发第二代生物质能,"以非粮燃料乙醇和生物柴油为重点,加快发展生物液体燃料。鼓励利用城市垃圾、大型养殖场废弃物建设沼气或发电项目。因地制宜利用农作物秸秆、林业剩余物发展生物质发电、气化和固体成型燃料。"

然而,想要找到多种同时满足经济和环保两方面要求的生物质燃料是十分困难的。[2] 生物质能发电的耗水量是很高的,可能比煤电还要耗水。生物质燃烧还会产生重大空气污染,生物质能丝毫无助于解决大气中二氧化碳积累的基本问题,并对生物多样性有负面影响。[3] 而且,由于生物质能的冷却要求,也会产生水风险,如果采用湿法冷却,甚至会成为像煤电一样的肮脏能源。

(三)海洋能开发的环境影响

根据气候变化政府间工作组的定义,海洋能是指通过波浪、潮汐变化、海洋流动等从海洋获得的能源。国家海洋局估计,中国的沿海海洋能资源理论上为1.67太瓦,开发潜力为600吉瓦,大约相当于27个三峡大坝。早在1980年,中国就在浙江建立了第一个潮汐发电厂。然而,尽管

---

〔1〕 唐霞、曲建升:《我国能源生产与水资源供需矛盾分析和对策研究》,载《生态经济》2015年第10期。

〔2〕 任雪:《生物质燃料失宠后的尴尬》,载《中国能源报》2015年6月16日第05版。

〔3〕 [世界自然保护联盟]杰夫瑞·A.麦克尼利:《能源和生物多样性:理解多种复杂的关系》,载[澳]艾德里安·J.布拉德布鲁克、[美]理查德·L.奥汀格主编:《能源法与可持续发展》,曹明德、邵方、王圣礼译,法律出版社2005年版,第48页。

潜力巨大,着手较早,由于技术障碍和资金缺乏,总体发展很慢。根据《可再生能源发展十二五规划》,中国 2015 年海洋能装机容量预期只有 5 万千瓦。[1] 而且,海洋能的开发也会对环境造成不利影响。比如,潮汐发电会影响生物多样性,包括打乱鱼类洄游的模式,缩小水鸟的觅食区域,打断悬浮沉淀物的传统流向,以及其他各种影响生态系统的情形。出现这些对生物多样性的影响是由于潮汐发电的条件,即潮水的周期性涨落同时也是鸟类觅食的良好机会,无脊椎动物或许会受到盐渍度和泥沙沉积变化以及港湾沉积物中化学物质增多的影响。[2]

第二节 可再生能源水风险的政策与法律规制

从整个生命周期来看,可再生能源未必清洁。每种类型可再生能源的开发都面临着水风险或其他环境挑战和风险,气候变化进一步加剧了这些挑战和风险。因此,中国可再生能源的扩张,以及提高能源效率的巨大驱动,会加速稀土、钢铁等矿石的开采,会产生有毒废水和放射性废物等,如果处理不当或非法排放,会对中国的重要水系带来水污染。为了确保中国在实现"三化"过程中的水安全,及其支撑的经济安全、能源安全、生态安全和国民安全,同时有效应对气候变化,中国在制定和实施可再生能源扩张的规划前后,必须考虑这种扩张带来的水风险和环境风险,并通过制定和实施适当的政策和法律予以规制。

一、可再生能源水风险的政策规制

中国可再生能源水风险的政策规制主要包括两方面:一是可再生能源政策的调整;二是稀土管理政策的调整。

---

[1] 《可再生能源发展十二五规划》指出,"到 2015 年,建成总容量 5 万千瓦的各类海洋能电站,为更大规模的发展奠定基础。"

[2] R. Milne, *Tidal power crumpled bird feathers*, New Scientist, 1988, pp. 38 – 39. 转引自[世界自然保护联盟]杰夫瑞 · A. 麦克尼利:《能源和生物多样性:理解多种复杂的关系》,载[澳]艾德里安 · J. 布拉德布鲁克、[美]理查德 · L. 奥汀格主编:《能源法与可持续发展》,曹明德、邵方、王圣礼译,法律出版社 2005 年版,第 50 页。

(一)可再生能源政策的调整

长期以来,中国政府对所有可再生能源"一视同仁",往往未对其所需成本进行多角度评价,包括其开发对能源、水资源、土地、气候、生态以及生物多样性的影响等,而一律采取鼓励和支持发展的政策,给予税收减免、财政补贴等各种优惠措施。李克强在2015年全国人大政府工作报告中说,"要大力发展风电、光伏发电、生物质能,积极发展水电……"而且,中国正在推动发展智能电网和电力储存技术,对传统电网设施进行升级改造,以及建立可再生能源发电全额收购制度等,以吸纳可再生能源电力,杜绝弃风、弃电现象,保护可再生能源投资者和开发者的积极性。[1]

然而,不同种类可再生能源的水足迹、碳足迹、土地足迹、生态足迹等是不同的。比如,水电和生物质能可能是气候友好或碳中立的,但可能不是水友好、土地友好和生态友好的;风电和光伏发电是既水友好,也是气候友好的,然而从整个生命周期来看,却会消耗矿产资源,污染水体。即使是同一种可再生能源,其水足迹、碳足迹、土地足迹、生态足迹也不相同,甚至可以说是有很大差别的。比如,第一代生物质能与第二代生物质能在水足迹、土地足迹等方面的巨大差异。因此,作为减少化石能源带来的污染、应对气候变化、实现碳减排承诺,以及能源多元化战略的重要组成部分,我国需要发展和扩张可再生能源,但是这种"一视同仁"的发展政策需要作出适当调整。在确保水安全的视野下,我国需要综合分析不同种类的可再生能源在整个生命周期的水足迹、碳足迹、土地足迹、生态足迹等,进行区别对待,实行或鼓励或限制等各种不同的政策。

(二)稀土管理政策的调整

鉴于稀土资源的稀缺性和对环境造成的严重污染,近年来中国采取一系列措施加强对稀有金属的管理。1991年,中国决定将离子型稀土矿产列为国家实行保护性开采的矿种,从开采、选冶、加工到市场销售、出口等各个环节实行有计划的统一管理。1998年开始,国家实行稀土产品出口配额制,稀土产品出口关税也在不断调整。2006年,中国实施稀土开采

---

〔1〕 参见2015年《中共中央、国务院关于进一步深化电力体制改革的若干意见》(中发〔2015〕9号),以及国家发展改革委、国家能源局于2015年3月发布《关于改善电力运行调节促进清洁能源多发满发的指导意见》。

总量控制管理。2007 年,中国将稀土生产纳入指令性生产计划管理。2008 年国家发布《全国矿产资源规划(2008 ~ 2015 年)》,对稀土等实施保护性开采的特定矿种实行规划调控、限制开采、严格准入和综合利用。2009 年,国家将保护性开采特定矿种的勘查、开采的登记、审批权限上收。2011 年国家稀土管理政策频出,一是统一调整了稀土矿原矿资源税税额标准,比调整前的税额标准有了大幅度提高;二是建立稀土战略储备制度,实施稀土资源地储备和产品储备,划定首批 11 个稀土国家规划矿区,编制完成稀土资源重点规划区(矿区)专项规划;三是颁布实施《稀土工业污染物排放标准》,明确了稀土生产企业氨氮、化学需氧量、磷、氟、钍、重金属及二氧化硫、氯气、颗粒物等污染物的排放限值;四是国务院发布《关于促进稀土行业健康持续发展的若干意见》,对稀土开采、生产和加工进行治理,相应的管理措施不再采取单一的贸易政策,而是更多地通过产业政策、环保措施,全面地规范国内的生产、消费以及稀土出口,包括对出口进行配额管理。2012 年 4 月,批准成立中国稀土行业协会,发挥协会在行业自律、规范行业秩序、积极开展国际合作交流等方面的重要作用。

然而,中国对稀土实施出口配额等出口管理制度,引起了国际贸易争端。2012 年 1 月 30 日,世贸组织(WTO)上诉机构就美国、欧盟、墨西哥诉中国原材料出口限制措施争端案发布裁决报告,裁定中国应降低包括稀土在内的 9 种原材料出口关税,解除出口限额。2014 年 8 月世贸组织在美国等伙伴国家提出申诉后裁决,中国对稀土出口实行配额和征收关税违法了世贸组织的规定。自 2015 年 1 月 1 日起,中国政府取消了违反世贸组织规定的对稀土的出口配额管理,5 月 1 日起取消了稀土出口关税。稀土出口开始执行出口许可证管理,企业凭出口合同就可申领出口许可证,不必再提供批准文件。另外,行政部门还开展了稀土行业整顿和整合工作。

为了进一步推进清费立税,理顺资源税费关系,2015 年 4 月 28 日的国务院常务会议决定,从 2015 年 5 月 1 日起,将稀土、钨、钼资源税由从量计征改为从价计征,并按照不增加企业税负的原则合理确定税率。同时,进一步清理和规范收费,将稀土、钨、钼的矿产资源补偿费费率降为零,停止征收相关价格调节基金,取缔省以下地方政府违规设立的相关收费基金;研究建立矿产资源权益金制度。[1] 大幅提高资源税是调控稀土行业的重要手段,特别是可以从源头上提升稀土的市场价格,使之体现出资源的稀缺性与开采的环境成本,并通过涨价改变供求关系,有效遏制走私以及其他国家购买囤积稀土现象,同时有助于减少因为 WTO 败诉对我国稀土管理带来的负效应。

笔者认为,从保护稀有资源和生态环境的角度出发,中国政府的当务之急,一方面,适度调整行业监管方向,限制国内稀土的开采和消费。未来稀土政策的重点在于把控稀土开采生产环节,国家和各级地方政府必须尽快建立和完善系统的治理监管体系,提高稀土企业准入及环保标准,适时提高资源税,加强前端开采的规模控制,严格控制投资进入冶金分离及稀土新材料领域,因为这些领域都存在不同程度的产能过剩;同时还要加大生态恢复、污染治理力度。

另一方面,稀土行业管理实施了多种行政手段,但是始终不尽如人意,不仅难以化解我国稀土企业在国际市场没有话语权、盗采盗挖严重及大量走私等长期积累的症结,反而引发了国际贸易争端。所以,与其劳神费力地管理控制,还不如更多地依靠市场调节。政府更少地干预市场,让"看不见的手"自发调整,比如,在稀土开采总量控制和出口许可证管理制度之下,允许企业对稀土开采许可证和开采权进行交易,对稀土出口许可证和出口权进行交易,这样可能更有效果。

二、可再生能源水风险的法律规制

为了确保以有限的水资源和矿产资源促进中国经济发展和能源安全,中国必须严格执行《环境保护法》《水污染防治法》《矿产资源法》等法律法规,在稀土、钢铁等部门发展循环经济。循环经济意味着同样的经济增长,却消耗更少的水和更少的能源,产生更少的废物,因为它更多的是对资源和废物进行循环利用。同时,中国也应考虑可再生能源的水风险和环境影响,结合政策的调整,修订相关法律,尤其是《可再生能源法》

---

〔1〕《李克强主持召开国务院常务会议,决定实施稀土钨钼资源税改革》,载中国稀土网:http://www.cre.net/show.php? contentid = 119126,最后访问日期:2015 年 5 月 16 日。

《矿产资源法》等单行法律，同时制定《水能法》等新法律，限制相关可再生能源和矿产资源的开发。

(一)修订《可再生能源法》

2005年全国人大常委会通过，2009年小幅修正的《可再生能源法》，很多规定已不能适应保障水安全及其支撑的经济安全、能源安全、生态安全等的需要，必须进行相应修订：

1. 修订立法目的

根据《可再生能源法》第1条的规定，其立法目的是"促进可再生能源的开发利用，增加能源供应，改善能源结构，保障能源安全，保护环境，实现经济社会的可持续发展"。在这些规定中，"促进可再生能源的开发利用，增加能源供应，改善能源结构，保障能源安全"与"保护环境，实现经济社会的可持续发展"前后矛盾。因为所有可再生能源的开发利用都会消耗水和电，排放水污染物和有毒物质，如果不进行适当管理和控制，"促进可再生能源的开发利用，增加能源供应"等不但不会达到"保护环境，实现经济社会的可持续发展"的效果，还会适得其反。因此，应当修改第1条关于立法目的的规定，将其中"增加能源供应"的规定改为"增加可再生能源的供应"，因为按照现行政策，能源供应总量有指标控制，但是可再生能源的绝对供应量和供应比例会增加。

2. 修改适用范围

根据《可再生能源法》第2条第1款和第3条的规定，《可再生能源法》适用于中国领域和管辖的其他海域内风能、太阳能、水能、生物质能、地热能、海洋能等非化石能源的开发利用。然而第2条第2款又规定，"水力发电对本法的适用，由国务院能源主管部门规定，报国务院批准"。这些规定其实也是前后矛盾的，客观上也起到了排除水电适用的效果。因此，应当修改第2条的规定，或者将水能开发利用完全适用于《可再生能源法》，或者完全排除其适用，另行制定专门的《水能法》。

3. 修订可再生能源的发展政策和制度

可再生能源的发展政策和制度是法律规范的重点，主要包括两类。

第一类是适用于所有可再生能源的一般政策和制度。比如，《可再生能源法》第4条规定，国家将可再生能源的开发利用列为能源发展的优先领域,通过制定可再生能源开发利用总量目标和采取相应措施,推动可再生能源市场的建立和发展;国家鼓励各种所有制经济主体参与可再生能源的开发利用,依法保护可再生能源开发利用者的合法权益。第 13 条第 1 款规定,国家鼓励和支持可再生能源并网发电。第 14 条第 1 款规定,国家实行可再生能源发电全额保障性收购制度。第 4 款规定,电网企业应当加强电网建设,扩大可再生能源电力配置范围,发展和应用智能电网、储能等技术,完善电网运行管理,提高吸纳可再生能源电力的能力,为可再生能源发电提供上网服务。

第二类是适用于特定能源的发展政策和制度。比如,第 16 条规定,鼓励发展生物质能。其中第 1 款规定,"国家鼓励清洁、高效地开发利用生物质燃料,鼓励发展能源作物"。第 3 款规定,"国家鼓励生产和利用生物液体燃料。石油销售企业应按照国务院能源主管部门或者省级人民政府的规定,将符合国家标准的生物液体燃料纳入其燃料销售体系。"第 17 条鼓励发展太阳能,"国家鼓励单位和个人安装和使用太阳能热水系统、太阳能供热采暖和制冷系统、太阳能光伏发电系统等太阳能利用系统"。

与现行可再生能源的发展政策未对各种可再生能源开发所需成本进行多角度评价和生命周期评价一样,这些规定也有不妥当之处,如第 16 条第 1 款的规定其实是在鼓励与粮食争夺水和土地的第一代生物质能的开发利用,其不科学、不合理性显而易见,应当予以删除。

同时应当修改第 4 条的规定,将"国家将可再生能源的开发利用列为能源发展的优先领域"中的"可再生能源"的范围排除大型水电、集中式光伏电站、第一代生物质能或能源作物等。地热能和生物质能每发电一百万瓦时的水消耗是:地热能 0.02 ~ 2.73 立方米,生物质能 0.13 ~ 3.65 立方米,具体消耗的水量取决于适用的能量转换技术和冷却类型,因此技术选择对节水很重要。比如,湿法冷却耗水量高于干法冷却。当然即使采用干法冷却,集中式太阳能发电、生物质能或地热能耗水量仍高于风能和太阳能光伏发电。这还只是发电过程中的水消耗,如果从生命周期分析的视角考察水消耗,生物质能的耗水量是每发电 100 万瓦时 24.5 立方米，风能是0.56立方米。[1] 所以，就水安全、能源安全和气候安全的相对三赢来说，提高资源能源效率，节水、节能、节电是第一选择，风能、太阳能光伏发电、采用干法冷却的集中式太阳能发电和水电是第二选择。其中风能是第二选择中的最佳，而且中国风能资源丰富，有巨大的开发潜力。太阳能光伏发电则相对很环保，需水量只有0.02立方米，因此《能源发展战略行动计划》指出，"有序推进光伏基地建设……加快建设分布式光伏发电应用示范区……"国务院还出台了《关于太阳能光伏产业健康发展的意见》。

(二）制定《水能法》

中国有专门的《煤炭法》，也有制定《石油天然气法》和《原子能法》的计划，但是却没有《水能法》，也没有制定《水能法》的计划。虽然有一部独立的《可再生能源法》，但是这部法律实际上排除了水能的适用。虽然有一部独立的《水法》，但是仅有个别条款涉及水能的利用。考虑到水能在中国能源结构中的突出地位，水电的生态环境影响、为建设大坝而重新安置农村人口、地质风险，以及由于季节变化而必须依赖燃煤电厂进行平衡等问题，都需要依法进行规范和解决，中国有必要制定《水能法》，并将其与《流域管理法》相衔接。为了最大限度地避免水电开发造成的水风险、生态环境风险、地质风险和地缘政治风险等，同时挖掘水电潜能，《水能法》应当限制大型水电建设，适当发展小水电和抽水蓄能电力，尤其是小水电。

农村地区小型水电对不能与电网联结的农村地区的电气化，以及改变农村地区居民直接燃烧木材和生物质的习惯，是一个相对低成本的解决方案。小型水电也可同时用于农田灌溉。自20世纪50年代早期以来，政府已实施一系列政策，促进农村地区的小水电发展。这些小型水坝目前已超过45,800座，散布于中国30多个省份的1700多个县，解决了农村3亿人的用电问题。根据《2013年世界小水电发展报告》，[2] 中国小水

---

[1] Debra Tan et al., *TOWARDS A WATER & ENERGY SECURE CHINA: Tough choices ahead in power expansion with limited water resources*, China Water Risk, 2015, p. 94.

[2] World Small Hydropower Development Report 2013, United Nations Industrial Development Organization and International Center on Small Hydropower.

电潜力是128吉瓦,目前只开发了一半的潜力。中国可以投资兴建新的小水电,或改造现有小水电,提高其发电效率。中国的能源规划也已指出因地制宜发展小水电。[1] 当然,不可否认,任何人类活动都会造成对周围生态环境的不利影响,小水电也不例外,包括占用土地、改变水流、改变生态系统、水体富营养化等。因此国家发改委、水利部、城建部发布的《水利发展十二五规划》指出,"小水电要在保护生态环境的前提下适度有序发展,严格工程建设管理和环境监管,不得引起河段断流"。但是与大型水电相比,小水电的生态影响很小,总体是利大于弊的。[2]

(三)修订《矿产资源法》

《矿产资源法》于1986年全国人大常委会通过,1996年、2009年两次修正。《矿产资源法》的很多规定已不能适应保障水安全及其支撑的经济安全、能源安全、生态安全等的需要,必须进行修订。中共中央、国务院2015年《关于加快推进生态文明建设的意见》要求修订《矿产资源法》,"实现能源、水资源、矿产资源按质量分级、梯级利用""完善矿产资源规划制度,强化矿产开发准入管理"。应当修订的内容包括以下方面:

1.修订立法目的

根据《矿产资源法》第1条的规定,其立法目的是"发展矿业,加强矿产资源的勘查、开发利用和保护工作,保障社会主义现代化建设的当前和长远的需要"。在这一条款中,"发展矿业,加强矿产资源的勘查、开发利用"与"加强矿产资源的保护"可能是相互矛盾的两个目的,"发展矿业,加强对矿产资源的勘查"的目的是促进其"开发利用",而矿产资源的无节制开发利用会使不可再生的矿产枯竭,地下水体受污染,生态环境遭破坏。因此,应当修改第1条,将"发展矿业,加强矿产资源的勘查、开发利用和保护工作"修改为"适当发展矿业,促进矿产资源的勘查、合理开发利用和有效保护"。

---

[1] 《能源发展十二五规划》指出"统筹考虑中小流域的开发与保护,科学论证、因地制宜积极开发小水电";"合理开展农村水电增容扩容,到2015年,全国新增小水电装机容量1000万千瓦"。《能源发展战略行动计划(2014~2020年)》提出"因地制宜发展中小型(水)电站"。

[2] 参见[美]理查德·L.奥汀格、弗雷德·扎格曼:《促进可更新能源资源和能源效率的法律机制》,载[澳]艾德里安·J.布拉德布鲁克、[美]理查德·L.奥汀格主编:《能源法与可持续发展》,曹明德、邵方、王圣礼译,法律出版社2005年版,第134页。

2. 建立对特定矿种的特殊保护制度

《矿产资源法》第17条规定，国家对国家规划矿区、对国民经济具有重要价值的矿区和国家规定实行保护性开采的特定矿种，实行有计划的开采。这一规定太过笼统，“有计划的开采”的具体措施和制度应当予以明确。目前我国已经建立稀土等战略和稀缺矿物的年度开采总量控制制度，辅之以采矿许可证制度、资源税制度。法律的修订应当纳入这些行之有效的制度。

3. 完善矿业权交易制度

矿产资源属于国家所有，符合条件者可依法获得矿业权，包括探矿权和采矿权两种。《矿产资源法》第3~5条、第6条明确和系统地规定了探矿权和采矿权及其转让事宜。其他配套行政法规和部门规章，如《矿产资源法实施细则》详细规定了探矿权人和采矿权人的权利和义务，《探矿权采矿权转让管理办法》规定了探矿权和采矿权的转让条件、程序等。[1]但是这些规定也有不合理之处。

比如，《矿产资源法》第6条规定，在以下两种情况下，探矿权和采矿权可以依法转让：(1)探矿权人有权在划定的勘查作业区内进行规定的勘查作业，有权优先取得勘查作业区内矿产资源的采矿权。探矿权人在完成规定的最低勘查投入后，经依法批准，可以将探矿权转让他人。(2)已取得采矿权的矿山企业，因企业合并、分立，与他人合资、合作经营，或者因企业资产出售以及有其他变更企业资产产权的情形而需要变更采矿权主体的，经依法批准可以将采矿权转让他人。但是该条同时规定“禁止将探矿权、采矿权倒卖牟利”，一方面使条款规定前后矛盾，弱化了矿业权的用益物权性质；另一方面也不符合市场交易的原则，否定了矿业权的市场化改革进程。因为交易的最终目的是牟利，不能因为牟利会引起投机就予以禁止。而且，限制交易的直接后果是国家利益部门化、部门利益个人化等权钱交易和腐败现象的大量涌现，[2]资源效率更无从谈起。正确的

---

〔1〕 分别参见《矿产资源法实施细则》第16条、第17条、第30条、第31条，《探矿权采矿权转让管理办法》第6~9条的规定。

〔2〕 肖国兴：《能源发展转型的法律路径：从资源优势走向竞争优势》，载《中州学刊》2013年第11期。

做法应是在肯定牟利性交易正当性的前提下，通过制度设计防范和控制交易投机行为。而且，党中央和国务院的政策已经明确允许矿业权的交易。

采矿权交易制度不仅是出于提高矿产资源的开采效率，也是出于确保水安全的需要。一方面，明确规定各类矿业主体平等享有资源平等分享其惠益，废除现行制度中基于资源权属的垄断规则及对民营资本投资的歧视性规则，重构矿业产业组织；另一方面，以矿业权交易为制度轴心，设计矿业权交易标的、交易规则及相应的经济社会管理制度。[1]

4. 建立生态环境保护制度

为了保护生态环境，《矿产资源法》规定了矿产资源开采者保护生态环境的义务。其中第32条规定，"开采矿产资源必须遵守有关环境保护的法律规定，防止污染环境"，包括水环境。第29条规定，开采矿产资源，必须采取合理的开采顺序、开采方法和选矿工艺。矿山企业的开采回采率、采矿贫化率和选矿回收率应当达到设计要求。第30条规定，在开采主要矿产的同时，对具有工业价值的共生和伴生矿产应当统一规划，综合开采，综合利用，防止浪费；对暂时不能综合开采或者必须同时采出而暂时还不能综合利用的矿产以及含有有用组分的尾矿，应当采取有效的保护措施，防止损失破坏。然而这些规定较为笼统，会影响法律的实施效果，应当有针对性地规定一些具体的制度。为了保护水体和生态系统免受矿产资源开采带来的破坏，维持或修复生态平衡，需要建立矿产资源开发项目的水环境影响评价制度，以及开发结束后的生态修复制度。

---

〔1〕 参见肖国兴：《能源发展转型的法律路径：从资源优势走向竞争优势》，载《中州学刊》2013年第11期。

参考文献

一、中文著作类

1. 何艳梅:《国际水资源利用和保护领域的法律理论与实践》,法律出版社2007年版。

2. [美]爱蒂丝·布朗·魏伊丝:《公平地对待未来人类:国际法、共同遗产与世代间衡平》,汪劲、于方、王海鑫译,法律出版社2000年版。

3. 王伟光、郑国光主编:《应对气候变化报告(2014):科学认知与政治争锋》,社会科学文献出版社2014年版。

4. 曹荣湘:《经济安全:发展中国家的开放与风险》,社会科学文献出版社2006年版。

5. [俄]日兹宁:《国际能源政治与外交》,张晓云等译,华东师范大学出版社2005年版。

6. 何艳梅:《中国跨界水资源利用和保护法律问题研究》,复旦大学出版社2013年版。

7. 何艳梅:《环境法的激励机制》,中国法制出版社2014年版。

8. 邓海峰:《排污权——一种基于私法语境下的解读》,北京大学出版社2008年版。

9. [美]史蒂文·瓦戈:《法律与社会》,梁冲等译,中国人民大学出版社2011年版。

10. [美]约瑟夫·斯蒂格利茨:《经济学》(上册),张军等译,中国人民大学出版社 2003 年版。

11. [德]魏德士:《法理学》,丁晓春等译,法律出版社 2004 年版。

12. [日]青木昌彦:《比较制度分析》,周黎安译,远东出版社 2001 年版。

13. 中国科学院地理科学与资源研究所、陆地水循环与地表过程重点实验室编著:《噬水之煤:煤电基地开发与水资源研究》,中国环境科学出版社 2012 年版。

14. [美]约瑟夫·E. 斯蒂格利茨:《发展与发展政策》,纪沫等译,中国金融出版社 2009 年版。

15. [美]N. 格里高利·曼昆:《经济学原理》,梁小民等译,北京大学出版社 2008 年版。

16. [美]弗雷德·克鲁普、米丽亚姆·霍恩:《决战瓣能源:一场影响国家兴衰的产业革命》,陈茂云等译,东方出版社 2010 年版。

17. [美]戴维·L. 韦默:《制度设计》,费方域等译,上海财经大学出版社 2004 年版。

18. 钱正英、张光斗:《中国可持续发展水资源战略研究综合报告及各专题报告》,中国水利水电出版社 2001 年版。

19. 王清军:《排污权初始分配的法律调控》,中国社会科学出版社 2011 年版。

20. 吕忠梅:《长江流域水资源保护立法研究》,武汉大学出版社 2006 年版。

21. [法]卢梭:《社会契约论》,何兆武译,商务印书馆 1962 年版。

22. 矫勇、张国良:《向现代化迈进的中国水利——水利发展第十个五年计划和 2010 年规划汇编》,中国水利水电出版社 2004 年版。

23. 那力:《国际环境法》,科学出版社 2005 年版。

24. 蒋帅:《海陆环境资源一体化开发利用法律制度研究——以浙江省为例进行考察》,海洋出版社 2009 年版。

25. [美]埃里克·S. 赖纳特:《富国为什么富,穷国为什么穷》,杨虎涛等译,中国人民大学出版社 2010 年版。

26. [德]魏伯乐、[美]奥兰·杨、[瑞士]马赛厄斯·芬格主编:《私有化的局限》,王小卫、马缨译,上海三联书店 2006 年版。

27. [美]格雷琴·C. 戴利、凯琴琳·艾利森:《新生态经济——使环境保护有利可图的探索》,郑晓光、刘晓朱译,,上海科技教育出版社 2005 年版。

28. [英]弗里德利希·冯·哈耶克:《自由秩序原理》(上册),邓正来译,三联书店 1997 年版。

29. 国家统计局编:《中国统计年鉴》,中国统计出版社 2011 年版。

二、中文杂志类

1. 吕忠梅:《保障饮水安全的法律思考——兼论〈水污染防治法〉的修改》,载《甘肃社会科学》2007 年第 6 期。

2. 张培丽、周湘凤:《水资源安全与经济增长关系研究的新进展》,载《经济学动态》2013 年第 1 期。

3. 肖国兴:《论〈能源法〉的理性及其法律逻辑》,载《中州学刊》2007 年第 4 期。

4. 康绍忠:《水安全与粮食安全》,载《中国生态农业学报》2014 年第 8 期。

5. 贾绍凤:《能源基地真会喝干黄河水吗》,载《中国经济报告》2014 年第 11 期。

6. 姜文来、牛震:《逐步推进用水确权,打造"农业用水红线"》,载《农村工作通讯》2014 年第 14 期。

7. 裴丽萍:《水权制度初论》,载《中国法学》2001 年第 2 期。

8. 肖国兴:《〈能源法〉制度设计的困惑与出路》,载《法学》2012 年第 8 期。

9. 姚金海:《水污染防治法的立法理念及其刑事法律责任制度》,载《经济与社会发展》2013 年第 4 期。

10. 唐霞、曲建升:《我国能源生产与水资源供需矛盾分析和对策研究》,载《生态经济》2015 年第 10 期。

11. 周卫明、乔海娟、张丛林等:《以水利发展体制改革推进中国水安全建设》,载《中国农村水利水电》2015 年第 4 期。

12. 沈百鑫:《德国和欧盟水法概念考察及对中国水法之意义》(上),载《水利发展研究》2012 年第 1 期。

13. 何艳梅:《论水资源的合理利用与可持续利用》,载《水资源研究》2006 年第 3 期。

14. 姚金海:《〈水法〉立法理念的调整与变革——兼论〈水法〉的修改》,载《经济与社会发展》2014 年第 5 期。

15. 王国永:《水资源保护与水污染防治在立法上的关系探析》,载《华北水利水电学院学报》(社会科学版)2008 年第 4 期。

16. 张全:《关于以完善流域环境管理制度为重点加快〈水污染防治法〉修订的议案》,载《中国产经》2014 年第 3 期。

17. 沈百鑫:《德国和欧盟水法概念考察及对中国水法之意义(下)》,载《水利发展研究》2012 年第 2 期。

18. 张全:《关于加快修订〈水污染防治法〉的议案》,载《前进论坛》2015 年第 4 期。

19. 蔡守秋、沈海滨:《水污染防治法的现状与发展》,载《世界环境》2015 年第 2 期。

20. 冷罗生:《〈水污染防治法〉值得深思的几个问题》,载《中国人口、资源与环境》2009 年第 3 期。

21. 巩固:《政府激励视角下的〈环境保护法〉修改》,载《法学》2013 年第 1 期。

22. 胡德胜、潘怀平、许胜晴:《创新流域治理机制应以流域管理政务平台为抓手》,载《环境保护》2012 年第 13 期。

23. 肖国兴:《〈能源法〉与中国能源法律制度结构》,载《中州学刊》2010 年第 6 期。

24. 安蓓、郑晓奕:《“标杆”电价出台,海上风电有望提速》,载《广西电业》2014 年第 6 期。

25. 何少斌、孙又欣、吴荣飞、常丽:《我国防洪法的理性分析》,载《中国防汛抗旱》2007 年第 4 期。

26.《防洪法》立法后评估课题组(新疆维吾尔自治区水利厅水政水资源处):《〈防洪法〉立法后评估》,载《水利发展研究》2012 年第 9 期。

27. 谢素芳:《水土保持法修订:需强化政府责任》,载《中国人大》2010 年第 19 期。

28. 谭柏平:《〈海域使用管理法〉的修订与海域使用权制度的完善》,载《政法论丛》2011 年第 6 期。

29. 杨伦庆:《关于修订我国海洋环境保护法的若干思考》,载《海洋信息》2015 年第 1 期。

30. 肖国兴:《能源发展转型的法律路径:从资源优势走向竞争优势》,载《中州学刊》2013 年第 11 期。

31. 胡德胜、许胜晴:《能—水关联及我国能源和水资源政策法律的完善》,载《西安交通大学学报》(社会科学版)2015 年第 4 期。

32. 李玉基:《经济法视域下循环经济政府治理"碎片化"分析及化解》,载《兰州大学学报》(社会科学版)2014 年第 5 期。

33. 肖国兴:《论能源法对循环经济的促进》,载《中山大学学报》(社会科学版)2007 年第 4 期。

34. 董溯战:《循环经济法中的政府责任研究——基于自然资本安全的视角》,载《中州学刊》2009 年第 5 期。

35. 李保国、彭世琪:《农业用水与粮食生产》,载《中国农村科技》2010 年第 1 期。

36. 周亮、徐建刚、蔡北溟:《淮河流域粮食生产与化肥消费时空变化及对水环境影响》,载《自然资源学报》2014 年第 6 期。

37. 马晓河、方松海:《中国的水资源状况与农业生产》,载《中国农村经济》2006 年第 10 期。

38. 王振红、曹俊杰、王黎明:《中国金融发展、城镇化与能源消费——基于 SYS-GMM 估计的实证研究》,载《西南金融》2013 年第 12 期。

39. 肖国兴:《能源发展转型与〈能源法〉的制度抉择》,载《法学》2011 年第 12 期。

40. 华贲:《城镇化与能源革命》,载《中外能源》2013 年第 4 期。

41. 无名:《新型城镇化与能源变革》,载《能源》2013 年第 7 期。

42. 詹贻琛、吴岚:《中美均面临水、能源、粮食三者冲突》,载《中国经济报告》2014 年第 1 期。

43. 任雪:《生物质燃料失宠后的尴尬》,载《化工管理》2015 年第 19 期。

44. [美]魏爱伦:《水资源与能源生产》,载《能源》2013 年第 10 期。

三、中文报纸类

1. 王立彬:《频繁远程调水的忧思》,载《文汇报》2004 年 8 月 12 日,第 5 版。

2. 孙鸿烈:《南水北调迫在眉睫》,载《文汇报》2005 年 6 月 5 日,第 5 版。

3. 张正斌:《加强水资源和粮食安全协同发展》,载《中国科学报》2013 年 10 月 21 日。

4. 贾绍凤、吕爱锋、韩雁等:《中国水资源安全对策》,载《社会科学报》2015 年 8 月 20 日,第 2 版。

5. 于文静:《水资源开发逼近红线——水利部负责人解读水资源热点问题》,载《新华每日电讯》2015 年 3 月 23 日,第 6 版。

6. 仇亚琴、齐添:《水资源对煤炭开发利用的约束将越来越紧(专访中国水利水电科学研究院仇亚琴教授)》,载《中国经济导报》2014 年 12 月 27 日。

7. 黄晓勇:《能耗持续下降,标志经济进入新阶段》,载《人民日报》2014 年 7 月 24 日。

8. 周云亨、向淼:《粮食安全要从源头抓起》,载《社会科学报》2015 年 6 月 11 日,第 4 版。

9. 刘晓倩:《布局能源项目先考虑水问题》,载《中国科学报》2015 年 11 月 18 日。

10. 张有生:《能源消费革命是必由之路》,载《经济日报》2014 年 7 月 1 日。

11. 田川:《"中国制造 2025":从大国走向强国》,载《社会科学报》2015 年 6 月 18 日,第 1 版。

四、中文文件类

1. 2016年《国民经济和社会发展第十三个五年规划纲要》。

2. 2015年《中华人民共和国国家安全法》。

3. 2011年《国民经济行业分类》国家标准(GB/T 4754—2011)。

4. 1997～2014年度中国水利部《中国水资源公报》。

5. 2005～2014年度中国国家统计局《国民经济和社会发展统计公报》。

6. 1997～2014年度国家海洋局《中国海洋环境质量公报》。

7. 2012年《能源发展十二五规划》。

8. 2013年清华大学、自然资源保护协会《中国节能政策的节水效果分析》。

9. 2012年《中华人民共和国农业法》。

10. 2014年国土资源部《2013中国国土资源公报》。

11. 2014年环保部、国土资源部《全国土壤污染状况调查公报》。

12. 2014年中共中央、国务院《国家新型城镇化规划(2014～2020年)》。

13. 2015年中共中央、国务院《关于加快推进生态文明建设的意见》。

14. 2015年3月李克强总理在全国人大会议上所作的《政府工作报告》。

15. 2008年《中华人民共和国循环经济促进法》。

16. 2007年《中华人民共和国物权法》。

17. 2002年《中华人民共和国水法》。

18. 2011年中共中央、国务院《关于加快水利改革发展的决定》。

19. 2012年国务院《关于实行最严格水资源管理制度的意见》。

20. 2013年国务院《循环经济发展战略及近期行动计划》。

21. 2015年国务院《中国制造2025》。

22. 2015年国务院《水污染防治行动计划》。

23. 2015年国务院《全国海洋主体功能区划》。

24. 2014年水利部《关于开展水权试点工作的通知》。

25. 2011年中共中央、国务院《关于加大改革创新力度加快农业现代化建设的若干意见》。

26. 2014年国务院《关于进一步推进排污权有偿使用和交易试点工

作的指导意见》。

27. 2013 年中共中央十八届三中全会决议(《中共中央关于全面深化改革若干重大问题的决定》)。

28. 2014 年中共中央十八届四中全会决议(《中共中央关于全面推进依法治国若干重大问题的决定》)。

29. 2008 年《中华人民共和国水污染防治法》。

30. 2000 年《中华人民共和国水污染防治法实例细则》。

31. 2014 年《中华人民共和国环境保护法》。

32. 2002 年《中华人民共和国排污费征收使用管理条例》。

33. 2015 年《中华人民共和国防洪法》。

34. 2010 年《中华人民共和国水土保持法》。

35. 2011 年《中华人民共和国水土保持法实施条例》。

36. 2001 年《中华人民共和国海域使用管理法》。

37. 2016 年《中华人民共和国海洋环境保护法》。

38. 2013 年工业和信息化部、水利部、国家统计局、全国节约用水办公《重点工业行业用水效率指南》。

39. 2015 年国务院《全国农业可持续发展规划(2015 ~2030 年)》。

40. 2013 年水利部《关于做好大型煤电基地开发规划水资源论证的意见》。

41. 2015 年《气候变化巴黎协定》。

42. 2014 年《国家应对气候变化规划(2014 ~2020 年)》。

43. 2012 年国务院《中国的稀土状况与政策》白皮书。

44. 2012 年《可再生能源发展十二五规划》。

45. 2015 年中共中央、国务院《关于进一步深化电力体制改革的若干意见》。

46. 2015 年国家发改委、能源局《关于改善电力运行调节促进清洁能源多发满发的指导意见》。

47. 2013 年《中华人民共和国煤炭法》。

48. 2009 年《中华人民共和国电力法》。

49. 2007 年《中华人民共和国节约能源法》。

50. 2009 年《中华人民共和国矿产资源法》。

51. 2009 年《中华人民共和国可再生能源法》。

52. 2014 年国务院《能源发展战略行动计划(2014 ~ 2020 年)》。

53. 2012 年国家发改委能源研究所与国际能源机构《中国风电发展路线图 2050》。

五、论文集类

1. [世界自然保护联盟]杰夫瑞·A. 麦克尼利:《能源和生物多样性:理解多种复杂的关系》,载[澳]艾德里安·J. 布拉德布鲁克、[美]理查德·L. 奥汀格主编:《能源法与可持续发展》,曹明德、邵方、王圣礼译,法律出版社 2005 年版。

2. 崔建远:《民法典的制定与环境资源及其权利》,载吕忠梅、徐祥民主编:《环境资源法论丛》(第 4 卷),法律出版社 2004 年版。

3. 郭红欣:《域外再生水立法及管理体制考察》,载《第十二届长三角法学论坛论文集》。

4. 魏旭:《美国应对气候变化地方行动疏议》,载吕忠梅、高利红主编:《环境资源法论丛》(第 8 卷),法律出版社 2010 年版。

5. 王萱、陈伟琪:《因填海导致的海岸带生态系统服务损失的货币化评估》,载《中国环境科学学会年会论文集》(2010),中国环境科学出版社 2010 年版。

6. [美]理查德·L. 奥汀格、弗雷德·扎格曼:《促进可更新能源资源和能源效率的法律机制》,载[澳]艾德里安·J. 布拉德布鲁克、[美]理查德·L. 奥汀格主编:《能源法与可持续发展》,曹明德、邵方、王圣礼译,法律出版社 2005 年版。

7. 罗吉、吴志良、李广兵:《适应市场机制的环境法制建设问题研究》,载吕忠梅、徐祥民主编:《环境资源法论丛》(第 3 卷),法律出版社 2004 年版。

六、中文网站类

1. 国务院新闻办公室:《国新办举行中国节水灌溉状况新闻发布会》,载中华人民共和国国务院新闻办公室:http://www.scio.gov.cn/xwfbh/

xwbfbh/wqfbh/2014/20140929/index. htm。

2. 庞名立:《1978 ~2012 年中国能源生产总量及构成》,载《天然气工业》杂志:www. cngascn. com。

3. 王灿:《水十条后是土十条! 土壤治污计划已报国务院,带动万亿级投资》,载澎湃新闻网:http://www. thepaper. cn/newsDetail_forward_1328927。

4. 宋玉丽:《排污权交易存在的三大问题》,载中国水网:http://news. h2o-china. com/html/2014/09/130779_1. shtml。

5. 王立彬:《中国能源钢铁等多项资源消费居世界第一》,载新华网:http://news. xinhuanet. com/fortune/2013 -05/25/c_115907120. htm。

6.《李克强主持召开国务院常务会议,决定实施稀土钨钼资源税改革》,载中国稀土网:http://www. cre. net/show. php? contentid =119126。

7. 雷敏、游苏杭:《WTO 稀土争端案中国一审败诉》,载新华网:http://www. zj. xinhuanet. com/jrzx/2014 -03/27/c_119969573. htm。

七、外文文件类

1. *Exploring the links between water and economic growth*, HSBC and Frontier Economics, 2012.

2. *IPCC Special Report on Renewable Energy Sources and Climate Change Mitigation*, prepared by Working Group Ⅲ of the IPCC, 2011.

3. UNESCO. The United Nations World Water Development Report 2: *Water, a Shared responsibility*, Paris: UNESCO, 2006.

4. Wong, C. M., Williams, C. E., Pittock, J., Collier, U and P Schelle, *World's top* 10 *rivers at risk*, March 2007. WWF International. Gland, Switzerland.

5. R. Milne, Tidal power crumpled bird feathers, *New Scientist*, 1988.

6. *World Small Hydropower Development Report* 2013, United Nations Industrial Development Organization and International Center on Small Hydropower.

八、外文论著类

1. Debra Tan, Feng Hu, Hubert Thieriot, Dawn McGregor, *TOWARDS A WATER & ENERGY SECURE CHINA: Tough choices ahead in power expansion with limited water resources*, China Water Risk, Apr. 2015.

2. Aneoineffe Hildering, *International Law, Sustainable Development and Water Management*, Eburon Publishers, 2004.

3. Christine Aklein, *Natural Resources Law*, Aspen Publishers, 2005.

九、外文论文类

1. Shiklomanov I. A., *Appraisal and assessment of world water resources*, Water International, 2000, 25(1).

2. L. Hayes-Labruto et al., *Contrasting perspectives on China's rare earths policies: Reframing the debate through a stakeholder lens*, Energy Policy, 2013, 63.

3. Stefania Massari & Marcello Ruberti, *Rare earth elements as critical raw materials: Focus on international markets and future strategies*, Energy Policy, 2013, 38.

4. Hardberger A., *Powering the Tap Dry: Regulatory Alternatives for the Energy-Water Nexus. U. Colo*, Law Review, 2013, 84.

十、外文网站类

1. K. Unger Baillie, *Food: Where Water and Energy Meet*, https://www.usaid.gov/global-waters/march-2014/food_water_energy_meet.

2. Bertilsson P., *Stockholm Water Front: World Water Week Daily Stockholm International Water Institute*, http://www.worldwaterweek.org/documents/WWW_PDF/Media/2012/2012 - WWD-tuesday.pdf.

3. Deborah Seligsohn, William Hua Wen, Craig Hanson & Kejun Jiang, *Opportunities to Reduce Water Use and Greenhouse Gas Emissions in the Chinese Power Sector*, March 2015, http://www.wri.org/sites/default/

files/ghg-chinese-power-sector-issuebrief_1. pdf.

4. ABC News Agency, *Three Gorges Dam brings great benefit, but at great cost*, 25 October, 2014.

5. NDRC-ERI, *the report of China Wind, Solar and Bioenergy Roadmap* 2050, December 2014, http://www. cnrec. org. cn/cbw/ fn/2014 - 12 - 29 - 459. htm.

后　记

“上善若水”“水善利万物而不争”“夫唯不争，故无忧”“以其不争，故天下莫能与之争”，老子在《道德经》中说。在写作本书的过程中，我有时会默念这些箴言，怀着复杂的情感——感谢水给我们人类浇灌出的文明和繁荣，忏悔我们对水的浪费和污染，期望我们能够与水和谐共生。我试图通过本书的写作和出版，为这种期望的实现尽自己的绵薄之力。

本书从拟定提纲、收集资料、调查研究、写作定稿到最终出版，得到了很多专家、学者的支持、启发和帮助，在此一并表示感谢。特别致谢：

复旦大学的张梓太教授，我国环境法学界的著名学者，他对我的学术成果的赞赏给了我不断前进的动力。他得知我在写作本书，立即给予肯定和支持，并且提出了中肯的建议——将政策与立法结合起来，因为政策在中国的突出地位；

国务院发展研究中心世界发展研究所的常务副所长卞晓春女士，作为该研究所的特约研究员，我有幸受其邀请进行学术访问、参加国际会议和学术交流，结识了一些水法领域的专家、学者和工程技术人员，对我构思和写作本书大有裨益；

瑞典斯德哥尔摩国际水研究院的项目管理经理

Josh Weinberg、中国科学院的贾绍凤研究员，我在国际会议上与会议间歇，与他们作了深入的交流，为我写作本书获取了有价值的信息和意见。Josh Weinberg 还为我提供了部分英文资料；

黄河水利委员会河南黄河河务局水政处的王庆伟副处长，湖北省水政监察总队刘家君总队长，我在参加学术研讨会时有幸结识他们，并与他们作了深入交流，对我写作本书的部分内容很有启发；

江苏天哲律师事务所的顾虎明律师，对本书中所涉部分内容（以论文的形式在学术会议上宣读）的完善所提出的建议；

我的领导和同事，尤其是上海政法学院的王文革教授、杨华教授，对本书的写作和出版提供精神的支持、资金的支持和资料收集的便利；

法律出版社的冯佳欣编辑，她认真敬业地完成了这部书稿的校对和出版；

……

最后感谢我的家人，他们的陪伴让我珍惜当下的生活。

图书在版编目(CIP)数据

中国水安全的政策和立法保障 / 何艳梅著. —北京：法律出版社,2017.4
(上海市高校法学一流学科环境资源法丛书)
ISBN 978 - 7 - 5118 - 4987 - 8

Ⅰ.①中… Ⅱ.①何… Ⅲ.①水资源管理—立法—研究—中国 Ⅳ.①D922.664

中国版本图书馆 CIP 数据核字(2017)第 089000 号

中国水安全的政策和立法保障
ZHONGGUO SHUIANQUAN DE ZHENGCE HE LIFA BAOZHANG

何艳梅 著

策划编辑 冯雨春 冯佳欣
责任编辑 冯佳欣
装帧设计 汪奇峰

出版 法律出版社
总发行 中国法律图书有限公司
经销 新华书店
印刷 北京京华虎彩印刷有限公司
责任校对 杜 进
责任印制 吕亚莉

编辑统筹 法律应用·大众读物出版第二分社
开本 720 毫米×960 毫米 1/16
印张 16.75
字数 230 千
版本 2017 年 6 月第 1 版
印次 2017 年 6 月第 1 次印刷

法律出版社/北京市丰台区莲花池西里 7 号(100073)
网址/www.lawpress.com.cn
投稿邮箱/info@lawpress.com.cn
举报维权邮箱/jbwq@lawpress.com.cn
销售热线/010 - 63939792
咨询电话/010 - 63939796

中国法律图书有限公司/北京市丰台区莲花池西里 7 号(100073)
全国各地中法图分、子公司销售电话：
统一销售客服/400 - 660 - 6393
第一法律书店/010 - 63939781/9782
西安分公司/029 - 85330678
重庆分公司/023 - 67453036
上海分公司/021 - 62071639/1636
深圳分公司/0755 - 83072995

书号：ISBN 978 - 7 - 5118 - 4987 - 8
定价：49.00 元